中央司法警官学院2019年度院级课题一般项目（XYY201902）

法律文化与我国刑罚制度之嬗变

刘 红 编著

河北大学出版社

·保定·

出 版 人：刘相美
责任编辑：徐延风
装帧设计：王占梅
责任校对：耿兆飞
责任印制：常　凯

图书在版编目（CIP）数据

法律文化与我国刑罚制度之嬗变 / 刘红编著.
保定：河北大学出版社，2024．9．-- ISBN 978-7-5666-2334-8
Ⅰ．D924.122
中国国家版本馆CIP数据核字第2024LN7100号

出版发行：河北大学出版社
地址：河北省保定市七一东路2666号　邮编：071000
电话：0312-5073003　0312-5073029
网址：www.hbdxcbs.com
邮箱：hbdxcbs818@163.com
经　　销：全国新华书店
印　　刷：保定市正大印刷有限公司
幅面尺寸：170 mm × 240 mm
字　　数：220 千字
印　　张：16.5
版　　次：2024 年 9 月第 1 版
印　　次：2024 年 9 月第 1 次印刷
书　　号：ISBN 978-7-5666-2334-8
定　　价：56.00 元

前　言

中国古代，刑罚象征着王权、威慑，极具神秘色彩和文化底蕴。关于刑罚的起源亦是众说纷纭，它的产生与战争密不可分，体现神意，定分止争，并防卫社会。中国古代刑罚与中国古代社会的发展紧密相连，受不同时期社会的政治、经济、文化等因素的影响，经历了传承与发展、摈弃与创新。中国古代的刑罚从形式到内容，从思想到制度，在历经了从野蛮到文明的发展以后，充分展现了中华法系的独特魅力。

一、中国古代刑罚的发展

中国古代刑罚的发展大致经历了两个大的历史时期。第一个是先秦刑罚文化的开创时期，这一时期包含了夏至西周的启蒙阶段和春秋战国时期的百家争鸣阶段。第二个是从秦汉至明清时期（1840 年以前），这一时期中国的刑罚经历了秦汉时期的飞跃、唐宋时期的巅峰直至明清时期的衰退。清末变法修律，西方文明入侵，“引爆”了社会、文化、法律诸多领域，传统的中华法系被解体，近现代法律体系开始建构。

（一）中华刑罚开创时期

1. 夏至西周

夏朝受原始社会习惯的影响，确立了奴隶制五刑，即墨、劓、剕、宫、大辟，这五种刑罚以残杀生命和残害身体作为惩罚犯罪的手段，极其残酷。商朝的刑罚基本沿袭夏朝，更趋残酷，商王朝的统治者还创制出许多非人道的极刑。西周时期的刑罚体系除沿用夏商的五刑以外，还出现了自由刑。这一时期的刑罚思想，由夏商两代的“天命观”，发展到西周时期的“以德配天”“明德慎罚”，内容逐步丰富、全面。

2. 春秋战国

春秋战国时期是奴隶制刑罚向封建制刑罚过渡的阶段。这一时期由于“私学”的兴起，出现了儒家、法家、墨家、道家的大论战，社会呈现出“百家争鸣”的盛况。春秋后期的成文法运动，打破了法律的秘密状态和神秘色彩，摧毁了旧贵族垄断法律的特权，使法律内容走向公开化，开创了我国古代法律制度发展的新纪元，成为历史进入新时代、新阶段的重要标志。成文法运动也导致了各诸侯国刑罚原则的重大变革，刑罚开始从野蛮走向文明。

（二）中华刑罚大发展时期

1. 秦汉时期

商鞅变法后，秦奉行重刑主义刑罚原则。秦始皇统一六国后，更是把严刑峻法发展到了极致。秦始皇的法治观念，也由重视法律逐渐走向了迷信法律、专任刑罚。汉朝政权建立后，为适应形势的需要，刑罚相对宽缓。尤其是汉文帝、汉景帝时期开展的废除肉刑改革，更是促使刑罚从野蛮走向文明。此次刑罚改革还为确立笞、杖、徒、流、死的封建五刑制打下了基础。

2. 唐宋时期

唐朝是中国古代历史的巅峰，其政治、经济、文化和法律都是后世统治的典范。整个社会普遍繁荣，整体文化比较发达，这种繁荣与发达也同样反映在刑罚制度上。唐律针对五刑制度在刑罚种类、死刑方式、刑期限制、量刑幅度以及行刑方式等各个方面都作了严格而又细致的规定，并且这些规定与其他朝代的刑罚制度相比都轻缓和规范很多，因此唐朝的刑罚被后人誉为“得古今之平”。宋朝法制，上承盛唐，下启明清，既继承了中国古代法典发展高峰唐律的精华，又根据自身的政治、经济特点作了一系列的调整，使之更加适应社会的发展。

3. 明清时期

明清虽继受唐制，但其刑罚较前朝又趋残酷、繁杂，并且复活了肉刑，死刑的执行方式也有增加。从社会发展的历史来看，明清时期，我国小农经济继续发展并至没落，而商品经济逐渐萌芽，社会的矛盾日趋激化，统治者为维护其统治，更要加强中央集权，用重典治天下，故而刑罚更加残酷。这也是中国古代社会后期刑罚的重要特点。

二、中国古代刑罚思想的发展阶段

中国古代刑罚的指导思想主要围绕德与刑、礼与法的关系展开，沿着德主刑辅——礼法合一——明刑弼教的轨迹发展前行。

西周开创礼法共治，“礼之所去，刑之所取，失礼则入刑”，并为后世不断因袭变革。礼与刑成为统治阶级实现统治的两种手段。“礼教为本，刑罚为用，互为表里，相辅相成”亦成为中国古代经国家、定社稷的基本国策。

汉初的统治者鉴于秦“任法任刑”之弊，主张治国应“德刑并用，先德后刑”，刑罚要轻缓。汉武帝“罢黜百家、独尊儒术”，确立了“德主刑辅”的指导思想，并实施了引礼入法。“引经决狱”，将礼的精神与原则引入司法领域，成为断罪的根据。魏晋至唐沿着这一路径完成了“礼法结合”，实现了“礼法合一”。

唐律是中国古代法律的最高成就，也是中国古代礼法结合的典范。在唐律中，体现封建宗法等级思想与制度的礼，基本上被法律化了，“一准乎礼”是后世对唐律的基本评价。

宋朝著名理学家朱熹对“明刑弼教”作了全新的解释，认为礼法均是理的体现，二者对治理国家同等重要，决“不可偏废”。经由此说，刑与德的关系就不再是“德主刑辅”的从属、主次关系了，德不再有制约刑的作用，而只是刑罚的目的，刑罚也不必再拘泥于“先教后刑”，而可以“先刑后教”。“明刑弼教”主张在处理德与刑的关系上可以根据形势与利益的需要进行选择，这就为朱元璋所崇尚的“重典治国”立法思想提供了理论基础，所以这一原则成为明初司法的具体指导思想。清朝的统治者不仅继承了明朝的律例，在思想方面也是秉承儒家学说，尤其是“明刑弼教”思想为清朝历任皇帝所推崇和宣扬，并作为立法的指导思想。清朝的统治者一再宣扬和标榜“明刑弼教、修德安民”的思想，其真实目的就是要使人民畏法并深受教化，做到“刑期于无刑”。

综观古代刑罚思想及刑罚制度的演变，无不反映了人类从野蛮走向文明和人道的嬗变历程。这种演变和渐进虽然时有反复，但总体方向没变，展现了法治和人道在刑罚制度中的逐步确立。

目　　录

第一章　先秦时期

先秦时期包括史前时期和史书有明确记载的夏、商、周三代，这是中国历史自原始社会进入文明社会的重要历史阶段。自公元前三十世纪以后的黄帝、炎帝时期起，中华民族的先民们在经历了不断的冲突、联盟、融合后逐渐建立起了早期的宗族部落制国家。在经过尧、舜、禹三代的发展后，到公元前二十一世纪，启改变了部落联盟首领禅让的习惯，开启了“家天下”的模式。殷商、西周进一步巩固、完善这种宗族国家制度，并创造了青铜时代无比灿烂的物质文明和精神文明。西周后期，宗族国家制度由盛而衰，并于春秋战国时期彻底瓦解。

第一节　史前时期的刑罚

中国史前时期的刑罚是何时出现的？清代学者沈家本认为黄帝时已有法律。《管子·任法》云：“故黄帝之治也，置法而不变，使民安其法者也。”《淮南子·览冥训》云：“黄帝治天下，法令明而不暗。”《北堂书钞》引太史公《素王妙论》云：“黄帝设五法布之天下。”根据以上文献记载的内容，程树德也支持黄帝时已有刑官的说法，此外，他又根据《路史》《左传》《通鉴前编外纪》《群捕录》等书的记载进一步论证有官必有法。

一、刑罚的起源

中国古代的法制文明起源于部落联盟之间的相互征战，乃战争产物，呈现出“兵刑未分”的现象，即所谓“刑起于兵”“兵之于刑，二而一也”。刑罚对外是作战后惩罚被俘的异族人，对内则是象征性的，仅具有羞辱和规劝的性质。《通典·卷一百六十三·刑法一》有“黄帝以兵定天下，此刑之大者，陶唐以前，未闻其制”的记载。《汉书·胡建传》记载有《黄帝李法》的片段内容：“壁垒已定，穿窬不繇路，是谓奸人，奸人者杀。”唐颜师古注云：“李者，法官之号也，总主征伐刑戮之事也，故称其书曰《李法》。”可见，最早的法兼有军法与刑罚的双重含义，最初的法官、狱官也兼掌军事和司法两种职能。随着部落联盟向国家的转变，原来对外部族征战所采取的惩罚方法，转而对内施罚时使用。对外是讨伐作乱的部族，因此所处刑罚是“大刑”。对内是惩罚部族内部成员，因此是“中刑”或“薄刑”。《汉书·刑法志》云：“大刑用甲兵，其次用斧钺；中刑用刀锯，其次用钻凿；薄刑用鞭扑。大者陈诸原野，小者致之市朝，其所繇来者上矣。”《商君书·画策》亦称：黄帝之治“内行刀锯，外用甲兵”。

二、刑事立法

关于史前时期的刑事立法既无实物亦无文献，仅存有先秦及汉以后学者的追述，因而难辨真伪。但也不妨碍我们借由这些古籍记载来了解一下中国古代刑事立法的形成。

相传在尧舜时期，甚至是黄帝时代，就已经出现了法律。《商君书·画策》中记载：“神农既没，以强胜弱，以众暴寡，故黄帝作为君臣上下之义，父子兄弟之礼，夫妇妃匹之合，内行刀锯，外用甲兵。”①西汉时的《淮南子·氾论训》载：“神农无制令而民从。”“黄帝治天下，法令明而不暗。”东汉班固在《白虎通》中追述：“三皇无文，五帝画象，三王明刑。”《国语·鲁语上》的“尧能单均刑法以仪民”是关于刑法出现的比较明确记载。《通鉴前编外纪》记载：“帝尧七十有六载，制五刑。”是说尧时已经有了原始的刑法。《竹书纪年》载：“帝舜三年，命咎陶（即皋陶）作刑。”《尚书·舜典》记载：“帝曰：‘皋陶，蛮夷猾夏，寇贼奸宄。汝作士，五刑有服，五服三就。五流有宅，五宅三居。惟明克允’。”（专门掌管司法的官员被称为“士”）古人皆将中国古代刑法的起源归功于皋陶，说皋陶是中国刑法的创始人。舜之后，禹成了部落联盟的首领，禹得到了皋陶的支持，以刑来保障其统治地位。《史记·夏本纪》记载，皋陶“令民皆则禹，不如言，刑从之”。禹的另一支持者是掌“礼”的伯夷，《尚书·吕刑》有“伯夷降典，折民惟刑”“士制百姓于刑之中，以教祗德”的记载。是说伯夷制定了礼教之典，对不服从者施加刑法。伯夷与皋陶分掌礼与刑，伯夷制定了礼法，教民习知，对违者施以刑；而掌管司法的“士”，则制定刑法。礼官与刑官将礼的教化与刑的制裁作用结合，二者并重。《尚书·大禹谟》亦记载：“帝曰：皋陶，惟兹臣庶，罔或干予正。汝作士，明于五刑，以弼五教，期于予治。刑期于无刑，民协于中，时乃功。懋哉!”朱子释曰：“弼，辅。圣人之治，以德为化民之本，而刑以辅其所不及者而已……故其始虽不免于用刑，而实所以期至于无刑也。”丘濬曰：“‘明于五刑，以弼五教’，此万古圣人制刑之本意也。可见刑之制，非专用之以治人罪。盖恐世之人，不能循夫五伦之教，故制刑以辅弼之……则彝伦为之益叙，刑罚可以不用矣。”张中秋进一步说明：“作为完整系统的传统中国法的精神，在长时段中，其所不变

① 石磊译注《商君书·画策第十八》，中华书局，2012，第130页。

者是明刑弼教，亦即《尚书・吕刑》所说的‘以教祗德’。”①

由此可见，早在尧舜时期“德刑结合”“德主刑辅”的刑法思想就已露出端倪。而《尚书・大禹谟》所标举的“道德之政”“仁爱之道”亦成为传统法文化的核心价值所在。

三、刑罚制度

（一）刑罚体系和种类

中国古代早期的刑罚极其残酷，而且不同的部落形成了不同的刑事惩罚方法。黄帝时期基于“兵刑合一”的特点，刑事惩罚方法以使用的工具区分，包括甲兵、斧钺、刀锯、钻笮、鞭扑。与此同时南方的蚩尤部落亦创造了残酷的五刑。《尚书・吕刑》载：“苗民弗用灵，制以刑，惟作五虐之刑曰法。杀戮无辜，爰始淫为劓、刵、椓、黥、越兹丽刑。”苗民创造的五刑，被黄帝部落所吸收和改造，奴隶制五刑初步形成。《尚书・舜典》记载：“象以典刑，流宥五刑，鞭作官刑，扑作教刑，金作赎刑。”《古今图书集成・祥刑典》也有相同记载：“帝尧命舜居摄，制五刑及流宥、鞭扑、赎赦之法。流共工于幽陵，放驩兜于崇山，窜三苗于三危，殛鲧于羽山，四罪而天下咸服。”关于尧舜时期的“五刑”具体所指何种刑罚，史料中并无明确记载。有学者认为“五刑”为墨、劓、剕、宫、大辟等肉刑。有学者则认为“五刑”是刑名，并非具体的刑种，而且随时代不同具体刑种又不相同。先秦时期，五刑之“五”是实数，抑或概数，泛称为肉刑代名词，似亦可通。至秦汉时期，仍无五刑之目。汉文帝废肉刑，历经魏晋南北朝，肉刑逐渐被排除于法律之外，以劳役刑为中心的新五刑制初步形成。

---

① 高明士：《〈尚书〉的刑制规范及其影响——中华法系基础法理的祖型》，《荆楚法学》2021年第2期。

至隋文帝开皇元年（公元581年），正式将笞、杖、徒、流、死作为正刑，列入《开皇律》，而为唐律所继承，确立了成熟的五刑制度，使刑律更趋人道化、文明化，有其进步意义，实施至明清时期。①

苗民所创制的“五虐之刑”虽然极端残酷，但因其在惩罚犯罪、巩固统治阶级权益方面展现出高效性，因而很快为中原部族所采用。部落联盟首领通过战争处理了部族的外部事物，族群生存基础稳定了。与此同时，部族内部因各族利益分歧而冲突频发，于是部落联盟首领将这种严厉的处罚方式引入族群之中，作为维持内部秩序的手段，以达到稳定内部秩序的作用。

《尚书·舜典》曰：“象以典刑，流宥五刑，鞭作官刑，扑作教刑，金作赎刑。”本句是对尧舜时期刑罚体系的高度概括。朱熹认为“象者，象其人所犯之罪，而加之以所犯之刑。典，常也，即墨、劓、剕、宫、大辟之常刑也。‘象以典刑’，此一句乃五句之纲领，诸刑之总括。”② 明代丘濬对此章评价颇高，在引述朱熹说之后按曰：“《舜典》此章万世论刑之祖。‘象以典刑’以下七句，凡二十八字，万世圣人制刑之常典。”③ 关于“象以典刑”的理解自古以来主要有两说，一为象刑说（画象说），一为常刑说（肉刑说）。无论哪一种认识，均可推知《尚书·舜典》该句是刑名，正刑“五刑”，再加上流刑、鞭刑、扑刑、赎刑四种辅刑。蔡沈亦曰：“象，如天之垂象以示人。示民以常刑，所谓墨、劓、剕、宫、大辟，五刑之正也。”简单说，“示民以常刑”，堪称确论。④

---

① 高明士：《〈尚书〉的刑制规范及其影响——中华法系基础法理的祖型》，《荆楚法学》2021年第2期。

② 朱杰人等编《朱子全书》，上海古籍出版社，2002，第2652—2653页。

③ 丘濬：《大学衍义补》，中州古籍出版社，1995，第1267页。

④ 高明士：《〈尚书〉的刑制规范及其影响——中华法系基础法理的祖型》，《荆楚法学》2021年第2期。

（1）墨刑。又称“黥刑”，即在罪犯面部或额上用骨针刺刻后涂以墨的刑罚。《周礼·秋官·司刑》郑玄注：“墨，黥也。先刻其面，以墨窒之，言刻额为疮，以墨窒疮孔，令变色也。”墨面是一种很古老的刑罚，早在尧舜时三苗之君就定墨面为五虐刑之一。根据尧舜时期的“象刑”，当受墨刑者要戴黑色的头巾。禹继尧舜之后开始使用肉刑，以后正式把墨刑定为五刑之一。

（2）劓刑。劓是割鼻。甲骨文中此字古体为“劓”，是以石刃割鼻的意思。

（3）剕刑。又称刖刑。《尔雅·释言》：“剕，刖也。”《说文》：“刖，断足也。”可见剕刑是砍断受刑者腿脚的一种酷刑。受刑者不仅遭受身体上的痛苦，更丧失了部分劳动能力。

（4）宫刑。古代阉割生殖器的残酷肉刑。汉代孔安国曰：“宫，淫刑也，男子割势，女人幽闭，次死之刑。”

（5）大辟。即死刑。“辟”的原意是指罪，大辟就是指重罪。大辟的执行方式有多种，诸如磬、斩、焚等。

（二）刑罚适用制度

1. 恤刑、慎刑

恤刑思想发端于远古尧舜时期，《尚书·舜典》有曰：“眚灾肆赦，怙终贼刑。钦哉，钦哉！惟刑之恤哉！”其中“眚”为“过”，即过失；“灾”为“害”，即自然灾害；“肆”为“缓”，即减缓。“眚灾肆赦”意为：对由于过失（非故意）或自然灾害所造成的犯罪或危害行为，减免刑事处罚。“怙”为坚持、仗恃。“怙终贼刑”意为：对故意坚持犯罪的，轻者判刑，重者处死。孔颖达疏曰：“若过误为害，原情非故者，则缓纵而赦放之。若怙恃奸诈，终行不改者，则贼杀而刑罪之。舜慎刑如此。”明代丘濬按曰：“‘钦哉，钦哉！惟刑之恤哉！’二句，凡九字，万世圣人恤刑之常心，圣贤之经典。”[①]《尚书·大禹谟》亦载：“皋陶曰：帝德罔愆，临下以简，御众以宽。罚弗及嗣，赏延于世。宥过无大，刑故无小。罪疑惟轻，功疑惟重。与其杀不辜，宁失不经。好生之德，洽于民心，兹用不犯于有司。”清沈家本对此的评价为：“以钦恤为心，以明允为用，虞廷垂训，其万世所当取法者欤。”要“恤刑”当然要审慎评判，因此恤刑实为慎刑。

2. 区分故意与过失

“眚灾肆赦，怙终贼刑”中“眚”为过失的意思，而“怙终”则有故意犯罪之意。《尚书·大禹谟》则进一步区别了过失与故意的罪责，提出“宥过无大，刑故无小”成为以后刑制定罪之准则。[②]（孔安国传曰：过误所犯，虽大必宥；不忌故犯，虽小必刑。孔颖达疏曰：宥过失者无大，虽大亦宥之。刑其故犯者无小，虽小必刑之。）晋张斐《进注律表》曰：“知而犯之谓之故，意以为然谓之失……不意误犯谓之过失。”朱子曰：“‘过’者，不识而误犯也；‘故’者，知之而故犯也。过误所犯，虽大必宥；不忌故犯，虽小必刑。即上篇所‘眚灾肆赦，怙终贼刑’者也。”[③]

3. 疑罪从轻

《尚书·大禹谟》载：“罪疑惟轻，功疑惟重；与其杀不辜，宁失不经。”孔颖达疏曰：“罪有疑者，虽重，从轻罪之。功有疑者，虽轻，从重赏之。与其杀不辜非罪之人，宁失不经不常之罪。以等枉杀无罪，宁妄免有罪也。”《尚书·大禹谟》规定的“罪疑惟轻”是原则性的规定，至《尚书·吕刑》始明确提出“罪疑惟赦”原则，且具体制定罚金办法，成为单独的刑名，此与《尚书·舜典》以铜赎罪不同，可视

---

① 丘濬：《大学衍义补》，中州古籍出版社，1995，第 1267 页。

② 高明士：《〈尚书〉的刑制规范及其影响——中华法系基础法理的祖型》，《荆楚法学》2021 年第 2 期。

③ 朱杰人等编《朱子全书》，上海古籍出版社，2002，第 3179 页。

为古代刑罚制度的一大改革，甚至可视为无罪推定的先河。[①]

第二节 夏商时期的刑罚

公元前二十一世纪左右，启改变了部落联盟首领禅让的习惯，开始了“家天下”的历史。夏朝历时四百余年，至公元前十七世纪为商政权取代。商朝又经历十七世约六百年，到公元前十一世纪为西周所亡。夏商两朝是中国古代法律制度的初步形成和早期发展时期。

一、刑罚文化

（一）社会背景

夏启将“天下为公”的“大同之世”改变为“家天下”的统治模式，开启了新型的政治文明时期。部落联盟的管理机构在职能上也逐渐侧重于维护“家天下”的政治需求，保护居于统治地位的社会群体的特殊利益。在这一过程中，新的管理机构不断形成而且职能也不断明确，“国家”的轮廓也日益明晰。商灭夏后进一步完善国家体制，初步形成中央与地方两级管理机构，而且在后期确立了“父子相继”的王位继承制度。

（二）刑罚思想

夏商时期“天讨”“天罚”等天命神权思想居于首位。作为“天命”化身的王权与作为“神意”代表的王命，是夏商两朝国家法权的最高表现形式。

（1）夏的统治者利用宗教鬼神，将其掌握国家的权力说成是“神

---

① 高绍先：《论〈尚书〉的法学价值》，载张紫葛、高绍先著《〈尚书〉法学内容译注》，商务印书馆，2014，书末附录第 165 页。

授”，把法律说成是“神意”，实施法律则是“代天行罚”。“代天行罚”思想主要由“受命于天”“天降典刑”“恭行天罚”“神判”四个方面的内容构成。《尚书·召诰》记载“有夏服天命”。《尚书·甘誓》记载，夏启“赏于祖”“戮于社”，以示替天行罚。替天行罚直接导致当权者在裁断讼狱时使用“神判”的方法。传说皋陶在审理疑难案件时，经常用“神羊”（獬豸，又称獬廌）来判断。獬豸是传说中一种祥兽，拥有很高智慧，通人性，能够明辨是非曲直，能够辨善恶忠奸。在古代，獬豸就成了执法公正的化身，有断案功能，早期“灋”字用廌作形旁，就体现了“神判”的思想。

（2）“天讨”“天罚”的神权法思想在商朝发展到了极致。《礼记·表记》有“殷人尊神，率民以事神”的记载。考古发现的墓葬、祭祀坑和文献中都有关于商朝“代天行罚”思想的记载。《尚书·汤誓》载：“王曰：‘格尔众庶，悉听朕言。非台小子敢行称乱。有夏多罪，天命殛之……夏氏有罪，予畏上帝，不敢不正……尔尚辅予一人，致天之罚，予其大赉汝。’”商朝的神判方法主要是占卜。举凡国家大事，都要进行占卜，发展到后来，商王几乎无事不卜，无日不卜，甚至定罪量刑也要诉诸鬼神。甲骨文中许多卜辞也反映了商的统治者通过占卜来决定刑罚的事情。如武丁晚期一条卜辞“丁巳卜，亘贞：刖若”，该卜辞中的贞人是“亘”，本条卜辞的大意为：丁巳日由贞人亘占卜，对某某人施行刖刑是否合适。正如《礼记·曲记》所说：“卜筮者，先圣王之所以使民信时日，敬鬼神，畏法令也。”“鬼神”与“法令”之间通过卜筮而结合，加强了法令的神圣与威严，使法令成为维护王权的有力工具。①

（三）刑事立法

夏商两朝的法律制度尚未形成严格的规范体系，仍处于中国古代

---

① 白焕然等：《中国古代监狱制度》，新华出版社，2007，第72页。

早期习惯法时代。其法律渊源基本上由礼和刑两部分组成，由此可以窥见“礼”与“刑”交互作用，以不同的方式来调整社会关系、维持统治秩序。

（1）“礼”。就夏商两朝的礼而言，由于年代久远，文献失载，具体内容不得而知。《论语・八佾》记载了孔子对此的慨叹：“夏礼吾能言之，杞不足徵也；殷礼吾能言之，宋不足徵也；文献不足故也。足，则吾能徵之矣。”《说苑・修文篇》记载：“夏后氏教以忠，而君子忠矣，小人之失野；救野莫如敬，故殷人教以敬，而君子敬矣。”其意为：夏过分强调氏族成员的和睦，而无上下之别，君主缺少威严；殷人过分强调等级，并使人过分地相信鬼神所赐的灾福，对君敬而不亲。夏商时期的“宗法礼治”既是道德戒律，也是法律规范，它加强了“代天行罚”思想的威严。

（2）“刑”。关于夏商两朝的刑，《左传・昭公六年》有“夏有乱政，而作‘禹刑’；商有乱政，而作‘汤刑’”的记载。“禹刑”“汤刑”是夏商两朝刑事法律的统称，它们既不是一次性完成的，也并非夏禹、商汤一代所作，而是在长期的社会实践中不断丰富、完善的产物。其内容基本以习惯法为主，商代也出现了一些不公布的成文法。如商王盘庚在位期间，曾教育民众遵守成法，“已常旧服，正法度”。“常”即常法，“旧服”是指先王的旧制。后来的周公在告诫康叔如何统治殷商遗民的《康诰》中说“殷罚有伦”和“蔽殷彝，用其义刑义杀，勿庸以次汝封”①，也表明商朝已有关于刑罚制度的成文刑书。

（3）王命。除礼、刑所构成的习惯法外，夏王、商王的命令也是一种重要的法律渊源。夏商两朝的王命，主要包括军法命令的“誓”、政治文告的“诰”、训令臣民的“训”等多种形式。如夏启出兵讨伐有扈氏时颁布的《甘誓》（用命赏于祖，弗用命戮于社，予则孥戮汝），

---

① 王世舜、王翠叶译注《尚书》，中华书局，2022，第187页。

以及商汤讨伐夏桀时颁布的《汤誓》（尔不从誓言，予则孥戮汝，罔有攸赦）等，就是兼具军法与刑法性质的王命，具有法律的强制性。又如，商王盘庚的迁都文告："乃有不吉不迪，颠越不恭，暂遇奸宄，我乃劓殄灭之，无遗育，无俾易于兹新邑。""劓殄"即灭绝；"育"即幼童。意思是：假如犯了"不吉不迪，颠越不恭，暂遇奸宄"的罪行，不仅要将本人处死，还要将其后代统统处死，不使其后代在新邑里繁衍，这相当于后世的族诛。

二、刑罚制度

（一）刑罚体系和种类

（1）夏朝的刑罚受原始社会习惯的影响，主要以残杀生命和残害身体作为惩罚犯罪的手段。夏初并无刑罚，"有制令而无刑罚"。夏的刑罚是从苗民处传来的。在夏征三苗后，袭用了苗民的黥、劓、刖、椓、杀戮等刑罚手段，将肉刑引入刑罚体系，设立了六种刑罚：墨、劓、剕、宫、幽闭、大辟。因为宫与幽闭仅仅是适用对象不同，刑罚内容是相同的，所以夏朝的刑罚实际上仍为五刑。据《晋书·刑法志》记载："夏后氏之王天下也，则五刑之属三千。"《隋书·经籍志二》亦载："夏后氏正刑有五，科条三千。"根据汉代经学家郑玄的解释，夏朝的"五刑三千条"为"大辟二百，膑辟三百，宫辟五百，劓、墨各千"[①]。夏商两代的刑法均是"以刑统罪"的体系，即罪名隶属于刑名。在五刑三千条中，不孝罪被列在首位。此外，还设立了昏、墨、贼等重罪。这里的墨是指罪名而非刑名。《左传·昭公十四年》叔向曰："己恶而掠美为昏，贪以败官为墨，杀人不忌为贼。"自己恶而想取得美名就是昏罪，贪婪而玩忽职守就是墨罪，杀人而没有顾忌则称贼罪。

① 郑玄注《周礼》，中华书局，1992，题印本。

另外，夏朝还有“放”“孥”“赎”等刑罚。“放”就是“逐”的意思，即将罪犯放逐到荒漠之地；“孥”，即将罪犯及其家属罚没为奴婢；“赎”即以钱赎罪。据《路史·后记》记载：“夏后氏罪疑惟赎，死者千馔，中罪五百，下罪二百。”《尚书·吕刑》也记载：“夏后氏不杀不刑，死罪罚二千馔。”“禹之君民也，罚弗及强而天下治，一馔六两。”可知夏朝对有犯罪嫌疑，但又证据不足者，从轻处罚，可采取“赎”的方法，死罪的嫌疑犯，赎铜千馔，即罚六千两；罪实者，则可以二千馔铜赎死。①

（2）商朝的刑罚基本沿袭夏朝，“殷因于夏，有所损益”。商朝仍以五刑制度为主，包括墨、劓、剕、宫、大辟。在殷墟的甲骨文中，学者们发现许多表示五刑的象形文字。除五刑以外，商朝还创设了许多非常残酷的刑罚：将人剁成肉酱的醢刑、把人晾成肉干的脯刑、割取人皮肉的剔刳刑、挖取人内脏的剖心刑、强迫人在烧红的铜格上赤足行走的炮格（烙）刑等。《史记·殷本纪》就记载了殷纣王“醢九侯”“脯鄂侯”“剖比干”的暴行。此外商朝还专门制定了官刑来惩治官吏犯罪，如“三风十愆”罪名。据《尚书·伊训》记载，商汤死后，伊尹曾“制官刑，儆于有位。曰：敢有恒舞于宫，酣歌于室，时谓巫风；敢有殉于货色，恒于游畋，时谓淫风；敢有侮圣言、逆忠直，远耆德、比顽童，时谓乱风”②。所谓巫风，是指在宫中经常举行歌舞，恒舞于宫。孔颖达认为“废弃道德专为歌舞，似巫者事鬼神然，言其无政也”。所谓淫风，是指不惜一切地追求财物和美色，游猎无度，怠惰政事。所谓乱风，则是指狎侮违背圣人之言，拒逆不纳忠直规劝，疏远年长德高之人，亲近凶顽或无知幼童。③“三风十愆”罪是直接影响统治阶级长远利益的严重犯罪，法律严厉禁止，明确规定：“臣下不

---

① 王宏治：《中国刑法史讲义》，商务印书馆，2019，第 29 页。

② 王世舜、王翠叶译注《尚书》，中华书局，2022，第 392 页。

③ 张晋藩主编《中国法制史》，中国政法大学出版社，1999，第 16 页。

匡，其刑墨，具训于蒙士。”《墨子·非乐》也记载：“汤之官刑有之曰：其恒舞于宫，是谓巫风。其刑：君子出丝二卫，小人否。”即官吏犯巫风罪，将按照身份地位高低，分别给予罚丝或罢免职务的处罚。除了残酷的肉刑以外，徒刑和流刑在商朝的刑罚体系中也同样存在。殷墟出土的带枷陶俑，男的两手枷在背后，女的两手枷在胸前，这种施以桎梏的刑罚叫作“执”。徒刑是将罪犯关押在一定场所并强迫其劳作的刑罚。商朝称服徒刑的罪犯为胥靡。相传商王武丁根据梦境而得圣人傅说，傅说就曾“衣褐带索”为胥靡而筑城于傅险，即用绳子拘系着在傅险地做苦役。[①] 流刑，即是将罪犯放逐到边远荒凉地区的刑罚。同夏朝一样，商朝的流刑也是为了宽宥同族人犯死罪而设立的刑罚。相传商朝重臣伊尹曾将不遵守汤法的太甲流放于桐宫。

（二）刑罚适用制度

（1）夏朝统治者为了巩固其“受命于天”的地位和维护伦理道德秩序，确立了“与其杀不辜，宁失不经”的刑罚适用制度。所谓“不辜”，即无辜；“不经”指违反常规或常法。按照这一刑罚适用制度，对于证据不足或情节可疑的案件，与其错杀无辜或疑犯，宁可犯执法失误的过失从轻处罚。它体现了“疑罪从无”的慎刑思想，具有一定的进步意义。

（2）商朝提倡“义刑义杀”的刑罚适用制度，要求刑事制裁应当具有正义性。此外，还主张“有伦”，即“殷罚有伦”依照既定的规则适用刑罚。尽管那时不可能真正做到依法定罪量刑，但是也说明了商朝时期刑罚适用制度已逐步建立并遵循一定的规则与标准，这是历史的进步，也对后世的西周立法产生了极大的影响。

---

① 何宁生：《论商代的法律制度》，《西北大学学报（哲学社会科学版）》1995 年第 3 期。

第三节　西周时期的刑罚

一、刑罚文化

（一）社会背景

商后期，尤其是纣王在位期间，统治集团日益腐败，并以严刑峻法镇压民众，使得阶级矛盾进一步激化。公元前十一世纪兴起于黄土高原岐山、渭水的周部族，在周武王的号召下，联合各方国诸侯，进军商都朝歌，经过牧野之战，推翻商朝统治，建立了周王朝。

1. 政治环境

周政权为了加强对属地的统治，实行“封邦建国”的分封制，受封的诸侯再在自己的封地里分封卿大夫，卿大夫又在自己的封地里分封士，这样自上而下地统治着人民。周公摄政期间正式确立了以宗法政权体制为中心的繁杂政治体制，官职实行“世卿世禄”制。

2. 经济环境

西周时期，由于青铜农具的普遍使用，大规模的垦殖成为可能，而且土地的利用率也有了较大的提高。周王朝任命熟悉农作物的司稼官员指导农业生产，增加了农作物品种，提高了产量。西周时期的手工业专门由王室和诸侯控制，众多的工匠在司空的领导下负责各项手工业，技艺精湛。尤其是青铜铸造业，生产工艺、生产能力、效率以及水平较夏商时期都有极大地提高。商业已成为不可缺少的一项社会经济活动，由政府垄断，还专门设置了质人之官作为市场的管理者。青铜制的货币此时也开始出现。

（二）刑罚思想

西周统治者继承并发展了夏商两代的“天命观”，确立了“以德配天”和“明德慎罚”的法律思想。

1. 以德配天

周人认为“天惟时求民主”①，“天命”最终是以民意关怀为旨归的，“民之所欲，天必从之”②。因此，“以德配天”的终极要求，就是以德治民，慎用刑罚。只有这样，才能“享天之命”，为“天命”所保佑，不被“天命”所鄙弃。虽然西周时仍然讲求“天命观”和“神意”政治，但其审判方式已经明显具有重视“人事”，超越神明裁判的倾向，在某种程度上可以说已经实现了从“神判”向“人判”的超越性转变。这不仅表现在《尚书·吕刑》对于司法审判方式规定得相对周密，而且还体现在《尚书·吕刑》关于审判制度、证据认定等一系列的规范中。其具体表现为：首先，《尚书·吕刑》已经关注到当事人口供的证据价值及意义，它要求案件审理时必须“两造具备”，即要求双方当事人都亲自到庭并陈述自己的主张。其次，《尚书·吕刑》已注意到调动审判者的审理智慧与责任感。“师听五辞”，即要求案件审理者——“师”，必须“听五辞”，通过“辞听”“目听”“耳听”“色听”“气听”，对诉讼双方的主张与举证进行内心确认，并审查其证明力。最后，案件审判者根据庭审证据的认定，“惟察惟法”“阅实其罪”，最终作出定罪量刑的裁判。③ 与夏商之前的“神判”相较，这种“人判”在司法制度上的历史进步意义不言而喻。

2. 明德慎罚

“明德慎罚”一词最早见于《尚书·周书》的《多方》《康诰》两篇。《康诰》开篇就提出：“惟乃丕显考文王，克明德慎罚；不敢侮鳏寡，庸庸，祗祗，威威，显民，用肇造我区夏，越我一、二邦以修我西土。”“明德”中的“德”就是为周人所歌颂的周文王的德行，概括

① 王世舜、王翠叶译注《尚书》，中华书局，2022，第 278 页。

② 同上书，第 431 页。

③ 梁凤荣：《〈尚书·吕刑〉司法理念与制度管窥》，《河北法学》2011 年第 10 期。

来说就是“敬天、祀祖、爱民”。与“明德”相对应的是“慎罚”，关于“慎罚”，《多方》是这样阐述的：“乃惟成汤克以尔多方简，代夏作民主。慎厥丽，乃劝。厥民刑，用劝。以至于帝乙，罔不明德慎罚，亦克用劝。要囚，殄戮多罪，亦克用劝。开释无辜，亦克用劝。”这段表述记载了殷商从成汤到帝乙，无不明德慎罚，他们不论判罪、用刑、审案，或惩治罪犯、开释无辜，都能以劝勉的精神从事。这段表述虽是讲的殷商诸先王的作为，但却是由周人予以记载和肯定的，自然也就反映了周统治者的思想和主张。这段了用了五个“劝”字，既体现了明德的精神，又提出了慎罚的要旨。《尚书·吕刑》是西周“明德慎罚”思想的集中体现，它主要是论刑，但同时又反复强调崇德，主张用刑必须以德教为本，“士制百姓于刑之中，以教祇德”。

“明德慎罚”的刑罚思想包含了丰富的内容，具体有：第一，刑罚要适中。即刑罚要“中正”“适度”，要“刑当其罪，罚当其辜”。《尚书·吕刑》云：“非佞折狱，惟良折狱，罔非在中。”又云：“今往何监？非德？于民之中。”就是说司法是讲公道的，做到不偏不倚，就能在百姓中建立起威信。如孔子所言“刑罚不中，则民无所措手足”。第二，慎罚。刑罚要“中正”的前提是要“慎刑”“慎罚”，即要谨慎地认定犯罪并给予刑罚。“慎罚”并非禁罚，而是要罚当其罪，要“虽畏勿畏，虽休勿休”，即不要因畏惧刑罚而废置不用，也不要因喜好刑罚而用之过度。[①] 第三，慎重断案。周公在《尚书·康诰》中告诫康叔：“要囚，服念五六日至于旬时，丕蔽要囚。”主张判处和监禁罪犯要慎重，在听讼过程中，一定要经过反复审查案情与罪犯的供词后，才能定断。《尚书·吕刑》也详细陈述了慎重断案的要求和影响，即“两造具备，师听五辞”“民之乱，罔不中听狱之两辞”。第四，重视教化。周公从“保民”的思想出发，十分重视教化的作用。他认为，使用刑

---

① 马小红：《〈吕刑〉法律思想初探》，《法学研究》1990 年第 1 期。

罚的目的并不只是单纯地惩罚人，通过惩罚达到劝民从善、防止犯罪。《尚书·酒诰》云："勿庸杀之，姑惟教之。"《尚书·吕刑》在讲"刑"的同时，也大讲其"德"，如"德威惟畏，德明惟明""士制百姓于刑之中，以教祗德""灼于西方，罔不惟德之勤""惟敬五刑，以成三德""朕敬于刑，有德惟刑"等。

（三）刑事立法

西周的法律形式是对夏商的继承和发展，仍由礼和刑两部分组成。

1. 周礼

西周初年，周公在平定内乱与反叛之后，主持了大规模的立法活动，通过"制礼作乐"建立起一套典章礼仪制度与宗法等级秩序。周礼包含的内容极为丰富，大到国家政治法度，小到人们日常生活的方方面面。周礼的一个重要作用在于维护各级贵族集团的权益，调整社会关系与法律关系，巩固国家的宗法等级秩序。所以"礼，经国家，定社稷，序民人，利后嗣者也""夫礼者，所以定亲疏，决嫌疑，别同异，明是非也"。[①] 从这个意义上说，周礼堪称是规定国家根本制度的基本大法，是调整西周社会关系的重要法律规范。周礼的另一重要功能则是预防犯罪，是防范臣民犯罪的工具。《礼记·经解》曰："夫礼，禁乱之所由生，犹坊止水之所自来也。故以旧坊为无所用而坏之者，必有水败；以旧礼为无所用而去之者，必有乱患。"周礼是为了预防违法犯罪行为肆虐泛滥而筑起的一道堤坝，所以西周的统治者一再强调"安上治民，莫善于礼""治人之道，莫急于礼"。

2. 刑书

在"制礼作乐"的同时，西周也进行了"作修刑辟"的刑事立法活动。

（1）周文王之法"有亡荒阅"。周在灭商之前，就已经初步建立起

① 梁鸿编选《礼记》，时代文艺出版社、湖南文艺出版社，2003，第 1 页。

了国家体制，并制定了相应的法律。史料记载，早在周文王时期，周政权就开始了刑事立法活动。《左传·昭公七年》载："周文王之法曰：有亡荒阅。"杨伯峻《春秋左传注》云："此'有亡'，谓奴隶之有逃亡者。""有亡荒阅"是有关搜捕逃亡奴隶的法规。

（2）《九刑》。《左传·昭公六年》有"周有乱政，而作'九刑'"的记载。《九刑》在春秋时就已失传，《左传·文公十八年》仅保留了片段内容："毁则为贼，掩贼为藏，窃贿为盗，盗器为奸。主藏之名，赖奸之用，为大凶德，有常无赦。"根据这一规定，毁坏法度属于贼罪，隐匿贼犯是窝藏，窃取财物为盗，盗器为奸。凡主使藏匿罪犯，使用盗器物，均属重大犯罪，一律以常刑严惩，不准随意赦免。从这些内容来看，《九刑》是以惩治危害国家利益和社会秩序等违法行为的刑事法律。

（3）《吕刑》。周穆王时，为了缓和社会矛盾，挽救"王道衰微"的社会危机，稳定周王室的统治地位，穆王命司寇吕侯"修律刑辟"，因由吕侯主持修订，所以该部法典称为《吕刑》。吕侯后被封为甫侯，故《吕刑》又名《甫刑》。吕侯制定的《吕刑》早已失传，现存《尚书》中的《吕刑》系后世所作，但其中保留了许多西周《吕刑》的重要内容。《尚书·吕刑》的主要内容包括三个部分，通篇体现了"明德慎罚"的法律思想。第一部分，主要叙述制定《吕刑》的起因和经过，追溯刑罚制度形成的历史，阐明德刑并用的立法指导思想。第二部分，系统规定了以五刑与赎刑制度为中心的刑罚体系、刑罚适用原则，并提出了一些司法诉讼程序和基本审判原则。第三部分，再次强调德刑关系及对司法官员的办案要求。《尚书·吕刑》是一部关于刑事法律规范和刑事诉讼法性质的法律文献，在中国古代法律制度发展史上占有重要地位。①

---

① 张晋藩主编《中国法制史》，中国政法大学出版社，1999，第25页。

3. 王命

西周时期诰、誓、训、命等王命也是重要的法律形式，而且法律效力还高于其他法律。现存今文《尚书》中，就汇集有《大诰》《酒诰》《召诰》《洛诰》《牧誓》《费誓》《秦誓》《文侯之命》等。

此外，西周还将前代的一些旧法或遗训也作为法律，优先适用于某些地区。如对原商统治中心的鲁、卫等国实行“启以商政”，对原夏统治中心的晋国则实行“启以夏政”。康叔受封于殷商故地时，周公就反复告诫他：“殷罚有伦”“罚蔽殷彝，用其义刑义杀”。《国语·周语》也有“赋事行刑，必问遗训”的记载。

二、刑罚制度

（一）刑罚体系和种类

西周的刑罚体系以上古五刑为主体，此外还有鞭刑，以及类似现代自由刑等多种形式的刑罚。

1. 五刑

西周基本还是沿用夏商的五刑制度，即墨、劓、刵、宫、大辟五种刑罚以肉刑和生命刑为主要内容。大辟即死刑，其执行方式有多种，见于《周礼》的有：“斩”是以斧钺斩首或腰斩，适用于普通死刑犯；“杀”指以刀刃弃市；“焚”是以火烧其身，一般适用于杀死尊亲属、奸淫等重大犯罪；“辜”是裂其肢体而杀之；“车轘”是死后车裂其尸；“戮”是既斩杀又辱之；“罄”是缢之于隐蔽之处，适用于有贵族身份的死刑犯。

西周初期，根据《周礼·秋官·司寇》记载：“司刑掌五刑之法，以丽万民之罪，墨罪五百，劓罪五百，宫罪五百，刖罪五百，杀罪五百。”后《尚书·吕刑》改定刑罪之条数为：“墨罚之属千，劓罚之属千，剕罚之属五百，宫罚之属三百，大辟之罚其属二百。五刑之属三千。”从这次改革来看，《尚书·吕刑》扩大了墨刑、劓刑等轻刑的适用范围，各由五百增至一千，倍于周初；将刖刑改称为剕，其条目仍为五百；宫刑由五百减至三百，大辟（死刑）由五百减至二百。总的来说，具有轻刑的倾向。这是周代“明德慎罚”思想在刑罚制度发展上的反映。①

2. 鞭刑

根据通说的观点鞭刑在西周时期也是官刑，是惩治官员轻微犯罪的刑罚手段。关于这一结论，通过梳理涉法铭文中鞭刑的适用对象，可以得到印证。如在《㑇匜》铭文中，记载了对小奴隶主牧牛的刑罚：“今大赦女（汝），鞭女（汝）五百，罚女（汝）三百寽。”牧牛被判诬告加违约罪，所处刑罚是：鞭打一千下，处第一等墨刑。但是考虑到牧牛有认罪的情节，会两次减刑，第一次减刑为“鞭千，处刑第二等墨刑”，第二次减刑为“鞭五百，罚铜三锊”。此外，在《鸟形盉》《乞盉》和《散氏盘》铭文中都有关于鞭刑的记载，且数目大多以“鞭千”和“鞭五百”为主，且多可以被赎免。

3. 自由刑

（1）劳役刑。劳役刑是限制、剥夺罪犯人身自由并强制从事劳役的刑罚。西周的圜土之制属于劳役刑性质，后世的徒刑也是由此发展而来。圜土之制主要适用于那些所犯罪行尚未达到五刑标准的相对较轻的罪犯，因将罪犯关押在圜土之中而得名。《周礼·秋官·司寇》记载：“以圜土聚教罢民，凡害人者，置之圜土而施职事焉，以明刑耻之。”为了看管圜土中的罪犯，西周统治者还专设了司圜一职。《周礼·秋官·司圜》中规定：“司圜掌收教罢民。凡害人者，弗使冠饰而加明刑焉，任之以事而收教之。能改者，上罪三年而舍，中罪二年而舍，下罪一年而舍。”可见西周的圜土之制刑期是一到三年不定，可长

---

① 王宏治：《中国刑法史讲义》，商务印书馆，2019，第36页。

可短。圜土之制可视为中国古代最早的劳役刑制度。

（2）拘役刑。西周的嘉石之制属于拘役刑的性质。嘉石是一种条络纹理的大石头，矗立于京城外朝门的左侧，违法者先按一定期限坐嘉石反省思过，期满后交由主管土木工程建设的司空监督其从事一定期限的劳役。《周礼·秋官·司寇》规定："凡万民之有罪过，而未丽于法，而害于州里者，桎梏而坐诸嘉石，役诸司空；重罪，旬有三日坐，期役；其次，九日坐，九月役；其次，七日坐，七月役；其次，五日坐，五月役；其下罪，三日坐，三月役，使州里任之，则宥而舍之。"按照犯罪情节轻重，罚坐嘉石与拘役劳作的时间均为五等，前者分别为十三日、九日、七日、五日、三日，后者分别为一年、九个月、七个月、五个月、三个月，服刑期满，改过自新，予以释放。

（二）刑罚适用制度

1. 量刑原则

（1）恤刑。恤刑是指在定罪处刑时对老人、幼童、身有残疾等特殊情况的人，给予特别宽宥的做法。西周的恤刑制度具体表现为"三赦、三宥"之法。据《周礼·秋官·司刑》记载，"三赦"为"壹赦曰幼弱，再赦曰老旄，三赦曰蠢愚"。即对年幼无知的未成年人、年迈体衰的耄耋老人及患前精神障碍的人，除故意杀人等重罪外，一般犯罪可以赦免。"三宥"为"壹宥曰不识，再宥曰过失，三宥曰遗忘"。郑玄注曰："识，审也。不审，若今仇雠当报甲，见乙，诚以为甲而杀之者。过失，若举刃欲斫伐，而轶中人者。遗忘，若间帷薄，忘有在焉者，而以兵矢投射之。"① 根据上述郑玄的解释，"不识"就是当代刑法中的"认识错误"，原本想要杀甲，见乙，以为是甲而杀之。"过失"的意思与当今刑法中的过失相近，原本是举刀砍伐，不曾想过失伤人。据《说文解字》，"遗，亡也"，"忘，不识也"。郑玄例释"遗忘"为

① 李学勤主编《周礼注疏》，北京大学出版社，1999，第946—947页。

"若间帷薄，忘有在焉者，而以兵矢投射之"，"忘"说明行为人在行为时确实没有想到幕帐后有人，以致投射兵矢而伤之；"帷薄"说明当时的客观条件是有利于发现幕帐之后有人的，行为人能够也应该对此予以预见。因此，"遗忘"指本来能够认识但却没有认识的心理状态。①蔡枢衡先生认为："不识，就是行为人在行为时对自己的犯罪行为、危害的对象或结果，全不了解或了解不够。而过失则是认识不符合实际，实际发生的事实出乎自己的意料。"②

"三宥、三赦"制度说明西周统治者已经注意到年龄、废疾等因素与刑事责任能力之间的联系。同时也体现了西周司法的人道主义和恤刑思想。

（2）刑罚世轻世重原则。西周的统治者已经深谙刑罚之功效，并提出了审时度势的刑罚原则，即"刑罚世轻世重"和"三典刑三国"原则。《尚书·吕刑》云："刑罚世轻世重，惟齐非齐，有伦有要。"意思就是，刑罚要视形势的需要而区分轻重，需要重处时就用重刑，需要轻处时则用轻刑，司法者定罪量刑需根据实际情况来决定刑罚的宽与严、轻与重，不能一味地追求刑罚适用的等齐划一。周公在《周礼·秋官·司寇》中又进一步提出了"三典刑三国"原则，即"一曰，刑新国用轻典；二曰，刑平国用中典；三曰，刑乱国用重典"。"三典刑三国"这一原则也是要求统治者在处刑时根据国家、社会的发展与现状，及时调整、灵活运用，以更好地体现刑罚的功能。"刑罚世轻世重"与"三典刑三国"都是灵活运用刑罚的体现。

（3）上下比罪。《尚书·吕刑》提出了"上下比罪"的原则。"上下比罪，无僭乱辞，勿用不行，惟察惟法，其审克之！上刑适轻，下服；下刑适重，上服。轻重诸罚有权。"即要求审判案件时，如果法无

---

① 冯国泉：《西周时期的德政与司法选择》，博士学位论文，中国政法大学，2011，第 67—68 页。

② 蔡枢衡：《中国刑法史》，广西人民出版社，1983，第 186 页。

正条可以援引，则比照罪与刑两方面相关的法条作为依据进行审判。虽犯有重罪，但有适宜轻判的情节，就应当判处轻刑；虽犯的是轻罪，但其情节恶劣，适宜重判者，就应当判处重刑。这是最早的“类推”原则。“上下比罪”原则的提出虽然扩大了刑事处罚的范围和审判者定罪量刑的随意性，但是在一定程度上也弥补了在刑事法律发展早期法律条款严重不足的缺陷。

（4）罪疑从赦。《尚书・吕刑》规定：“五刑之疑有赦，五罚之疑有赦，其审克之。”要求司法机关认真对待有疑义或有争议的案件。对适用五刑有疑义的案件从轻宽宥，以赎刑代罚；对适用赎刑有疑义的案件，从轻赦免，不追究刑事责任，并要求对有疑义的案件认真审查，务求定罪量刑恰当。这一罪疑从赦制度已初具疑罪从无的精神，符合西周“明德慎罚”的刑罚思想。

（5）同罪异罚。同罪异罚是指不同身份等级的人犯同样罪行，所承担的刑事责任不同。这显然是一项等级特权原则。据《周礼・秋官・掌戮》记载：“凡杀人者，踣诸市，肆之三日。刑盗于市。凡罪之丽于法者亦如之。唯王之同族与有爵者，杀之于甸师氏。”杀人犯、盗贼要在闹市正法，暴尸三天示众。但王族、有爵位的贵族犯死罪，则由管理郊野的官吏甸师氏秘密处死。《礼记・文王世子》亦载：“公族其有死罪，则磬于甸人；其刑罪，则纤剸，亦告于甸人。公族无宫刑。狱成，有司谳于公。”公族即诸侯贵族，他们享有减刑或赦免的特权，并且不适用宫刑。《周礼・秋官・司寇》还记载了“八辟之法”，“以八辟丽邦法，附刑罚：一曰议亲之辟，二曰议故之辟，三曰议贤之辟，四曰议能之辟，五曰议功之辟，六曰议贵之辟，七曰议勤之辟，八曰议宾之辟”。上述八种特权人物犯罪，由高级贵族根据他们的身份、地位、情节等进行决议，采取宽宥赦免的措施。“八辟之法”是后世“八议”制度的源头。

2. 量刑情节

(1) 年龄。西周的“三赦”制度规定幼弱、老耄可以免予刑事处罚，这一方面体现了“矜老恤幼”的原则，另一方面也表明西周的统治者已经注意到年龄、体力、智力等因素与犯罪的关系，为后世刑事责任年龄的确定打下了一定的基础。

(2) 区分故意与过失，惯犯与偶犯。《尚书·康诰》载：“人有小罪，非眚，乃惟终，自作不典，式尔，有厥罪小，乃不可不杀。乃有大罪，非终，乃惟眚灾，适尔，既道极厥辜，时乃不可杀。”其中“眚”是过失的意思，“非眚”即“不是过失”；“终”是“经常”的意思，“非终”即为“不经常”；“适”是“偶然”的意思。整句话的意思是：如果一个人犯了小罪，而不是过失，还经常干一些违法的事，这样，虽然他的罪过最小，却不能不杀。如果一个人犯了大罪，但不是一贯如此，而只是由过失造成的灾祸，这是偶然犯罪，可以按法律给予适当处罚，不应把他杀掉。从这一内容可知按照西周时的法律，凡故意犯罪或者惯犯，即使罪行较小，也要从严惩处；如果属于过失犯罪或者偶犯，虽然罪行比较严重，却可从轻给予宽宥减刑。此外《周礼·秋官》中提到的“三宥之法”也强调以罪犯的主观动机与客观危害作为定罪量刑的依据，对不同情节的犯罪实行区别对待。

3. 刑罚执行

赎刑。赎刑是指按照规定或经允许缴纳一定钱财用以折抵原定刑罚。《尚书·吕刑》篇中的一个重要内容就是对赎刑的规定。所载“五刑之疑有赦，五罚之疑有赦”，就是指对适用五刑有疑而应予以赦宥的案件，均可适用赎刑。具体规定是：“墨辟疑赦，其罚百锾，阅实其罪。劓辟疑赦，其罚惟倍，阅实其罪。剕辟疑赦，其罚倍差，阅实其罪。宫辟疑赦，其罚六百锾，阅实其罪。大辟疑救，其罚千锾，阅实其罪。”意思是：判墨刑者有疑，则判罚向国家交纳铜一百锾。判劓刑者有疑，则判罚向国家交纳铜二百锾。判剕刑者有疑，则判罚向国家交纳铜五百锾。判宫刑者有疑，则判罚向国家交纳铜六百锾。判大辟之刑者有疑，则判罚向国家交纳铜一千锾。锾是西周时期的货币单位，郑康成曰："锾，六两也。"也就是说一锾即为六两。由此可知，西周时当墨、劓、剕、宫、大辟五种刑罚存疑时可以用缴纳金钱的方式代替执行。因此，赎刑是一种变更刑罚执行的方式。

第四节　春秋战国时期的刑罚

一、刑罚文化

（一）社会背景

公元前770年，周平王迁都洛邑，中国历史进入春秋战国时期。这一时期社会剧烈动荡，无论是生产力还是生产关系都发生了巨大的变化，社会处于大变革时期。

1. 经济环境

春秋战国时期铁器在农业上得到了广泛的应用，这大大提高了劳动生产率、促进了社会分工，从而导致个体经济大量涌现。生产工具的推广和应用，以及大量涌现的经济个体，促使"私田"开垦的数量不断增多，为此一些诸侯国相继进行田制与税制改革，这些改革实际上承认了个体经济与私营土地的合法性，动摇了宗族土地所有制，为新型生产关系的建立奠定了基础。

2. 政治环境

在生产关系与经济基础的剧烈变动下，各阶级阶层的社会分化十分严重，阶级关系与上层建筑也发生着剧烈变化。随着经济制度的变化，新兴地主阶级出现，政治法律制度也相应地发生了重大变化，新的政治管理体制和各项制度也逐步建立，如以将相制代替世卿制、俸禄制代替世禄制、郡县制代替封邑制等。新兴的统治阶层为了自身利益，迫切需要摧毁旧宗主贵族法律特权，彻底摆脱宗法等级的束缚。这就要求打破法律制度的秘密状态，增加法律的公开性和透明度，于是反映新兴地主阶级利益的法典开始出现。郑国“铸刑书于鼎，以为国之常法”，晋国亦“铸刑鼎，着范宣子所为刑书”，许多诸侯国相继制定或公布成文法。成文法的制定和公布，促进了封建生产关系的发展，标志着奴隶制的瓦解。

（二）成文法运动

春秋后期成文法运动开创了我国古代法律制度发展的新纪元，成为历史进入新时代、新阶段的重要标志。[①] 同时，它还破坏了夏商西周“礼治”“德治”的传统，动摇了宗法等级制度的社会基础，确立起法家代表人物所倡导的“法治”原则，取得了古代法制建设的重大成果。

春秋时期较早制定成文法的国家是楚国。公元前 689 年至公元前 677 年，楚文王效法周文王时“有亡荒阅”之法，率先“作仆区之法”，以惩治“隐匿亡人”与窝藏盗窃物品的行为。公元前 613 年至公元前 591 年，楚庄王又制定“茆门之法”，规定宫廷警卫方面的立法内容。晋国于公元前 633 年，由晋文公制定“被庐之法”。公元前 621 年，晋襄公又命执政赵宣子制定“常法”，亦名“夷蒐法”，它是一部包括刑事、民事以及行政法律的综合性法规。公元前 554 年至公元前 547 年，执政范宣子在“常法”的基础上修订了新的刑书。公元前 513 年，晋国大夫赵鞅将范宣子所作的刑书铸于鼎上公布。公元前 536 年，郑国著名的政治家子产鉴于社会关系的变化和旧的礼法制度的解体，铸《刑书》于鼎，这是历史上有文字记载的最早正式公布的成文法。其后三十年，郑国大夫邓析又对郑国现行的法律进行整理、编排，刻在竹简上公开运用，史称《竹刑》。这是中国历史上第一次由私人编纂法典。

① 张晋藩主编《中国法制史》，中国政法大学出版社，1999，第 58 页。

随后各诸侯国也纷纷公布成文法，韩国有申不害所作的《刑符》、魏国有《魏宪》、赵国有《国律》、齐国有《七法》等。到战国时，成文法已在各诸侯国普及，特别是魏国李悝编纂的《法经》，不仅集春秋以来各诸侯国所颁布的成文法之大成，而且为秦汉以后的刑事立法奠定了基础。

（三）《法经》

公元前407年魏国丞相李悝参酌其他各诸侯国的法律成果编纂了《法经》，旨在巩固魏国变法改革的成果，维护新政权的统治。《法经》早已失传，今所能见的片段，出自《晋书·刑法志》《唐律疏议·名例律》及明代董说《七国考·魏刑法》等文献记载。三处内容基本一致，以《七国考·魏刑法》最为详细。“魏文侯师李悝著《法经》，以为王者之政，莫急于盗、贼，故其律始于盗、贼。盗、贼须刻捕，故著囚、捕二篇。其轻狡、越城、博戏、假借不廉、淫侈、逾制为杂律一篇。又以具律具其加减。所著六篇而已。卫鞅受之，入相于秦。是以秦、魏二国，深文峻法相近。正律略曰：杀人者诛，藉其家，及其妻氏。杀二人及其母氏。大盗戍为守卒，重则诛。窥宫者膑。拾遗者刖。曰：为盗心焉。其杂律略曰：夫有一妻二妾其刑聝；夫有二妻则诛，妻有外夫则宫。曰：淫禁。盗符者诛，籍其家。盗玺者诛。议国法令者诛，籍其家，及其妻氏。曰：狡禁。越城一人则诛。自十人以上夷其乡及族。曰：城禁。博戏罚金三市。太子博戏则笞，不止则特笞，不止则更立。曰：嬉禁。群相居一日以上则问。三日四日五日则诛。曰：徒禁。丞相受金，左右伏诛。犀首以下受金则诛。金自镒以下罚不诛也。曰：金禁。大夫之家有侯物，自一以上者族。其减律略曰：罪人年十五以下，罪高三减，罪卑一减。年六十以上，小罪情减，大罪理减。”根据这些记载，《法经》共有六篇，分别为《盗法》《贼法》《囚法》《捕法》《杂法》《具法》。

前四篇为正律。《荀子·修身》称“窃货曰盗”“害良曰贼”。盗罪是侵犯官私财产的行为，贼罪即侵害人身安全及危害社会秩序的行为。惩治盗贼的犯罪是当时统治阶层的首要任务，只要是出现了盗贼类的犯罪，就立即囚捕查办。所以，《法经》把严惩盗贼罪的四篇置于首位。杂律即第五篇《杂法》，包含罪行较多，“其轻狡、越城、博戏、假借不廉、淫侈、逾制为杂律一篇”。轻狡是盗窃兵符、玺印或议论国家法令等政治狡诡行为；越城是指翻越城池或偷渡关津的行为；博戏即赌博欺诈行为；假借不廉是指贪污贿赂等腐败行为；淫侈即奢侈淫靡的行为；逾制是指超越制度规定的不轨行为。具律即第六篇《具法》，规定刑罚种类与量刑原则，主要依据案情差异作出加刑或减刑的规定。

《法经》是中国历史上第一部较为系统、完整的成文法典。它以盗贼罪为核心，根据罪名类型、囚捕程序、量刑标准等内容分立篇目，其中已有总则与分则、实体法与程序法、刑事法律规范与其他法律规范等内容。《法经》首次创立了诸法合体、以刑为主的篇章体例结构，为后世各代成文法典的形成奠定了基础。[①]

二、刑罚制度

（一）刑罚原则

春秋战国时期的成文法运动导致了各诸侯国刑罚原则的重大变革，其中表现最为突出的有以下几点。

1. 事断于法

针对“议事以制，不为刑辟”，提出了“事断于法”的主张。“议事以制，不为刑辟”是以维护整个贵族的利益为出发点的，是“议”事而后“断制”的过程。孔颖达疏解道：“圣王虽制刑法，举其大纲，但共犯一法，情有深浅，或轻而难原，或重而可恕，临其时事，议其

① 张晋藩主编《中国法制史》，中国政法大学出版社，1999，第60页。

重轻，虽依准旧条，而断有出入，不豫设定法，告示下民，令不测其浅深，常畏威而惧罪也。”这种司法的特点是不预先规定如何定罪量刑，而通过临时议其轻重来决定，司法过程极具隐秘性。刑的规定也是有的，而且是“常刑”，只是犯罪后处何种刑，需要“议”而后定，不是固定不变的。这种罪行原则，类似近代以来所说的非法定刑主义。这种需要“议”然后才能决定如何定罪量刑的非法定刑主义司法模式是隐秘的且具有极大的随意性。① 这种罪行原则往往带有非常“浓重的情感色彩”，必然会“随心而定，没有客观标准”，从而导致定罪标准不一、同罪异罚、轻重随意的现象。法家对这种“议”而定罪的传统非常反对，主张公开法律，即公布成文法。法家的先驱管仲最先提出了“君臣上下贵贱皆以法”的思想；郑国的邓析明确提出“事断于法”；商鞅、韩非子等进一步阐述该原则，并明确提出“以法为本，事皆决于法”。

2. 刑无等级

针对宗法贵族的“礼有等差”“刑不上大夫”的原则，提出“刑无等级”“法不阿贵”。《商君书·赏刑》载：“所谓壹刑者，刑无等级，自卿相将军以至大夫庶人，有不从王令、犯国禁、乱上制者，罪死不赦。”《韩非子·有度》载：“法不阿贵，绳不挠曲。法之所加，智者弗能辞，勇者弗敢争。刑过不避大臣，赏善不遗匹夫。”虽然法家主张“刑无等级、一断于法”，但在立法上又肯定特权阶层的存在。如《商君书·境内》载：“爵自二级以上，有刑罪则贬。爵自一级以下，有刑罪则已。”爵位在二级以上的人，犯了罪就降低爵的等级，爵位在一级以下的人犯了罪就取消爵位。对此，徐世虹先生给予了很恰当的解释：“从现存的法律资料分析，商鞅所主张的法律平等性原则，仅仅是在使

---

① 宋磊、尚琤：《法律特权与刑无等级：法家法治思想中的“悖论”探析》，《河北法学》2015 年第 7 期。

用法律上任何人不得例外，而所适用的法律条文却有其明显的不平等性。”[①] 张国华先生也早已指出：“法家虽然反对‘礼治’，主张刑上大夫，但并不反对等级特权。”[②] 这就是等级特权的表现。

3. 以刑去刑

针对西周以来的“刑罚世轻世重”“明德慎罚”原则，提出“重刑轻罪”“以刑去刑”的重刑主义原则。商鞅提出：“重刑，连其罪，则民不敢试。民不敢试，故无刑也。”[③] “行刑，重其轻者，轻者不至，重者不来，此谓以刑去刑，刑去事成。”[④] 韩非也主张：“重一奸之罪，而止境内之邪，此所以为治也。”[⑤] 法家的重刑主义，即加重对轻罪的刑罚处罚，通过杀一儆百的震慑作用，达到“以刑去刑”，即遏止犯罪和消灭刑罚的目的。

（二）刑罚种类的变迁

总体来看，虽然春秋战国时期仍然适用奴隶制“五刑”，以肉刑和死刑为主，但是刑罚也开始逐步走向文明。赎刑的使用范围进一步扩大，赎刑在《尚书·吕刑》中，只适用于罪疑的案件，到了春秋时期则被各诸侯国广泛适用，有的肉刑甚至是死刑都可以赎免。如《国语·齐语》记载：“制重罪赎以犀甲一戟，轻罪以鞼盾一戟，小罪谪以金分，宥间罪。”罚金的使用也较之前更为广泛，秦有“罚赋”“罚甲”，赵有“罚金”。春秋战国时期还出现了徒刑，鬼薪、城旦就是典型的徒刑。

---

① 徐世虹：《中国法制通史第二卷战国秦汉》，载张晋藩主编《中国法制通史》，法律出版，1999，第 147 页。

② 张国华：《中国法律思想史新编》，北京大学出版社，1998，第 32 页。

③ 石磊译注《商君书》，中华书局，2012，第 142 页。

④ 同上书，第 118 页。

⑤ 韩非：《韩非子》，岳麓书社，2015，第 169 页。

第二章　秦朝

战国时期在各诸侯国的变法运动中，秦国的商鞅变法以法家思想为指导取得了巨大的成效，秦国也逐步走向强盛。秦王嬴政即位后，开始着手进行兼并统一的战争。自公元前230年至公元前221年，秦国先后灭掉韩、魏、楚、赵、燕、齐六国，建立了中国历史上第一个统一的多民族的君主专制中央集权国家——秦朝。

第一节　秦朝的刑罚文化

一、社会背景

（一）政治环境

秦朝建立后，继续推行先秦法家的思想，特别是吸收韩非“法”“术”“势”相结合的专制国家理论，确立了“天下之事无小大，皆决于上”的君主专制中央集权制。秦始皇接受丞相李斯的建议，将全国分为三十六个郡，建立了郡县制以取代周时的分封制。同时，秦朝的统治者又建立了以皇帝为中心的封建官僚制度，中央和地方的主要官员都由皇帝任免，领取俸禄，从而废除了“世卿世禄”的官僚世袭制。这套官僚制度，保证了皇帝的专断独裁，使皇帝享有至高无上的权力。同时皇帝还集立法、司法、行政大权于一身，皇帝“独制天下”，实行独裁。为了统一人们的思想言行，秦始皇采纳丞相李斯的建议，颁发焚书令，鼓励百姓学习法律政令，统一以官吏为师。通过这种以吏为师、以法为教、罢黜异说、厉行法治的手段来维护极端的君主专制。

（二）经济环境

秦统一全国后实施的统一货币、统一度量衡等一系列法令，为经济的发展提供了条件。中央专制集权的实施与郡县制的推行以及法律的保障，为经济发展提供了良好的政治环境。从农业来看，自商鞅变法开始，秦国废井田，开阡陌，逐步建立起新型土地所有权制度。土地所有权逐步由国有向私有转化，土地私有制迅速发展起来。国家鼓励百姓自行占有和耕垦土地，使农业生产得到极大的发展。在手工业方面，国家制定法律要求所生产的产品在大小、长短、广狭等规格方面必须一致，从而使产品制造走上了统一化、规范化，这对手工业的发展极为有益。在市场贸易管理方面，秦律的《金布律》要求商人出售商品必须明码标价。《效律》还对度量衡的制造和使用规定了严格的监督制度，假如制造的度量衡不准，主管官吏要受到处罚。这些规定显然有利于商业的健康发展。

二、刑罚思想

（一）以法为本，事皆决于法

“以法为本”是韩非“法治”理论的核心；“事皆决于法”是对先秦法家“事断于法”思想的继续和发展。法家主张“不务德而务法”，认为只能“以力服人”。法律是“禁暴”“止乱”的工具，法律是最有效甚至是唯一有效的统治方法。“禁暴止乱”不能依靠德行来感化，而只能使用暴力。秦始皇在统一中国的过程中体会到了法的巨大作用，因而成为法家“以法治国”主张的信奉者和实践者。秦始皇一统天下以后，除将原有的秦律推行全国外，还颁布了许多新的法令，同时提出“一法律”“法令出一”的原则，强调“治道运行，诸产得宜，皆有法式”。秦朝的法制是保障封建专制国家统治的工具，是统治阶级政权的有机组成，它对于打击企图推翻新制度恢复旧制度的反动势力起到了巨大的作用，同时对封建国家的各个部门还起到了监督、纠察和掣制的作用。更为重要的是秦始皇凡行刑罚，必先颁布法令，使百姓知所畏避，对知而犯禁者才使用刑罚。秦始皇还力图普及法律思想，厉行法治，他在琅琊台和不罘所留的碑文，“除疑定法，咸知所避”“周定四极，普施明法，经纬天下”都证明了这一点。但是秦始皇的法治观念，由重视法律逐渐走向了迷信法律，认为“严刑峻法”“专任刑罚”就会实现长治久安。殊不知秦统治者实施的“轻罪重罚”非但没有达到“民不敢犯”“以刑去刑”的目的，反而严重激化了社会矛盾，最终引发农民的大起义而亡国。

（二）严刑峻法，重刑主义

商鞅变法后，秦奉行重刑主义的原则，到秦始皇统一六国后，更是把严刑峻法发展到了极致。据《汉书·刑法志》记载：“至于秦始皇，兼吞战国，遂毁先王之法，灭礼谊之官，专任刑罚，躬操文墨，昼断狱，夜理书，自程决事，日县石之一。而奸邪并生，赭衣塞路，囹圄成市，天下愁怨，溃而叛之。”① 秦朝的严刑峻法主要表现在以下几个方面：

第一，法网严密。秦朝法网之严密为历代封建王朝所不及，是所谓“治道运行，诸产得宜，皆有法式”。秦简中包含的法律近三十种之多，其中涉及的罪名由言论到行动，由不言到不行，都可以构成犯罪，蒙受酷刑。即使如穿鞋这样的小事，法律中也有规定“毋敢履锦履”，此外还有“步过六尺者有罚”“敢有挟书者族”“有敢偶语者弃市”等的规定，法网之细密可见一斑。西汉的恒宽在《盐铁论》中抨击秦法：

① 高潮、马建石主编《中国历代刑法志注译》，吉林人民出版社，1994，第25页。

"繁于秋荼，而网密于凝脂。"[①] 第二，轻罪重罚。秦律是以法家思想为指导制定出来的。商鞅、韩非、李斯都是法家的代表。商鞅说："行刑，重其轻者，轻者不至，重者不来，此谓以刑去刑，刑去事成；罪重刑轻，刑至事生，此谓以刑致刑，其国必削。"[②] 韩非说："夫严刑者，民之所畏也；重罚者，民之所恶也。故圣人陈其所畏以禁其邪，设其所恶以防其奸。是以国安而暴乱不起。吾以是明仁义爱惠之不足用，而严刑重罚之可以治国也。"[③] 李斯也同样劝告秦统治者实行轻罪重罚，认为"彼唯明主能深督轻罪。夫罪轻且督深，而况有重罚乎？故民不敢犯也"[④]。秦律将这种轻罪重罚的思想加以具体化，反映在立法当中。例如，秦简《法律答问》记载："或盗采人桑叶，赃不盈一钱，何论？赀徭三旬。"偷采别人的桑叶，虽不满一钱却要被罚徭役三旬。《法律答问》还记载："五人盗，赃一钱以上，斩左趾，有黥为城旦。"偷窃一钱以上，即被砍去左脚，施以黥刑，并服城旦苦役。可见秦法之重。第三，刑罚酷厉。虽然秦律中有用徒刑和罚金刑替代肉刑的趋势，但是在刑罚适用上秦统治者由于受到重刑主义思想的影响，广泛使用肉刑，严刑峻法自不待言。据不完全统计，秦时的刑种在八十种以上，其中生命刑十九种，肉刑十五种，劳役刑三十二种，财产刑九种，自由刑五种。据《史记·秦始皇本纪》记载，秦始皇在位时，大施肉刑，因施劓刑而致"断劓盈车"，因施宫刑而致"所割男子之势积如山"。秦二世继承了秦始皇的遗风，继续推行严刑酷罚的政策，造成了"刑者相伴于道，而死人日成积于市"的恐怖局面。此外秦律还创制了"户籍相伍""连什伍而同其罪"的连坐之法，"一人犯罪，举家及邻伍坐之"。这样的苛法峻刑再加上繁重的劳役，最终激起了农民

① 恒宽：《盐铁论》卷第十《刑德》，中华书局，1991，第 250 页。

② 石磊注译《商君书》，中华书局，2012 年，第 118 页。

③ 韩非：《韩非子》，岳麓书社，2015，第 35—36 页。

④ 司马迁：《史记》卷八十七《李斯列传》，中华书局，1963，第 2555 页。

的大起义。

三、刑事立法

秦朝的法律表现形式十分丰富，有律、制、诏等多种。秦孝公任用商鞅变法后，商鞅以李悝的《法经》为蓝本，改法为律，制定了秦律。秦统一天下后，除了把秦原有的律令推行全国外，又先后进行了几次大规模的立法活动。《史记·李斯列传》记载，秦始皇三十四年，在丞相李斯的主持下，“明法度，定律令”；后秦二世又根据赵高的建议，“更为法律”。可惜秦律早已散佚，当今对秦朝法律制度的研究材料主要来自《睡虎地秦墓竹简》。《睡虎地秦墓竹简》中涉及法律的内容主要包括秦律令、《法律答问》和《封诊式》。秦律令三十多种，包括行政法、刑法、诉讼法和民事经济法等内容，以行政法和刑法为主要成分。《法律答问》是以答问的形式对秦律律文所作的解释，这种解释是官方作出的，并成为当时司法审判的依据。《封诊式》是治狱程式，它包括审判原则、审判制度以及现场勘验记录和查封报告等文书程式。

（一）律

律是经过一定的立法程序制定的由朝廷正式颁布的比较稳定的规范性文件。商鞅改法为律，确定了这种法律形式的名称。律是秦朝法律的主要形式，既有源于《法经》的《盗律》《贼律》《囚律》《捕律》，还有秦始皇统一后制定的《厩苑律》《置吏律》《军爵律》《司空律》《效律》《金布律》等三十多种。

（二）制、诏

制、诏是皇帝针对某些事发布的命令。秦始皇二十六年改命为制，改令为诏，“命曰制，令曰诏”，制以宣示百官，诏以布告天下。由于皇帝具有至高无上的权威，因此皇帝的制、诏也具有最高的法律效力。

（三）《法律答问》

《法律答问》是以答问的形式对秦律律文作解释。它采用设问和回答的形式，对法律条文、术语、立法意图以及诉讼程序等进行官方统一的注释。其中涉及最多的是刑法。如罪名的定义、各种犯罪的界限、量刑标准、适用刑罚的原则等。《法律答问》是当时司法审判的依据，与律具有同等的法律效力。

（四）式

式是关于办事程序、公文程式的法律文件。最典型的是《封诊式》，它是由朝廷统一发布的审理案件程序的法律文书，其中《治狱》《讯狱》等篇是对司法官员听审的具体指令。此外，《治狱》《讯狱》还有对案件进行调查、现场勘验记录和审讯程序的规定，以及部分可供参照的案例。这些内容说明，在当时审理案件的程序和处理纠纷的手续已相当完备。[①]

（五）廷行事

廷行事是司法机关判案的成例。“廷”指各级官府，如朝廷、郡廷、县廷之类；“行事”指业已判决生效的事例或案例。在秦朝的司法实践中，判例也可以作为审理判决案件的法律依据，因而也是一种法律形式。

第二节　秦朝的刑罚制度

秦朝的刑罚虽然在由野蛮向文明的道路上缓慢发展，出现了非肉刑的劳役刑等刑种，但其主要的刑罚种类仍是沿用奴隶制“五刑”，再加上秦的统治者奉行“重刑主义”思想，从而导致其刑罚以“用刑残酷、种类繁多”而著称。

---

① 朱勇主编《中国法制史》，法律出版社，2007，第59页。

一、刑罚体系和种类

秦朝的刑罚体系由死刑、肉刑、劳役刑、流放刑、财产刑、耻辱刑、身份刑所组成。

（一）死刑

秦朝的死刑基本上沿袭了战国时期，其执行方式非常繁杂，手段也极其残忍。

1. 戮刑

戮刑见于《法律答问》四二一简："誉适（敌）以恐众心者，翏（戮）。翏（戮）者可（何）如？生翏（戮），翏（戮）之已乃斩之之谓殹（也）。"在这则答问中，前一句引用了秦刑律的原文，后一句则是对刑律中"戮"这一具体刑罚的解释说明。戮是什么呢？活着的时候让他受到耻辱，受到耻辱以后再斩。《周礼·秋官·掌戮》郑玄注："戮，犹辱也，既斩杀又辱之。"秦律中的戮刑分为生戮和戮尸两种。生戮即先将犯人示众，然后再杀死。戮尸，即视罪犯尸体为戮刑执行对象，也就是先将人杀死，然后再陈尸示众。《史记·秦始皇本纪》记载，始皇八年"王弟长安君成蛟将军击赵，反，死屯留，军吏皆斩死，迁其民于临洮。将军壁死，卒屯留、蒲鹝反，戮其尸"。由此可知秦律中的戮刑不同于一般的斩杀，无论"生戮"还是"戮尸"都具有凌辱目的。

2. 磔刑

关于磔刑现在通说的解释是"裂其肢体而杀之"，即采用分裂肢体的方法将人处死。但是有学者认为"磔是基于对尸体的处理方式命名的，采取何种方法行刑从刑罚名本身不得而知。如果没有什么特殊原因，磔刑的行刑方法应该是斩首”①。《史记・李斯传》中记载：“十公主矺死于杜。”索隐曰：“矺音宅，与‘磔’同，古今字异耳。磔谓裂其支体而杀之。”《说文解字注・五篇下・磔》里，关于“磔”，段玉裁作了这样的解释：“凡言磔者，开也，张也，刳其胸腹而张之，令其干枯不收。字或作矺。”虽然史学家对于磔刑的具体行刑方式有不同的看法，但是他们都一致认为“磔刑”是一种碎裂肢体的刑罚。

3. 弃市

弃市这一刑罚名称由来于“弃绝于世”，《礼记・王制》中“刑人于市，与众弃之”，是指在市中公开行刑（其执行方法应该是斩首）。这里的公开不仅只限于行刑的时候公开，而且在行刑之前将受刑者押赴刑场也是公开进行的，同时行刑后一段时间内不许收尸。整个行刑过程的公开，包括行刑前和行刑后，可以达到一般预防和威慑的作用，可见秦时的统治者早已认识到了刑罚的这项功能。关于弃市的处刑方法，史籍和秦简中都没有明确的记载，历代的史学家也有不同的解释。汉代学者郑玄认为弃市的行刑手段是“杀以刀刃”。唐代的司马贞在《史记索隐》中提出，“按礼云：刑人于市，与众弃之。故今律谓绞刑为弃市也”。清人沈家本则认为，弃市“此秦法也。秦法弃市为何等刑？书无明文，以汉法推之，当亦斩刑”。由以上的不同见解，我们可以看出弃市这种刑罚，在处刑方法上有一个变化的过程，但是其行刑地点“刑之于市”则是没有争议的。

4. 腰斩

腰斩即斩腰处死，腰斩刑虽然没有出现在《睡虎地秦墓竹简》中，但是从其他的文献资料来看，它是秦律中规定的法定刑之一。《史记・李斯列传》中记载以谋反罪被处死的李斯和他的儿子就是按腰斩刑处

---

① 冨谷至：《秦汉刑罚制度研究》，柴生芳、柴恒晔译，广西师范大学出版社，2006，第46页。

决的："二世二年七月，具斯五刑，论腰斩于咸阳市。"

5. 枭首

枭首是将罪犯斩首后将人犯的头颅悬挂在木杆上示众。《玉篇》："野王谓悬首于木上竿头，以肆大罪。秦刑也。"《集解》："悬首于木上曰枭。"[①]《史记·秦始皇本纪》记载："尽得毐等，皆枭首，车裂以徇。"此车裂刑之枭首。《春秋公羊传·文十六年》何休注云："无尊上，非圣人，不孝者，斩首枭之。"由此可以看出，枭首是根据尸体的处理办法来命名的死刑，其具体的执行方式是斩首。

6. 定杀

定杀这种刑罚最早见于秦简中，是对患有瘟疫的罪犯的一种处死方式。《法律答问》中记载："疠者有罪，定杀。定杀，何如？生定杀水中之谓也。""甲有完城旦罪，未断，今甲疠，问甲何以论？当迁疠所处之；或曰当迁迁所定杀。"疠，即疠，含义为瘟疫、恶疮。

7. 坑

坑即生埋。《史记·秦始皇本纪》记载："秦王之邯郸，诸尝于王生赵时母家有仇怨，皆坑亡。"

8. 具五刑

"具五刑"从一开始就没有严格意义上的五种类型，"五"只是一个概数。[②] 此外，秦的具五刑、夷三族不仅是残酷的简单刑罚，它还反映了秦律的刑罚体系，即阶次性递加，在正刑的基础上追加附加刑。秦具五刑的内容包括黥刑、劓刑及斩趾刑直至死刑，这些都是可见于秦简中的法定刑，其中黥刑是正刑，劓和斩趾是根据犯罪程度进行附加的刑罚，于是具五刑的内容实际上是由黥刑加劓刑再加斩趾刑再加死刑（弃市刑是公开行刑，枭首是将罪犯的头砍下后悬挂示众）阶次

---

① 沈家本撰《历代刑法考》，中华书局，2006，第119—120页。

② 冨谷至：《秦汉刑罚制度研究》，柴生芳、柴恒晔译，广西师范大学出版社，2006，第48页。

性递加的，是在正刑的基础上追加附加刑的结果。具五刑一般针对严重罪犯，对该类罪犯一般附加劓、斩趾等刑，尤其是对株连族刑罪犯更是层层叠加。

9. 族刑

族刑也称“夷三族”，是对罪犯本人以及三族连坐处死的刑罚。关于“三族”的范围，一说是指“父母、兄弟、妻子”，一说认为是指“父族、母族、妻族”。如果父族、母族、妻族三族全部适用死刑，那人数是相当庞大的，结合汉代族刑与秦夷三族的相似之处以及法的继承关系，认为秦的夷三族范围是指“父母、兄弟、妻子”较为合适。秦律中适用族刑的规定有很多，例如“以古非今者族”“敢有挟书者族”“妄言者族”“诽谤者族”等。

综上，秦时的死刑大体上可以分成两大类：一是以行刑的方法命名的，如腰斩、弃市、定杀、斩首；另一类则是根据尸体的处理办法命名的，如枭首、磔刑、戮尸。

（二）肉刑

肉刑，是“伤肌犯骨”以惩罚罪犯的刑罚。秦律中的肉刑有墨刑、劓刑、斩左趾、宫刑、笞刑。

1. 黥刑

黥刑即墨刑，是指在犯人脸上刺字的一种肉刑。在秦朝刑罚中广泛使用，属于肉刑中比较轻的刑罚，既可以作为主刑单独适用，也可以与其他刑罚结合适用。如“黥为城旦”“黥劓为城旦”等。在秦汉竹简中对黥刑的记载也较多，如秦简《法律答问》记载：“殴打父母，黥为城旦舂。”“女子为隶臣妾，有子焉，今隶臣死，女子被其子，以为非隶臣子殴（也），问女子论可（何）殴（也）？或黥颜頯为隶妾，或曰完，完之当殴（也）。”从以上秦简的内容可以看出黥墨的位置，即“黥颜頯为隶妾”，“颜”是指额头，就是发下眉上的位置，这是施黥刑的传统位置。“頯”则是指两颧，“黥颜頯”是说除了黥额头还要黥两颧。由此看来，秦时判处罪犯黥刑，很有可能是按照罪犯的身份地位以及所犯罪行的轻重，黥墨不同的部位。

2. 劓刑

劓刑是割去罪犯鼻子的一种刑罚，在秦律中适用比较广泛，既可以独立使用也可以附加使用。《史记·商君列传》中记载的“公子虔复犯约，劓之”便是劓刑独立适用的例子。《法律答问》中记载，“不盈五人，盗过六百六十钱，黥劓以为城旦”，《封诊式·黥妾》中记载，“乙使甲曰：丙悍，谒黥劓丙”，这些便是劓刑附加适用的例子。[①] 《左传·襄公十九年》中注曰：“刑三等：‘墨、劓、刖也。’三等之刑，墨轻刖重，故举其轻重而略其劓也。”由此可以推算出，在秦律中劓刑是重于黥刑而轻于刖刑的。[②]

3. 斩左趾

秦律中的斩左趾就是断左足，是前文讲的剕刑或刖刑，按照《说文》解释，“刖，断足也”。在春秋和战国初期，各诸侯国的刖刑使用较为普遍，但是秦以农战为国策，为保证劳动力和兵源，在秦律中刖刑的使用较少。在《法律答问》中仅记载两例，“五人盗，臧（赃）一钱以上，斩左趾有（又）黥为城旦”。此外，在秦简中还出现了“鋈足”这一刑罚。关于“鋈足”有学者认为也指刖刑，有学者则认为“鋈足”是一种刑具，套在犯人的足颈上，用来代替斩左趾这种肉刑。在考古发掘中获得的战国和西汉时期的铁钳，也用实物证实了秦鋈足刑罚的存在。《法律答问》说：“葆子狱未断而诬告人，其罪当刑城旦，耐以为鬼薪而鋈足。”“葆子狱未断而诬告人，其罪当刑鬼薪，勿刑，行其耐。”这里的“勿刑”，是指不要施加肉刑。葆子是一种受国家保护的人，从秦律看，这种人犯了罪一般不施加肉刑，由此得出“鋈足”

① 黄中业：《秦国法制建设》，辽沈书社，1991，第123页。

② 刘海年：《战国秦代法制管窥》，法律出版社，2006，第100页。

是在某些情况下对于某种人替代“刖刑”使用的刑罚。

4. 宫刑

宫刑又称“腐刑”，《周礼·司刑》注云：“宫者，丈夫则割其势，女子闭于宫中。”在肉刑中宫刑是最重的，仅次于死刑。之所以称为腐刑，据《礼记》郑玄注曰：“受刑者绝生理，故谓之腐刑，如木之腐朽无发生也。”① 宫刑起初是为了惩治“男女不以义交”，但是后来施行的事由明显发生了变化。如《列子·说符篇》记载的秦王处孟氏子宫刑，就并非因为淫事；汉武帝处司马迁宫刑，也与淫事无关。《法律答问》中记载：“臣邦真戎君长，爵当上造以上，有罪当赎者，其为群盗，令赎鬼薪鋈足；其有府（腐）罪，赎宫。”是说属于秦国的少数民族的君长，爵位在上造以上，犯了应判处为宫刑的罪，可以“赎宫”，准予赎免。

5. 笞刑

笞刑是用竹、木板抽打犯人的背部，是对轻微犯罪行为的常用刑罚，即所谓“薄刑用鞭扑”。据云梦竹简所载，笞打的数量有“笞十”“笞三十”“笞五十”“笞百”“熟笞之”等不同的等级，而且适用也较广泛。如：用公家牛耕田，牛腰围每瘦一寸，要笞打主事者十下，即“笞主者寸十”；在饲养耕牛的考核中，主事者成绩低劣，要笞打三十下，即“殿，笞卅”；士伍服徭役不及时报到，要笞打五十下，即“今士伍甲不会，笞五十”；城旦做工而被评为下等，每人笞打一百下，即“城旦为工殿者，笞人百”。此外，《史记·李斯列传》还记载了赵高对李斯的讯狱：“榜掠千余，不胜痛。”描绘了赵高对李斯施加的极端严酷拷打，不仅次数极多，而且超出了正常刑罚范畴。②《封诊式·讯狱》中记载“其律当笞掠者，乃笞掠”，这表明在秦朝笞刑不仅用作了刑罚

---

① 刘海年：《战国秦代法制管窥》，法律出版社，2006，第 102 页。

② 黄中业：《秦国法制建设》，辽沈书社，1991，第 122 页。

手段，同时也是拷讯的手段。

（三）劳役刑

劳役刑是限制罪犯自由并强制劳动的刑罚。相当于后世的徒刑，一般与肉刑附加适用。

1. 城旦、城旦舂

男犯为城旦，从事筑城的劳役；女犯为城旦舂，从事舂米的劳役。是劳役刑中最重的刑罚。据《汉旧仪》记载："凡有罪，男髡钳为城旦，城旦者，治城也；女为舂，舂者，治米也。"这一刑名来自刑罚的内容，但是从秦简反映的情况以及出土文物的铭文记载来看，男犯和女犯并不单纯地只从事筑城和舂米的工作，有时也被罚作从事手工业生产劳动。城旦、城旦舂是主刑，在适用的时候又会附加黥、劓、斩左趾等从刑。据《法律答问》记载，"五人盗，臧（赃）一钱以上，斩左止（趾），有（又）黥以为城旦；不盈五人盗过六百六十钱，黥劓以为城旦；不盈六百六十到二百廿钱黥为城旦""求盗盗，当刑为城旦"等，由此按照附加刑罚的不同又可有"斩左趾、黥为城旦""黥劓为城旦""黥为城旦舂""刑为城旦""完为城旦""髡为城旦"等。《秦律·司空律》中记载："城旦舂衣赤衣，冒赤毡，拘椟欙杕之。仗城旦勿将司；其名将司者，将司之。舂城旦出繇者，毋敢之市及留舍阓外；当行市中者，回，勿行。"由该简文可以看出，城旦舂穿赤衣，戴刑具，外出要避开人群与市镇。刑具除了管束之外，主要是为了增加受刑的痛苦，赤衣是为了标识其刑徒身份，同时也有羞辱的作用。

2. 鬼薪、白粲

男犯为鬼薪，女犯为白粲，是仅次于城旦舂的劳役刑。据《汉旧仪》解释说："鬼薪者，男当为祠祀鬼神伐山之薪蒸也；女为白粲者，以为祠祀择米也。"由此可知，为祠祀宗庙而入山伐柴的男犯称为鬼薪，从事为祠祀宗庙而择米的女犯称为白粲。但是从实际执行来看，鬼薪和白粲所从事的劳役绝非仅限于取薪、择米，根据国家兴建工程的需要，他们也从事手工业生产和其他苦役。鬼薪、白粲在适用时既可以单独适用，也可以附加“耐、鋈足”等适用。《史记·秦始皇本纪》中“其舍人轻者为鬼薪”，《秦律杂抄》中“有为秦人出，削藩，上造以上为鬼薪”，即是鬼薪单独适用的案例。① 鬼薪、白粲在秦律中更多的是附加适用，按照附加的刑罚不同又分为不同的等级，如“耐以为鬼薪”“耐以为鬼薪而鋈足”“刑以为鬼薪”等。

3. 隶臣、隶妾

男犯为隶臣，女犯为隶妾，是强制男女罪犯服各种杂役的刑罚。根据秦律对罪犯处以隶臣、隶妾，是基于不同的原因。一种是与其他徒刑一样，因为犯罪而受到处罚。如《法律答问》记载：“司寇盗百一十钱，先自告，何论？当耐为隶臣。”“士伍甲盗，以得时值赃，赃值百一十……甲当耐为隶臣。”另一种则非本人犯罪，要么是被籍没的犯人家属，要么是战场上投降过来的敌人或是隶臣、隶妾的后代。如“寇降，以为隶臣。”“女子为隶臣妻，有子焉，今隶臣死，女子北（被）其子，以为非隶臣子殹（也），问女子可（何）论殹（也）？或黥颜頯为隶妾，或曰完，完之当殹（也）”。正是由于这一刑罚产生的原因不同，因此在对罪犯的处置上也有不同。例如，隶臣及隶妾可以有自己的家庭、独立的经济生活和自由支配的私有财产，隶臣的妻子可以是平民的身份，隶臣在一年中只有一定的时间“事公”，他们所受的刑罚可以用爵位赎免，用戍边赎免或以他人替赎。② 例如“欲归爵二级以免亲父母为隶臣者一人；及隶臣斩首为公士，谒归公士而免故妻隶妾一人者，许之，免以为庶人”“隶臣欲以人丁鄰者二人赎，许之”。秦律中被判处隶臣、隶妾的，也按照所附加的刑罚形成了不同的处罚等级，如“刑为隶臣”“耐为隶臣”以及上面提到的“黥颜頯为隶妾”

① 黄中业：《秦国法制建设》，辽沈书社，1991，第129页。

② 黄中业：《秦国法制建设》，辽沈书社，1991，第128页。

等。至于隶臣、隶妾所从事的劳役，根据《睡虎地秦墓竹简》的有关记载可以分为三种。一是从事手工业劳动。如《秦律十八种》中记载："隶臣、下吏、城旦与工从事者冬作，为矢程，赋之三日而当夏二日。""隶妾及女子箴（针）为缗绣它物，女子一人当男子一人。"二是从事杂役。这是隶臣、隶妾主要从事的劳役。《秦律十八种》中记载："隶臣有巧可以为工者，勿以为人仆、养。"意思是隶臣有技艺可作工匠的，不要叫他给人作赶车、烹炊的劳役。三是在令史的管理下协助其从事司法勘验工作。如《封诊式》中的一份贼死爰书记载："与牢隶臣某即甲诊，男子死（尸）在某室南首。"①

4．司寇

司寇据沈家本考证是指"伺察寇盗也"，主要是从事"备守"的劳役，边服劳役边防外寇。《法律答问》中记载："司寇盗百一十钱，先自告，何论？当耐为隶臣，或曰赀二甲。""当耐为候罪诬人，何论？当耐为司寇。"由此可知司寇是轻于隶臣、隶妾而重于候的一种刑罚。《司空律》有"司寇勿为仆、养、守官府及除有为也。有上令除之，必复请之"的规定，意指：不得任用司寇赶车、烹炊、看守官府或做其他事。如有上级命令任用他们，一定要重新请示。《内史杂》记载有"候、司寇及群下吏毋敢为官府佐、史及禁苑宪盗"，意指：候、司寇以及众下吏，都不准做官府的佐、吏和禁苑的宪盗。

5．候

候是秦律中最轻的徒刑。《秦律杂抄》中记载："当除弟子籍不得，置任不审，皆耐为侯（候）。"《法律答问》："以当耐为侯（候）罪诬人，可（何）论？当耐为司寇。"候的本义是伺望的意思，在秦律中为一种伺望敌情的徒刑。在刑罚中把它与司寇区别开，显然是在备守中

① 睡虎地秦墓竹简整理小组：《睡虎地秦墓竹简·封诊式》，文物出版社，1978，第264页。

与司寇的分工有所不同，劳役的轻重也有所分别。[①]

（四）耻辱刑

耻辱刑是带有羞辱性质的刑罚。秦律中适用的耻辱刑包括髡、耐、完等象征肉刑的刑罚。

1. 髡刑

髡刑是剔除罪犯头发的一种刑罚。《说文解字·髟部》解释："髡，剃发也。"《太平御览》记载了"秦始皇遣蒙恬筑长城，徒士犯罪亡依鲜卑山，后遂繁息，今皆髡头衣赭，亡徒之明效也"。[②] 很显然髡刑的目的是为了加以侮辱罪犯，给罪犯做上明显的标记，以与常人相区别。据秦《法律答问》记载："擅杀、刑、髡其后子，谳之。""主擅杀、刑、髡其子、妻妾，是谓非公室告。"这说明在秦律中确实存在髡刑，具体剃发到何种程度未有明确记载。在孔融的《肉刑论》中提到"髡头至耳发诣膝"，他的意思是说，犯了罪，髡头本应髡发至耳。王隐《晋书》中也说："诸重犯亡者，发过三寸，辄重髡之。"这一记载也说明髡刑是断长发为短发，长度一般为三寸左右。

2. 耐刑

耐刑是剃除罪犯鬓毛和胡须的一种耻辱刑。"耐"字古写为"耏"，左边为"而"字。《说文解字》云："而，须也。"段玉裁注曰："颊毛也，象毛之形。"[③] 右边从刂、从寸，意为以刀剔去鬓须。作为一种刑罚，耐刑与髡刑常常被并提。应劭曰："轻罪不至于髡，完其耐鬓，故曰耐。"[④] 许慎在《说文解字》中也说："耐，罪不至髡也。"在一般情况下耐刑是作为主刑单独适用的。例如秦简中记载的，"一具之赃不盈一钱，盗之当耐""捕人相移以受爵者，耐"等。在出土的《睡虎地秦

① 刘海年：《战国秦代法制管窥》，法律出版社，2006，第 107 页。

② 李昉编纂《太平御览》卷六四九，河北教育出版社，2000，第 104 页。

③ 段玉裁注《说文解字注》，上海古籍出版社，1981，第 454 页。

④ 司马迁：《史记》卷一一八，《淮南衡山王列传》，中华书局，1963，第 3092 页。

墓竹简》中，耐作为主刑单独使用的计有十八例之多。秦律中的耐除作为主刑单独使用外，还可以作为附加刑同其他刑罚结合在一起使用，如“耐为候”“耐为司寇”“耐为隶臣”“耐为鬼薪”等。

3. 完刑

过去，一些学者认为，耐刑与完刑是一种刑罚的两种名称。在秦简中，耐刑有时作为主刑单独使用，有时作为附加刑与其他刑种结合使用，而完只作为附加刑出现过。完刑作为附加刑使用的时候也只是与“城旦”结合，如“完为城旦”。从完刑的适用来看应当是对本应判处肉刑或是髡、耐等刑罚的罪犯免除其刑罚，保留其肢体、鬒发、胡须的完好，但须依法服劳役刑的一种刑罚。正如《汉书·刑法志》颜师古注所云：“完谓不亏其体，但居作也。”

（五）流放刑

流放刑是把罪犯押解到偏远或边境地区服役的一种刑罚，是对死刑和肉刑从宽处理而产生的一种刑罚。① 秦朝适用的流放刑有迁和谪。

1. 迁

《睡虎地秦墓竹简》中多次出现有关迁刑的简文，如“吏自佐、史以上负从马、守书私卒，令市取钱焉，皆䙴（迁）”。意思是说佐、史以上的官吏如果用托运行李的马和看守文书的私卒进行买卖牟利，均处以迁刑。迁刑在秦朝时主要用于惩治军事、盗、渎职、言论等方面犯罪的行为，适用范围较广。迁刑既可以单独适用，如《法律答问》：“五人盗……不盈二百廿以下到一钱，䙴（迁）之。”迁刑还可以与其他刑罚复合适用，如简文中有关于对匿老的惩治，同伍之人均受连坐，“百姓不当老，至老时不用请，敢为酢（诈）伪者，赀二甲；典、老弗告，赀各一甲；伍人，户一盾，皆䙴（迁）之”②。此外，迁刑还是对

① 黄中业：《秦国法制建设》，辽沈书社，1991，第130页。

② 睡虎地秦墓竹简整理小组：《睡虎地秦墓竹简》，文物出版社，1990，第143页。

死刑罪犯依法赦宥的减刑措施，是减死一等的刑罚，主要是适用于应处死刑者之连坐。《史记・秦始皇本纪》记载："八年，王弟长安君成蛟将军击赵，反，死屯留，军吏皆斩死，迁其民于临洮。"《史记・秦始皇本纪》记载长信侯嫪毐作乱："车裂以徇，灭其宗。及其舍人，轻者为鬼薪。及夺爵迁蜀四千余家，家房陵。"嫪毐之舍人亦是受连坐而迁。《史记・秦始皇本纪》记载："十二年，文信侯不韦死，窃葬。其舍人临者，晋人也逐出之；秦人六百石以上夺爵，迁；五百石以下不临，迁，勿夺爵。"

2. 谪

谪作为流刑的一种，有因罪流放和无罪流放两种情况。据《史记・秦始皇本纪》记载："三十三年，发诸尝逋亡人，赘婿、贾人略取陆梁地，为桂林、象郡、南海，以適（谪）遣戍。"其中"逋亡"是犯罪之人，而"赘婿、贾人"则是指政治地位低下的受歧视者，并不是罪犯。[①] 从秦简的法律条文中可以看出，秦时判处迁刑或谪刑的，不一定是很重的罪，如《法律答问》中记载，盗不盈五人，其数目"不盈六百六十到二百廿钱，黥为城旦"，而"二百廿以下到一钱，迁之"。可见秦的迁刑在刑罚等级上较徒刑的城旦要轻，而后代的流刑则是仅次于绞、斩的重刑。谪，有"谪戍"之称。"迁"刑和"谪"刑在秦代都大量使用，都为流放之刑。"迁"是将罪犯迁往边地，远离故土到贫瘠边地开垦荒地，以充裕国家财源。"迁"具有惩罪和实边的意义，而"谪"则充往边地参与征战，戍守边疆，补充兵源，更具有军事意义。

（六）财产刑

1. 赀刑

在秦律中，赀刑是一种较多使用的刑罚。赀刑是判处罪犯缴纳一定数量财物作为惩罚，相当于先秦时期及后世的罚金刑。秦律中赀刑

---

① 黄中业：《秦国法制建设》，辽沈书社，1991，第131—132页。

有赀甲、赀盾、赀戍、赀徭。

（1）赀甲、赀盾。这里的甲和盾是指武器，秦代的赀刑是以武器单位为等级的财产刑。从秦律中的赀刑使用来看，最早的赀刑共有四个处罚等级，由轻到重依次是赀一盾、赀二盾、赀一甲、赀二甲。如《秦律杂抄》记载："伤乘舆马，夬（决）革一寸，赀一盾；二寸，赀二盾；过二寸，赀一甲。"意思是：伤害了驾车的马，马皮破一寸，罚一盾；破二寸，罚二盾；超过二寸，罚一甲。《法律答问》也有记载："诬人盗直（值）廿，未断；有（又）有它盗，直（值）百，乃后觉，当并臧（赃）以论，且行真罪、有（又）以诬人论？当赀二甲一盾。"意思是：一个人诬告他人盗窃值二十钱的东西，尚未判刑，后来此人又另犯盗窃罪，赃值一百钱，然后被察觉，地方司法机关请示中央司法机关，是应将两项赃值合并论处，还是判处实际盗窃的罪再按诬告他人论处？中央司法机关批复：应罚二甲一盾的钱物。但是单凭此就认为受刑者就是要缴纳甲、盾，显然也不完全正确。因为从考古发现来看，秦时的甲、盾制作相当精良，非专门的工匠是难以制作的，而且秦统一以后收缴天下兵器，禁止民间私藏武器。所以秦律中赀刑的处罚内容并不真的是以甲、盾缴纳。那具体是如何执行呢？简单的方法就是用一定数量的钱来代替。在不能以钱支付的情况下怎么办？那就用劳役来替代。所以又形成了赀戍、赀徭。

（2）赀戍、赀徭。戍指戍边，徭指徭役。《法律答问》有："或盗采人桑叶，赃不盈一钱，何论？赀徭三旬。"《秦律杂抄》有："不当禀军中而禀者，皆赀盾、赀甲，废；非吏也，戍二岁；徒食、屯长、仆射弗告，赀戍一岁；令、尉、士吏弗得，赀一甲。"意思是：不应自军中领粮而领取的，皆罚盾、甲，撤职永不叙用；如果不是官吏，罚戍边二年。一起吃军粮的军人、屯长和仆射发现有不应自军中领粮的情况且不报告，罚戍边一年；县令、县尉、士吏没有察觉的，罚一甲。

2. 收刑

收，即收录，又称籍没，是收缴犯罪者的所有财产、物品。《法律答问》有："夫盗千钱，妻所匿三百，可（何）以论妻？妻智（知）夫盗而匿之，当以三百论盗；不智（知）为收。"在古代，"妻子"也被作为丈夫的个人财产来看待，所以"收"也有"籍没为奴"的意思。《法律答问》有："隶臣将城旦，亡之，完为城旦，收其外妻、子。"意思是：负责监管城旦的隶臣，如果在他管理下发生了城旦逃亡的事件，那么这个隶臣就要服城旦的劳役刑，并籍没他的妻子和孩子。从秦律的记载来看，收刑的适用对象，一般是罪犯的妻、子等亲属及奴婢。被收录者一般被罚为官奴婢。

（七）身份刑

身份刑是剥夺罪犯的爵位、官职的一种刑罚。秦律中身份刑有夺爵和废。

1. 夺爵

在秦代，爵位是担任官吏的条件，爵位的高低也直接决定官位的高低。夺爵实际上就是剥夺了犯人做官的权利和在政治上的特权地位。①

2. 废

废是一种撤职的刑罚。《除吏律》中有"任废官者为吏，赀二甲"。《法律答问》中也有，官吏凡受到赀盾以上处罚的，均被同时处以废刑，即受刑者将被终身剥夺做官的资格。

---

① 曾宪义主编《中国法制史》，中国人民大学出版社，2009，第59页。

二、刑罚的裁量

（一）量刑原则

1. 依法论罪、以罪定刑

秦孝公任用商鞅实施变法，提出“缘法而治”，主张认定犯罪应当“循名责实”，凡符合罪名规定的行为即属于犯罪，并依法处以相应的刑罚；不符合罪名规定的行为则不属于犯罪，不应给予任何处罚。在立法上，秦律采用一事一例的形式来设定条款的内容，法律条文十分具体。例如对盗窃罪的规定，秦律按照犯罪主体的身份不同，设有“害盗盗”“求盗盗”“公士盗”“士伍盗”“臣妾盗”“子盗父”“子盗假父”“奴盗主父”“父盗子”等专条；根据盗窃的对象不同还设置了“盗钱”“盗布”“盗牛”“盗马”“盗羊”“盗桑叶”“盗祭具”“盗徒封”“盗封啬夫”等专条。[①] 在“罚随罪”“以罪定刑”的原则指导之下，针对不同类型的犯罪，秦律创制出种类繁多的具体处罚，如“弃市”“戮”“定杀”“斩左趾又黥为城旦”“斩左趾以为城旦”“完为城旦”“赀徭三旬”等等。而且要求法官在审判案件时必须严格依照成文法条，法官一旦背离律条的规定断案，将招致严重的后果。“失刑罪”“不直罪”“纵囚罪”就是关于法官犯罪的专门规定。

2. 轻罪重罚

“以刑去刑”的“轻罪重罚”思想是商鞅变法中的一项重要原则。商鞅认为：行刑，刑重其轻者，轻者不生，则重者无从至，此谓之治之于其治。[②] 在秦国法制建设的过程中“轻罪重罚”经历了不同阶段的变化。第一，商鞅秦律。由于商鞅时期的秦律早已失传，我们仅能从

---

① 黄中业：《秦国法制建设》，辽沈书社，1991，第101页。

② 王宏治：《中国刑法史讲义》，商务印书馆，2019，第70—71页。

后世的文献记载中窥见一斑。如《史记·李斯列传》记载："商君之法，刑弃灰于道者。夫弃灰，薄罪也；而被刑，重罚也。""弃灰于道"是在道路上扔垃圾，按照秦律都被认定为犯罪而施以刑罚，可见轻罪重罚的严厉。第二，商鞅变法之后，秦统一六国之前。在这一阶段"轻罪重罚"仍然是秦法中的一项重要原则。这在云梦秦律中有大量的体现。例如，"五人盗，赃一钱以上，斩左趾，又黥为城旦"。"或盗采人桑叶，赃不盈一钱，何论？赀徭三旬。"云梦秦律中的"轻罪重罚"与商鞅秦律有了很大的变化，在云梦秦律中这一原则主要适用于盗窃罪、杀伤人罪、危害君主罪和官吏渎职罪上。比商鞅秦律缩限了适用范围，反映了统治者重点打击犯罪的类型。第三，秦帝国时期。秦始皇统一六国后，其法治观念由重视法律逐渐走向了迷信法律，专任刑罚，把轻罪重罚政策运用到了极致，从而加速了秦朝的灭亡。

3. 刑罚因身份等级而异

虽然商鞅变法时在秦律中就确定了"刑无等级"的原则，但是在法典内容中却公开承认不同身份等级的人犯罪处罚不同。在秦律中，同犯一种罪行，有爵者与无爵者、高爵者与低爵者所受刑罚的轻重不相同；官吏与百姓、主人与奴隶、父与子所受刑罚的轻重也不同；此外，士伍、商贾、作务、赘婿、后父、隶臣妾在遭受刑罚处罚上也有轻重不同。例如，同是逃亡罪，大夫服役而逃亡，一个月后被拿获，处罚只是"赀一盾"；再次服役时再度逃亡，逃亡一年后被拿获，仅处以"耐"刑。如果是百姓，则"笞"五十；再度逃亡，拿获后要加重处罚。① 秦律在内容上维护封建的等级制度，这也是封建法律所具有的特征之一。

---

① 黄中业：《秦国法制建设》，辽沈书社，1991，第111页。

（二）量刑情节

1. 身高作为规定刑事责任能力的标准

不同于现代刑法将年龄作为对行为人刑事责任能力的判断，秦法以身高作为判断刑事责任能力的标准。据《法律答问》载："甲小未盈六尺，有马一匹自牧之，今马为人败，食人稼一石，问当论不当？不当论及赏（偿）稼。"其中"败"为"惊吓"的意思。又："甲谋遣乙盗杀人，受分十钱，问乙高未盈六尺，甲可（何）论？当磔。"在这例中甲教唆未盈六尺的乙实施盗杀人，而被重处。从以上两例看到在答问中反复出现的六尺这一身高，绝不是偶然的。六尺很有可能就是秦律中规定刑事责任能力的标准。

2. 区分故意与过失

在秦律中"故意"被称为"端"或"端为"；"过失"称为"失"或"失刑"。故意从重，过失从轻。《法律答问》载："甲告乙盗牛若贼伤人，今乙不盗牛、不伤人，问甲何论？端为，为诬人；不端为告不审。"又："士伍甲盗，以得时值臧（赃），臧（赃）值过六百六十，吏弗值，其狱鞫乃值臧（赃），臧值百一十，以论耐，问甲及吏可（何）论？甲当黥为城旦；吏为失刑罪，或端为，为不直。"从以上几处记载可以看出，在秦律中过失犯罪较故意犯罪处罚轻。除区分故意与过失以外，某些行为是否构成犯罪，还需要考虑有无犯罪意识。秦律规定，有无犯罪意识是区分罪与非罪的根据之一。《法律答问》载："甲盗，臧（赃）直（值）千钱，乙智（知）其盗，受分臧（赃）不盈一钱，问乙可（何）论？同论。"又："甲盗钱以买丝，寄乙，乙受，弗智（知）盗，乙论可（何）殹（也）？毋论。"前者乙知甲盗而分赃，与甲同罪；后者，乙弗知甲盗，因此毋论。

3. 教唆犯与实行犯同罪，教唆未成年人犯罪加重处罚

《法律答问》记载："甲谋遣乙盗，一日，乙且往盗，未到，得，皆赎黥。"由此可知，秦律对教唆犯规定了与实行犯相同的处罚。又：

“甲谋遣乙盗杀人，受分十钱，问乙高未盈六尺，甲可（何）论？当磔。”在这例中甲教唆未盈六尺的乙实施盗杀人，而被重处。秦尺约合今 0.23 米，六尺约合今 1.38 米。[①] 未盈六尺，大概相当于现在十岁左右的儿童。

4. 再犯加重处罚

《法律答问》载：“当耐为隶臣，以司寇诬人，可（何）论？当耐为隶臣，又系城旦六岁。”这个例子是指行为人因犯罪被判处耐为隶臣，在刑罚期间，因诬赖他人（诬赖他人被判司寇刑罚），最后被判以耐为隶臣和六年城旦。“当黥为城旦而又完城旦诬人，可（何）论？当黥劓。”应判处黥城旦的人，因诬赖他人（诬赖他被判完城旦刑罚），最后被判以黥劓刑。此两例中罪犯都有再次犯罪的情节，所以要加重处罚。

5. 集团犯罪从重处罚

《法律答问》记载：“可（何）谓驾（加）罪？五人盗，臧（赃）一钱以上，斩左趾，有（又）黥以为城旦。不盈五人，盗过六百六十钱，黥劓以为城旦；不盈六百六十到二百廿钱，黥为城旦；不盈二百廿钱下到一钱，迁之。”又：“夫、妻、子五人共盗，皆当刑城旦。”在《法律答问》中有关共同盗窃加重处罚的规定中，多处提到五人或五人以上，可见“五人”是秦律划定“群盗罪”的界限。

6. 自首减轻处罚

自首在秦律中被称为“自出”。《法律答问》记载：“把其假以亡，得及自出，当为盗不当？自出，以亡论。其得，坐赃为盗。”意为：携带所借官家物品逃亡，如自首，可从轻以逃亡罪论处；如被捕获，则要按赃定为盗窃罪。又：“司寇盗百一十钱，先自告，可（何）论？当耐为隶臣，或曰赀二甲。”“隶臣妾系城旦舂，去亡，已奔，未论而自

---

① 刘海年：《战国秦代法制管窥》，法律出版社，2006，第 161 页。

出，当笞五十，备系日。”从以上的处刑可以明显看出，由于自首而对罪犯减轻了处罚。

7. 消除犯罪后果免罚

《法律答问》载：“将司人而亡，能自捕及亲所智（知）为捕，除毋（无）罪。”这条规定的意思是说，监领人犯时，人犯逃亡，监领人自己能捕获或亲友代为捕获，可以免罪。在秦律中，能消除犯罪后果而得到免罪的，会受到许多条件限制，只能适用于后果能够消除的犯罪，对那些后果无法挽回或可能造成损失的，则不能适用。例如，《法律答问》另一条记载：“亡久书、符券、公玺、衡羸（累）已坐以论，后自得所亡，论当除不当？不当。”考虑到久书、符券、公玺等都是官府的一种凭证，丢失这些东西，可能会对统治阶级造成损害，所以一经判决，即使当事人自己把原物找到，原判决也不予撤销。

8. 实行连坐

连坐是指因他人犯罪，亲属、邻里或是其他有一定关系的人也一并被追究刑事责任。秦律规定的连坐分为同居连坐、邻里连坐、职务连坐。第一，同居连坐。何为“同居”呢？根据《法律答问》的记载，“户为同居”，即户籍登记为同一户的。秦简中有许多同户连坐的例子。如《法律答问》记载：“削（宵）盗，臧（赃）直（值）百一十，其妻、子智（知），与食肉，当同罪。”第二，邻里连坐。商鞅变法中的一项重要内容。“令民为什伍，而相牧司连坐，不告奸者腰斩，告奸者与斩敌首同赏，匿奸者与降敌同罚。”① 第三，职务连坐。是指上下级或同级官吏之间的连坐。这种连坐的规定，在秦律中比比皆是。例如，《效律》中记载：“尉计及尉官吏节（即）有劾，其令、丞坐之，如它官然。”尉计，是指县尉属下的会计，他在经济上或账目上出了差错，构成犯罪，作为上司的县令、县丞要连坐，承担罪责。此外，《效律》

① 司马迁：《史记》卷六十八《商君列传》，中华书局，1963，第2230页。

还就某些官员连坐时要适用的刑罚作出了一般性的规定："官啬夫赀二甲，令、丞赀一甲；官啬夫赀一甲，令、丞赀一盾。其吏主者坐以赀、谇如官啬夫。其他冗吏、令史掾计者，及都仓、库、田、亭啬夫坐其离官属于乡者，如令、丞。"这一规定的意思是：某项犯罪，如果官府的啬夫罚二甲，则县令、丞应罚一甲；如果官府的啬夫罚一甲，则县令、丞罚一盾。主管该项工作的吏与官府啬夫处同样罚金和斥责，其他众吏、参与会计者，以及仓、库、田、亭等下属机构的负责人，所受到的惩罚与令、丞相同。①

三、刑罚的执行

（一）赎刑

秦律中规定的赎刑种类繁多，从《睡虎地秦墓竹简》来看关于赎刑的记载有以下数条："隶臣欲以人丁粼者二人赎，许之。其老当免老，小高五尺以下及隶妾欲以丁粼者一人赎，许之。赎者皆以男子，以其赎为隶臣。女子及操缗红及服者，不得赎。边县者，复数其县。"（《仓律》）"有罪以赀赎及有债于公，以其令日问之，其勿能入及偿，以令日居之，日居八钱；公食者，日居六钱。"（《司空律》）"公士以下居赎刑罪、死罪者，居于城旦舂，勿赤其衣，勿枸椟欙杕。鬼薪、白粲，群下吏毋耐者，人奴妾居赀赎债于城旦，皆赤其衣，枸椟欙杕，将司之；其或亡之，有罪。葆子以上居赎刑以上到赎死，居于官府，皆毋将司。所弗问而久系之，大啬夫、丞及官啬夫有罪。"（《司空律》）"居赀赎债欲代者，耆弱相当，许之。作务及贾而负债者，不得代。"（《司空律》）"一室二人以上居赀赎债，而莫见其室者，出其一人，令相为兼居之。居赀赎债者，或欲借籍人与并居之，许之，毋除

① 刘海年：《战国秦代法制管窥》，法律出版社，2006，第128页。

徭戍。”（《司空律》）“百姓有赀赎债，而有一臣若一妾，有一马若一牛，而欲居者，许。”（《司空律》）“居赀赎债者归田农，种时、治苗时各二旬。”（《司空律》）“毋令居赀赎债将城旦舂，城旦司寇不足以将，令隶臣妾将。”（《司空律》）“百姓有母及同生为隶妾，非谪罪也而欲为冗边五岁，毋偿兴日，以免一人为庶人，许之。或赎迁，欲入钱者，日八钱。”（《司空律》）“欲归爵二级以免亲父母为隶臣妾者一人，及隶臣斩首为公士，谒归公士而免故妻隶妾一人者，许之，免以为庶人，工隶臣斩首及人为斩首以免者，皆令为公。”（《军爵律》）“匿敖童，及占癃不审，典、老赎耐。”（《秦律杂抄》）“甲谋遣乙盗，一日，乙且往盗，未到，得，皆赎黥。”（《法律答问》）“‘抉，赎黥。’何谓‘抉’？抉者已抉启之乃为抉，且未启亦为抉？抉之弗能取即去，一日而得，论皆何也？抉之且亦有盗，弗能取即去，若未取而得，当赎黥，抉之非欲盗也，已启乃为抉，未启当赀二甲。”（《法律答问》）“盗徙封，赎耐。”（《法律答问》）“‘纳奸，赎耐’，今纳人，人未蚀奸而得，何论？除。”（《法律答问》）“赎罪不直，史不与啬夫和，问史何论？当赀一盾。”（《法律答问》）“何谓‘赎鬼薪鋈足’？何谓‘赎宫’？臣邦真戎君长，爵当上造以上，有罪当赎者，其为群盗，令赎鬼薪鋈足；其有腐罪，赎宫，其他罪比群盗者亦如此。”（《法律答问》）“真臣邦君公有罪，致耐罪以上，令赎。”（《法律答问》）“内公孙无爵者当赎刑，得比公士赎耐不得？得比焉。”（《法律答问》）①

1. 赎刑的性质

对于秦律中的赎刑，研究者大都将其定位为正刑的代替刑。但是也有学者提出了不同的见解，认为秦律中的“赎”有两类。一是作为正刑的赎刑，即“赎”字后加刑罚名，如“赎耐”“赎黥”“赎鬼薪鋈足”等；二是用来“抵偿”“顶替”正刑的代替刑，如“隶臣欲以人丁

① 孙艳：《秦汉赎刑考》，硕士学位论文，东北师范大学，2006，第4—5页。

鄰者二人赎，许之”“真臣邦君公有罪，致耐罪以上，令赎”等。[①]

2. 赎刑的适用对象

虽然秦代的很多刑罚都允许赎，但是这些赎刑并不是对所有人都适用，有的赎刑仅适用于少数特权人物，这从《法律答问》中能清楚地看到：“何谓‘赎鬼薪鋈足’？何谓‘赎宫’？臣邦真戎君长，爵当上造以上，有罪当赎者，其为群盗，令赎鬼薪鋈足；其有腐罪，赎宫，其他罪比群盗者亦如此。”“真臣邦君公有罪，致耐罪以上，令赎。”“内公孙无爵者当赎刑，得比公士赎耐不得？得比焉。”少数民族君长（臣邦真戎君长），爵位相当于上造以上的，如果犯下群盗之类的罪行，将允许用赎金或用财物免原本应执行的鬼薪和鋈足之刑；如果犯下腐罪，可以通过赎金赎免本应遭受的宫刑，对于其他与群盗同样的罪也照此处理。少数民族君长（臣邦真戎君长）和公士有罪，应判处耐刑以上的，可以赎罪。没有爵位的宗室子孙应判处赎刑的，可否按照公士的标准来赎刑？答，可以同样判处。总之，有爵者、无爵的宗室后代、少数民族的君长，都享有赎刑的特权，包括享有赎耐以上一直到死罪的赎刑特权。不仅如此，其在官府服刑期间，也享有一般百姓所不能享有的待遇。如《司空律》中规定：“公士以下居赎刑罪、死罪者，居于城旦舂，勿赤其衣，勿枸椟欙杕。鬼薪、白粲，群下吏毋耐者，人奴妾居赀赎债于城旦，皆赤其衣，枸椟欙杕，将司之；其或亡之，有罪。葆子以上居赎刑以上到赎死，居于官府，皆毋将司。所弗问而久系之，大啬夫、丞及官啬夫有罪。”意思是公士以下的人以劳役抵偿刑罪、死罪，在服城旦、城旦舂的劳役时，不必穿囚服，不施加木械、黑索和胫钳；而鬼薪、白粲、下吏不加耐刑的人们、私家奴婢被用以抵偿赀赎债务服城旦劳役的，都穿囚服，施加木械、黑索和胫

---

① 冨谷至：《秦汉刑罚制度研究》，柴生芳、柴恒晔译，广西师范大学出版社，2006，第42页。

钳，并加以监管，如他们在服劳役期间逃亡了，监管者有罪。葆子以上的官员，如果犯下需以赎刑乃至赎死程度的罪行，他们将被安排在官府内服劳役，同时不需要被人监管，如果他们未经审讯长期关押，负责管理的大啬夫、丞和该官府的啬夫都会获罪。这些规定表明，上层阶级和一般百姓在适用赎刑方面显然是不平等的。[①]

3. 收赎方式

秦律中对于各种赎刑赎金的多少并无明文的记载，从秦简律文中可以看出收赎的方式有多种，并且规定得比较灵活。赀赎是秦朝时期使用最为普遍的一种收赎方式。所谓赀赎，就是向官府交纳一定数量的财物而免罪的方法。对于被判处了赎刑而无力缴付的百姓，秦律规定可以用劳役“居赎”。如《司空律》中规定：“有罪以赀赎及有债于公，以其令日问之，其勿能入及偿，以令日居之，日居八钱；公食者，日居六钱。”若某人因犯罪而需要用财物赎罪，或者某人欠有公债，应在规定时间内处理。如无力缴纳赔偿，即自规定之日起，以服劳役抵偿债务，每劳作一天抵偿八钱。由官府给予饭食的，每天抵偿六钱。“一室二人以上居赀赎债，而莫见其室者，出其一人，令相为兼居之。居赀赎债者，或欲借籍人与并居之，许之，毋除徭戍。”一家有两人以上服劳役抵偿赀赎债务，而无人照看家室的，可以放出一人，叫他们轮流服役。以服劳役抵债的人，想要借别人和他一起服役，可以允许，但不能免除那个人徭戍义务。除此之外，还有用奴隶或牛马劳役抵偿的。如《司空律》中规定：“百姓有赀赎债，而有一臣若一妾，有一马若一牛，而欲居者，许。”也有自由人以戍边的方式来赎免亲属“隶臣妾”的身份。如《司空律》中规定：“百姓有母及同生为隶妾，非谪罪也而欲为冗边五岁，毋偿兴日，以免一人为庶人，许之。或赎迁，欲入钱者，日八钱。”有爵位的人也可以以归还爵位的方式来赎免亲属

① 孙艳：《秦汉赎刑考》，硕士学位论文，东北师范大学，2006，第 6 页。

"隶臣妾"的身份，"隶臣妾"及其亲属有斩首军功者，也可以赎免其本人或亲属"隶臣妾"的身份。如《军爵律》中规定："欲归爵二级以免亲父母为隶臣妾者一人，及隶臣斩首为公士，谒归公士而免故妻隶妾一人者，许之，免以为庶人，工隶臣斩首及人为斩首以免者，皆令为公。"

（二）削爵减刑

商鞅变法中有关爵制的规定，不同于周的五等爵，它是给一般百姓赐爵的制度，特点是针对军功，即根据斩获敌人的首级赐予爵位。"商君之法曰：斩一首者爵一级，欲为官者为五十石之官；斩二首者爵二级，欲为官者为百石之官。"① 爵位不仅仅是对有军功的奖赏，而且还成为有罪减免刑罚的事由。《汉书仪》中记载："秦制二十爵，男子赐爵一级以上，有罪以减。"《商君书·境内》亦有："爵自二级以上，有刑罪则贬。爵自一级以下，有刑罪则已。"此外《睡虎地秦墓竹简·游士律》中记载："有为故秦人出，削籍，上造以上为鬼薪，公士以下刑为城旦。"从现有的史料可以看出，爵位与刑罚减免确实存在一定的关系，但是哪些刑种可以减免，减免以后如何执行，则不能充分说明。有学者大胆推测："有爵者（持上造以上爵者）的肉刑通常被减免为非肉刑的劳役刑；耐刑、赀刑等轻刑不作为爵减免刑罚的对象。"②

① 韩非：《韩非子》，岳麓书社，2015，第160页。

② 冨谷至：《秦汉刑罚制度研究》，柴生芳、柴恒晔译，广西师范大学出版社，2006，第213页。

第三章　汉朝

汉朝是我国在统一的封建专制下中央集权国家初步发展的时期。汉朝又被称为“两汉”，由秦末农民起义军刘邦集团所建立的汉政权，史称“西汉”；经历王莽篡位后刘秀建立的汉政权史称“东汉”。两汉是中国历史上第一个较为稳定、繁荣的封建王朝。汉朝统治的四百余年中，封建关系得到了进一步的巩固，经济、文化也呈现了空前的繁荣。“文景之治”被誉为封建社会初期的“盛世”。以《九章律》为代表的汉朝法律制度，在中国法制发展史上起到了承前启后的作用。汉武帝“独尊儒术”将新儒学作为治世的指导思想，由此“儒法合流”也成为封建社会法律制度的正统模式。

第一节　汉朝的刑罚文化

一、社会背景

（一）政治环境

在废除严刑苛法的前提下，两汉基本承袭了秦朝的政治法律制度，但又根据形势的变化有所改革和发展。秦朝建立的皇帝制度在汉朝继续得到巩固，经由汉代新儒学的宣扬而被神化。汉初因循秦制，丞相的权力极大，直到汉武帝时才随着皇权的逐渐加强而被消减。在地方行政管理体制上，汉初亦是承袭秦朝的郡县制。后因刘邦担心重蹈“亡秦孤立之败”，于是分封了一批同姓诸侯为王，遂发展为汉初的郡国并行制。后各诸侯王拥兵自重，地方割据势力严重威胁到中央集权。为解决王国问题，巩固中央集权，汉景帝时平定了七国之乱，收回了官吏的任免权，汉武帝时又颁布了《推恩令》（削减王国封地）和《附益法》（限制诸王活动），这些政治举措使得中央集权巩固了，实现了政治上的大一统，而且也利于社会经济的恢复和发展。

（二）经济环境

西汉建国初期，国家由于经历秦朝的暴政和长期的战乱，经济凋敝，土地荒芜，人民大量死亡离散。在民穷财尽的情况下，甚至发生了“人相食，死者过半”的悲惨景象。统治者总结了秦王朝横征暴敛导致覆灭的教训后，在全国实行“轻徭薄赋，与民休息”的政策。这种休养生息的政策，促进了封建租佃关系的发展和部分奴婢的解放，从而为农业生产的发展提供了有利条件。“休养生息”的政策使得汉朝人口大量增长，城市化程度提高，农业、手工业也迅速恢复，商业贸易和中央集权都得到了前所未有的发展。在此基础上货币的铸造水平和流通速度也都有了显著的提高，从而奠定了稳定的货币体系基础。丝绸之路的开拓促进了汉朝与亚欧各国的贸易和贡品往来。

二、刑罚思想

汉朝的刑罚思想大体经历了两个阶段：第一个阶段是自汉初至汉武帝亲政之前的七十年，黄老学说占据统治地位，在刑罚上体现为“宽省刑罚”“重德轻刑”；第二个阶段是自汉武帝开始“独尊儒术”，刑罚思想也转变为“德主刑辅”，并开辟了引礼入法。东汉以后法律儒家化进一步发展，“德刑并用”思想也进一步被巩固。

（一）宽省刑罚，重德轻刑

西汉初期“黄老之学”占据主导地位，主张治国应德刑并用，但须以德为主，先德后刑，刑罚要轻缓，法令要省减，重德轻刑。重德轻刑实为“无为而治”的一种表现。汉初黄老学派的代表人物陆贾在其书《新语》中专作一篇《无为》来阐述“道莫大于无为”的道理。陆贾说：“设刑者不厌轻，为德者不厌重，刑罚者不患薄，布赏者不患厚。”淮南王刘安主持撰写的《淮南子》也阐明了无为而治的思想，要求统治者效法“道”的无为性格。在政治上以德为主，以刑为辅，就可取得民心，使社会安定、天下大治，即所谓“无为而无不为”“无治而无不治”。汉初的统治者采纳了黄老思想，与民休息，并适应形势展开刑罚改革。汉高祖刘邦在攻克咸阳后，曾宣布废除秦朝繁苛的法律，以“约法三章”维持秩序；汉惠帝在位时，废除了一些严苛条文，“省法令妨吏民者，除《挟书律》”；吕后当政时期下令废除了“夷三族”和“具五刑”。汉文帝被缇萦上书替父赎刑所触动，于公元前 167 年下诏废除肉刑，用徒、笞、死三刑取代黥、斩左趾等肉刑。汉景帝继续文帝的改革，进一步减少笞刑的数量，并规范刑制。虽然受历史局限性，文、景帝的刑罚改制没有彻底废除残酷的肉刑，但是此次改革在中国刑罚发展史上却具有重要的作用和意义。在这之后徒刑、笞刑开始成为封建制刑罚体系中的主体，新的五刑体系逐渐形成，中国古代刑罚制度逐步走向文明和完善。汉初黄老思想的推行，收到了“从民之欲，而不扰乱，是以衣食滋殖，刑罚用稀”的社会效果，迈出了法律思想转型的第一步。①

（二）德主刑辅，引礼入法

西汉中期在历经几代统治者“与民休息”政策的积累后，社会经济、政治、思想和文化都发生了很大的变化。国家经济实力大增的同

---

① 朱勇主编《中国法制史》，中国政法大学出版社，2008，第 81 页。

时，分封制导致的地方割据势力日益膨胀，且严重威胁到中央政权的稳固。“无为而治”的黄老思想已经不能适应加强中央集权的政治需求。以维护封建大一统和专制皇权为内容的新儒学适时出现，并为汉武帝所采纳，成为正统的法律思想。

儒学大师董仲舒以先秦儒家思想为基础，吸收阴阳、法、道等诸家学说中的有益成分，建构而成以儒法合流为特色的新儒学。董仲舒新儒学的基础是“天人感应”学说和“大一统”的秩序模式，以及“德主刑辅”的立法指导思想。他认为天道在于“阴阳互生”，治国之道在于“德刑并用”：“天道之大者在阴阳。阳为德，阴为刑，刑主杀而德主生。”其次，董仲舒认为德与刑的关系是“大德小刑”“德主刑辅”，是所谓“圣人法天而立道，故圣人多其爱而少其严，厚其德而减其刑”。董仲舒主张统治者应任德不任刑，他说：“刑者，德之辅也。”“天之任德不任刑也。天使阳出布施于上而主岁功，使阴入伏于下而时出佐阳；阳不得阴之助，亦不能独成岁。终阳以成岁为名，此天意也。王者承天意以从事，故任德教而不任刑。刑者不可任以治世，犹阴之不可任以成岁也。为政而任刑，不顺于天，故先王莫之肯为也。”① 新儒学表现为“外儒内法”。外儒即以儒家学说作为外饰，这是因为儒家的理论符合中国的传统国情，有着深厚的文化底蕴，可以赢得民心、粉饰仁政、稳定社会。以法家学说为内涵，有利于皇帝的专制统治和发挥法律的治世功能，可以收到急功近利之效。外儒佯宽，内法实猛，外儒内法就是宽猛相济的一种表现形式。② 新儒学主张以礼义教化和刑罚双重手段来治理国家，其中礼义教化是根本，刑罚是辅助，刑罚应以礼义教化为标准，以儒家所主张的一系列伦理道德规范为原则。

---

① 班固：《汉书》卷五十六《董仲舒传》，中华书局，1975，第 2495 页。

② 张晋藩：《中国法律的传统与近代转型》，法律出版社，2009，第 21 页。

三、刑事立法

汉朝的法律形式虽因袭秦律，但比之更为规范和整齐，除了制、诏以外，其形式主要为律、令、科、比四种。

（一）律

律是汉代的基本法律形式，是比较稳定的成文律典，也是对人们具有普遍约束力的强制性的行为规范。汉律有《九章律》《傍章律》《越宫律》《朝律》等。

1.《九章律》

《九章律》是汉朝最重要的一部法典，它以李悝的《法经》为基础，吸收秦律中合乎当时统治需要的部分而加以编纂而成。除包含《法经》的盗、贼、囚、捕、杂、具六篇外，又增加了户律（主要规定户籍、赋税及婚姻之事）、兴律（主要规定征发、徭役、城防、守备等事）、厩律（主要规定牛马畜牧和驿传之事）三篇。《九章律》是一部综合性的法典，它不仅在当时对社会的安定、政权的巩固起到了重要作用，而且对后世也产生了深远的影响，直到明代仍被认为，“历代之律，皆以汉九章为宗”。

2.《傍章律》《越宫律》《朝律》

汉律除《九章律》外，还有《傍章律》十八篇、《越宫律》二十七篇、《朝律》六篇，它们与《九章律》统称汉律。《傍章律》是有关朝仪的专门法律，它是叔孙通在高祖和惠帝年间所制定的。据《汉书·礼乐志》记载：“叔孙通所撰礼仪，与律令同录，臧于理官。”因与律令同录，有依傍于律令之意，故曰“傍章”。汉武帝时期，为了加强中央集权，巩固专制统治，遂展开大规模的修订和增补律令活动。张汤编制了以规范警卫、宫禁事项的《越宫律》，赵禹编订了以规定诸侯、百官朝会制度的《朝律》。

此外，汉代还沿袭秦制，颁行了一系列单行法规，也称作“律”，如有规定诸侯助祭贡金的《酎金律》，考核地方官吏的《上计律》，禁止士人擅自交通附益、仕于诸侯的《左官律》，严禁诸侯窃服宫中饰物的《尚方律》，规定有关田租、口赋的《田租税律》，规定有关盗铸钱、铸伪黄金弃市的《钱律》等。从张家山汉简来看，秦时的《金布律》《置吏律》《徭律》《效律》《传食律》《行书律》等在汉代仍继续沿用。还有一些称为“法”的规定，也与律具有相同的性质，如《相坐法》《沈命法》《见知故纵法》《监临部主法》等。这些律、法皆以刑法为主，兼有民事、经济、行政、诉讼以及礼仪等方面的内容，是汉代法律的重要组成部分，可以说是具有刑事特别法的性质。[①]

（二）令

令是皇帝颁发的诏令，由皇帝根据形势需要而随时发布的法令，是一种非常灵活的法律形式。据《汉书·宣帝纪》文颖注：“天子诏所增损，不在律上者为令。”令与律具有同等的法律效力，甚至可以超过“律”或取代“律”，在司法审判中拥有重要的法律地位，所以令具有刑法的性质。汉代的诏令既多又广，据《汉书·刑法志》记载，从汉高祖到汉武帝时期，颁行的诏令已达三百五十九章，到汉成帝时已“百有余万言”，以至出现了“自吏明习者不知其处”的状况。汉宣帝时，苦于诏令的浩繁，不得不对其加以分类整理，编纂为《令甲》《令乙》《令丙》三部。汉代的令涉及范围非常广泛，包括政治、经济、军事、文化、司法等社会生活的各个方面。有指导审判程序的《廷尉挈令》，管理监狱的《狱令》，规定刑具规格、行刑方法的《箠令》，保卫皇帝人身安全的《宫卫令》，征收赋税的《田令》，管理府库金钱布帛的《金布令》，规定养马免徭役的《马复令》，抑制商人的《缗钱令》，规定祭祀宗庙礼仪的《祠令》和《斋令》，规定荫袭官爵的《任子令》，

---

① 王宏治：《中国刑法史讲义》，商务印书馆，2019，第78页。

规定官吏品秩的《品令》和《秩禄令》等。这些诏令有些属于行政性规范，但大多与刑律一样是判断案件和解决纠纷的重要依据。①

（三）科

科也是汉朝的一种法律形式。据刘熙的《释名》解释："科，课也，课其不如法者，罪责之也。"其原意为对违法犯罪者处以刑罚，即"科刑"。在司法实践中，经常出现判决时偏离原有法律基础，转而依据其他标准定罪量刑。久之，这种做法逐渐演变成一种新的法律形式，称为"科条"或"事条"，是律之外关于犯罪与刑罚的单行禁令，是对律令具体条文的补充和实施细则。汉朝之科始于高祖时。汉高祖命萧何创制"大臣宁告之科"，以设定大臣告老退休制度；汉武帝时有"首匿之科"，重惩隐匿罪犯的行为。到东汉章帝时期科条数量大增，出现了"宪令稍增，科条无限""一律两科"的杂乱现象。到北朝时期"以格代科"，科失去了其独立的法律地位。

（四）比

比即比附，指在"律无正条"的情况下，将已经判决的典型案例作为司法审判的依据。"比"又称"决事比"，秦朝时称"廷行事"。由于比具有较强的直观性，便于援引，西汉中期以后，司法官吏引用比裁判案件成为普遍现象。《汉书·刑法志》载："廷尉所不能决，谨具为奏，傅所当比律令以闻。"汉武帝时期，仅比附的死刑案例就多达一万三千七百四十二事。至东汉，编辑成篇的"比"有《决事比》《辞讼比》《法比都目》《廷尉决事》《廷尉驳事》等。适用判例比照断案虽然可以弥补律令之不足，但在客观上也成为汉代中后期司法黑暗的重要原因之一，是所谓《汉书·刑法志》记载："所欲活，则傅生议；所欲陷，则予死比。"魏晋南北朝至隋唐时期，比虽然不再作为法律形式，但是仍不时沿用。比还是北宋末年"例"兴起的先导。

---

① 王宏治：《中国刑法史讲义》，商务印书馆，2019，第 79 页。

第二节 汉朝的刑罚制度

一、刑制改革

西汉政权建立初期，统治者基本上继承了秦朝的刑罚制度，继续使用劓、黥、斩左右趾等肉刑，以及保留死刑的残酷执行方式。《汉书·刑法志》记载：“汉兴之初，虽有约法三章，网漏吞舟之鱼，然其大辟，尚有夷三族之令。令曰：‘当三族者，皆先黥，劓，斩左右止（趾），笞杀之，枭其首，菹其骨肉于市。其诽谤詈诅者，又先断舌。’故谓之具五刑。”随着政权的巩固，社会秩序的稳定，社会经济和生产的发展，秦朝被继承下来的酷刑，尤其是肉刑成为社会生产力发展的一种阻碍，带来不少的社会问题。于是改革刑制，历史地落到了汉初统治者的身上。早在汉高祖、汉惠帝及吕后统治时期，统治者们就采取了一些措施对刑罚制度进行改革。如“尽除秦苛法”“弛（禁抑）商贾律”“除参夷连坐之罪”“除三族罪妖言令”“除挟书律”等。虽然有些被废止的刑罚又被继任者们恢复了，如“夷三族”和“具五刑”等。但是改革刑制的大幕已被拉开，中国古代刑罚由野蛮走向文明的车轮也缓慢步入了轨道。

（一）废除肉刑

汉文帝即位后，进一步推行“休养生息”的政策，社会矛盾大为缓和，中国封建社会迎来第一个“大治”时期，这为刑制改革创造了有利的社会条件。“缇萦上书救父”为汉文帝进行刑罚制度改革提供了契机。汉文帝命丞相张苍、御史大夫冯敬等集议，开展刑制改革。汉文帝改革刑制的内容有两项，一是废除肉刑；二是废除终身劳役刑，即规定了劳役刑的刑期，“及令罪人各以轻重，不亡逃，有年而免，具为令”。

据《汉书·刑法志》记载，文帝关于废除肉刑的举措是：“诸当完者，完为城旦舂；当黥者，髡钳为城旦舂；当劓者，笞三百；当斩左止（趾）者，笞五百；当斩右止（趾），及杀人先自告，及吏坐受赇枉法，守县官财物而即盗之，已论命复有笞罪者，皆弃市。”[①] 其改革措施就是用徒刑、笞刑和死刑来代替黥、劓、斩左右趾三种肉刑。将黥刑改为髡钳，劓刑改为笞三百，斩左趾改为笞五百，斩右趾改为弃市（死刑）。汉文帝这次改革刑制，原本是要废除肉刑，宽缓刑罚，但实行起来却有明显的缺陷。一是把原先的斩右趾上升为死刑，这是改轻为重；二是将斩左趾、劓刑改为笞五百和笞三百，笞数过多，造成“笞未毕人已死”的结果。汉景帝即位后继续推行刑罚改制。公元前156年诏曰：“加笞重罪无异，幸而不死，不可为人。其定律：笞五百曰三百，笞三百曰二百。”即将斩左趾的笞五百减为笞三百，劓刑的笞三百减为笞两百。但是在笞刑执行过程中，仍有犯人被打死。于是公元前144年，汉景帝又下诏进一步减少笞刑数量，将斩左趾的笞三百改为笞两百，将劓刑的笞两百减为笞一百。汉景帝的刑制改革不仅减少了笞刑的数量，还对笞刑的行刑工具、行刑方法、行刑部位等均作出了限制性规定。景帝的改革措施是对文帝改革的重要补充，历史上称为文景刑制改革。虽然汉文帝废除肉刑的刑罚改革有一定的局限性，但这并不影响它是一次顺应历史的重大改革，在中国法律制度发展史上具有划时代的意义。文景时期废除肉刑的改革，是中国古代法律跨越野蛮、走向文明的一个重要里程碑。不仅如此，这次改革还体现了文帝对刑罚目的的深刻认识，将“刑”与“教”结合，突出刑罚的教育功用。正如日本学者滋贺秀三先生所言：“文帝改革的着眼点在于开

---

① 邱汉平：《历代刑法志》，商务印书馆，2017，第14页。

辟改过自新之道，而肉刑是一旦受之，终身不改的，所以被废止了。”[①] 明人丘濬在其著述《大学衍义补》一书中评价文帝：“自是以来，天下之人犯法始免断肢体、刻肌肤，百世之下，人得以全其身，不绝其类者，文帝之大德矣。”同时，文景的刑制改革，使以肉刑为中心的奴隶制“五刑”开始趋于瓦解。以笞刑、徒刑、死刑为主体的封建制刑罚体系初步形成，为隋唐时期的封建制“五刑”奠定了基础。

东汉光武帝建武十四年（公元38年）“群臣上言：‘古者肉刑严重，则人畏法令；今宪律轻薄，故奸轨不胜。宜增科禁，以防其源’”。于是，光武帝诏下公卿，集议复肉刑之事宜。光禄勋杜林从儒家思想出发，针对主张恢复肉刑者的论调进行了反驳，他反对以刑止乱，认为严刑峻法只会引起更大的弊端。统治者最终采纳了他的建议，肉刑没有被恢复。[②] 东汉末年“是时天下将乱，百姓有土崩之势，刑罚不足以惩恶，于是名儒大才故辽东太守崔寔、大司农郑玄、大鸿胪陈纪之徒，咸以为宜复行肉刑”，恢复肉刑的言论甚嚣尘上。曹操掌握汉室实权后，先后两次诏令群臣议复肉刑，但是遭到了孔融、夏侯玄等人的有力反驳，恢复肉刑没有成功。

（二）改制劳役刑

汉文帝关于劳役刑的改制举措，《汉书·刑法志》的记载是：“罪人狱已决，完为城旦舂，满三岁为鬼薪白粲。鬼薪白粲一岁，为隶臣妾。隶臣妾一岁，免为庶人。隶臣妾满二岁，为司寇。司寇一岁，及作如司寇二岁，皆免为庶人。其亡逃及有罪耐以上，不用此令。前令之刑城旦舂岁而非禁锢者，如完为城旦舂岁数以免。”《汉旧仪》的记载是：“有罪各尽其刑。凡有罪，男髡钳为城旦，城旦者治城也；女为

① 滋贺秀三：《西汉文帝的刑法改革和曹魏新律十八篇篇目考》，载刘俊文主编《日本学者研究中国史论著选译》第八卷，中华书局，1992，第78页。

② 薛菁：《魏晋南北朝刑法研究》，博士学位论文，福建师范大学，2005，第32页。

舂，舂者治米也；皆作五岁。完四岁。鬼薪三岁，鬼薪者男当为祠祀鬼神伐山之薪蒸也；女为白粲者以为祠祀择米也；皆作三岁。罪为司寇，司寇男备守，女为作如司寇，皆作二岁。男为戍罚作，女为复作，皆一岁到三月。”虽然《汉旧仪》说此为秦制，但学界已经认同此并非秦制，而是作者生活的时期，即西汉末东汉初的汉制。造成两文献记载差异的原因，一是在历史流转的过程中誊录时出错；一是文帝关于劳役刑的改制，后世仍在继续。考证秦汉时期劳役刑的刑制，大致可以划分为三个时期。第一，汉文帝十三年（公元前167年）以前，从秦继承下来的劳役刑是不定期刑（特定意义上的无期苦役），这一时期各种劳役刑的轻重（除肉刑等附加刑造成的区别外），是以刑名所代表的劳役苦累程度来加以区别的。第二，汉文帝十三年开始，至汉武帝太初元年为止，即公元前167年至公元前104年，各种劳役刑基本成为有期刑，最高刑期是六年，以下依次递减。其轻重的区分，是以刑期的长短和劳役的苦累程度这二者的混合形式为标准（较高的几种有定期递减，形成较复杂的结构。附加刑造成的区别除外）。第三，从汉武帝太初元年（公元前104年）开始，刑罚制度进一步做了调整，从秦继承过来的“隶臣、隶妾”这一刑名被取消，所有刑期按顺序递减一年，也就是最高刑期是五年。经过整合后的各劳役刑内部不再存在复杂的劳役结构，从此劳役刑的刑名基本用来表示刑期的长短（附加刑造成的区别除外），从这时开始，和《汉旧仪》中说的刑期一致起来。①

汉武帝即位后，在思想上“罢黜百家，独尊儒术”，将儒学作为国家治理的指导思想，在刑罚制度上则奉行“德主刑辅”理念。“德主刑辅”理念的确立对西汉中后期及东汉时期的司法均产生了深远影响。刑罚的变革几乎都是以儒家思想为指导，以先王先贤为典范而完成的。汉武帝后，刑罚进一步减轻，大赦制度和特赦制度相继建立，比如确

---

① 张建国：《西汉刑制改革新探》，《历史研究》1999年第6期。

立的秋冬行刑制度等，这些都是刑罚制度轻缓化的重要表现。

二、刑罚体系和种类

文景时期的刑制改革被视为西汉刑罚制度发展上的一个关键转折点。经过文景时期的刑制改革，汉朝的刑罚制度有了较大的变化，刑罚残酷程度较秦时大为减轻，而且刑罚制度也更加规范。

（一）死刑

汉朝死刑沿用秦制，按照程树德先生的考证，其法定形式有“弃市”“腰斩”“枭首”三种。① 三者之中，以枭首为最重，腰斩其次，弃市又轻之。

1. 枭首

汉承秦制，枭首仍然是一种重要的死刑执行方式。《春秋公羊传·文十六年》何休注：“无尊上，非圣人，不孝者，斩首枭之。”何休为东汉人，故他应是以汉法来阐释枭首适用的对象，应是可信的。从文献的记载来看，汉代枭首刑主要适用于不道、谋反、杀人等重罪。执行刑罚时不仅使人身首异处，而且还要将首级悬挂示众，受刑之人除了被剥夺生命以外，还要接受精神上的惩治和摧残。正如《北堂书钞》中记载：“晋律注：‘枭斩弃之于市者斩头也，令上不及天，下不及地也。’”②

2. 腰斩

古文献中作“要斩”，是一种将人从腰部斩断的死刑执行方式。腰斩是汉代适用较为普遍的一种死刑执行方式。根据有关文献的记载，汉代的腰斩须脱去衣衫，露出肌肤。《汉书·张仓传》中就记载了张仓

---

① 程树德：《九朝律考》，中华书局，2003，第 37 页。

② 虞世南辑《北堂书钞》卷四四《死刑九》，中国书店，1989，第 126 页。

当众腰斩的事。汉代腰斩的另一个重要变化是刑具的变化。春秋战国时期的腰斩刑以铁斧之类的利器和木质的砧板配合使用。到了汉代，二者合二为一，逐渐演变为铡刀。①

3. 弃市

《礼记·王制》云："刑人于市，与众弃之。"指的就是弃市之刑，是指在市中公开行刑。《周礼·秋官·掌戮》云："掌斩杀贼谍而搏。"东汉经学家郑玄注曰："斩以铁钺，若今要斩也，杀以刀刃，若今弃市也。谍谓奸寇反闲者。贼与谍罪大者斩之，小者杀之。"郑玄为东汉末年人，且郑玄是以汉制注《周礼》，这说明至少到东汉末年弃市仍是以枭首的方式执行的。从张家山汉简《二年律令》的内容来看，汉时的弃市刑广泛适用于谋反、矫制、伪造印玺、故意杀人等多种严重的犯罪行为。

但是，从现有的文献来看，汉代的死刑除了上述三种外，还存在磔、具五刑、车裂等法外用刑的情况。汉代尤其是汉初的死刑，继承和发展了秦代的死刑执行方式，仍然具有杂乱、残酷、缺乏体系性、法定刑与法外刑并存等特点。

磔刑。虽然汉景帝中元二年（公元前148年）二月，"改磔曰弃市，勿复磔"，但事实上在汉朝并未完全放弃磔刑。《汉书》注引应劭曰："先此诸死刑皆磔于市，今改曰弃市，自非妖逆不复磔也。"② 即在汉景帝中元二年以后，一般死刑不再磔，但是对妖逆等统治者认为情节恶劣的重大犯罪，还是要采取非常的刑罚手段。③

具五刑。根据《汉书·刑法志》的记载，具五刑是"当三族者，皆先黥，劓，斩左右止（趾），笞杀之，枭其首，菹其骨肉于市。其诽谤詈诅者，又先断舌"，故谓之具五刑。而《后汉书·崔寔传》则认

---

① 连宏：《汉唐刑罚比较研究》，博士学位论文，东北师范大学，2012，第18页。

② 班固：《汉书》卷五《景帝纪》，中华书局，1975，第146页。

③ 刘海年：《战国秦代法制管窥》，法律出版社，2006，第97页。

为，五刑是“黥、劓、斩趾、断舌和枭首”五种，有别于《汉书·刑法志》。崔寔的年代是东汉晚期，其时五刑的内容早已与秦时大不相同。事实上“具五刑”从一开始就没有严格意义上的五种类型，“五”只是一个概数，是“复数的”“多的”表示程度的意思。①

车裂。车裂分为生前车裂和死后车裂两种。从时间上来看，秦以前为死后车裂，如商鞅是死后被车裂，嫪毐先被枭首而后车裂。自汉以后，则以生前车裂为主，即将活人车裂。如东汉末年，张角起事之初，其同党马元义被揭发后车裂于洛阳，“张角弟子济南唐周上书告之，于是车裂元义于洛阳”②。此外，从史料来看，关于汉朝时期适用车裂的记载很少，这说明车裂并不是汉朝的法定刑，仅在特殊情况下偶有用之。

（二）肉刑

汉朝政权确立之初，为强化统治完全承袭了秦的刑罚制度，黥、劓、斩左右趾、宫刑等肉刑继续使用。

1. 黥、劓、斩左右趾

如上文所述，汉初继续使用秦时的黥、劓、斩左右趾等肉刑，以及保留了死刑的残酷执行方式。后文景两帝开始实施刑制改革，除改肉刑为笞刑，并减少笞数以外，汉景帝还并颁发了《箠令》，确定了笞刑的刑具、行刑方法，限制了笞杖规格及受笞部位，从而改变了“加笞与重罪无异，幸而不死，不可为人”的行刑境况，使“笞者得全”。汉章帝时，尚书陈宠上书“宜隆先王之道，荡涤烦苛之法。轻薄箠楚，以济群生；全广至德，以奉天心”主张废除酷刑苛法。汉章帝采纳了他的建议，“后遂诏有司，绝钻鑽诸惨酷之科”。

---

① 冨谷至：《秦汉刑罚制度研究》，柴生芳、柴恒晔译，广西师范大学出版社，2006，第48页。

② 范晔撰《后汉书》卷七一《皇甫嵩列传》，中华书局，2005，第1553页。

2. 宫刑

汉文帝刑罚改革的内容也包括废止宫刑。晁错在文帝十五年（公元前165年）的对策中说，文帝的德政为“肉刑不用”“除去阴刑”，张晏注说，阴刑即“宫刑也”。景帝即位也说文帝时“除宫刑，出美人，重绝人之世也”。但到景帝中元四年（公元前146年）时又下诏“赦徒作阳陵者，死罪欲腐者，许之”。宫刑作为死刑的减轻刑又复活了。汉武帝时，司马迁因李陵降匈奴而获死罪，后减为宫刑。东汉光武帝多次下诏，“死罪系囚皆一切募下蚕室，其女子宫”，以宫刑代死罪，遂成为定制。东汉和帝永元六年（公元94年），时任廷尉的陈宠建议，以《周礼》《仪礼》等礼经为标准，删减法律条文，并废除宫刑。

3. 笞刑

自汉文帝以笞刑取代劓刑、斩左右趾开始，笞刑就成了汉朝主要的刑种之一。汉朝执行笞刑的刑杖称为“箠”。“箠”字在《说文解字注》中被释为：“击马也，从竹，垂声。”① 可见当时施刑的杖条是用竹子做成的。据《汉书・刑法志》记载：“笞者，棰长五尺，其本大一寸，其竹也，末薄半寸，皆平其节。当笞者笞臀。毋得更人毕一罪，乃更人。”汉景帝时颁行《箠令》用以规范笞刑的适用。此令对笞刑所用刑杖的材质、大小都作了明确规定，而且要求将“箠”的竹节削平，以避免打人时过重。《箠令》还规定受笞刑的人体部位为臀部，而且中途不得换人行刑。尽管景帝两次下诏减少笞的数量，并以《箠令》严格规范笞刑的适用，但是笞一百、二百仍会造成受刑之人的死亡。同时，笞刑在适用时，往往会超出景帝所定的笞刑数量。东汉光武帝即位后，意识到笞刑适用的混乱情况，为保障罪犯不会因减死入笞而被打死，多次下诏言“减死一等者，勿笞，徙边”。

文、景二帝废除肉刑的改革目的在于宽减刑罚。但在实际适用过

---

① 段玉裁注《说文解字注》，上海古籍出版社，1981，第196页。

程中，减死一等通常为髡钳，而髡钳原是代替黥刑，为刑罚中最轻的；但重于髡钳的即入死刑，所以代替劓刑的笞刑很少适用，实则造成刑罚轻重失当。①

（三）劳役刑

汉朝的劳役刑承自秦，主要有城旦与城旦舂、鬼薪与白粲、隶臣与隶妾、罚作（男犯一年期劳役刑）、复作（女犯一年期劳役刑）等。与秦时的区别主要是明确规定了固定的刑期。据《汉书·刑法志》记载："罪人狱已决，完为城旦舂，满三岁为鬼薪白粲。鬼薪白粲一岁，为隶臣妾。隶臣妾一岁，免为庶人。隶臣妾满二岁，为司寇。司寇一岁，及作如司寇二岁，皆免为庶人。"从这时起无期刑基本上退出了历史舞台，由劳役刑种类和刑期长短来进行量刑的新的劳役刑体系已然形成。

此外，在劳役刑之上附加肉刑等其他刑罚也是汉朝的一大特点。如城旦舂，在汉文帝刑罚改制前，城旦舂分为刑城旦舂（主要是黥城旦舂或黥劓城旦舂）和完为城旦舂；汉文帝改革后，因肉刑被废除，刑城旦舂也随之消失，代之以髡钳城旦舂和完为城旦舂。

（四）耻辱刑

汉时的髡、耐、完刑与秦律中的功能大体相同，它们常常伴随着劳役刑作为一种附加刑存在，用于区分刑罚轻重，达到量刑平衡的作用。如鬼薪之上附加耐刑，《汉书·惠帝纪》记载惠帝继位之初，惠泽天下，"上造以上及内外公孙、耳孙有罪当刑及当为城旦舂者，皆耐为鬼薪、白粲"。

东汉以后，秦及西汉以来已成体系的劳役刑刑制基本保持不变，各种劳役刑的刑名也延续下来，但是在刑名上开始以耐刑作为劳役刑

① 连宏：《汉唐刑罚比较研究》，博士学位论文，东北师范大学，2012，第127页。

的统称。《前书音义》曰："一岁刑为罚作，二岁刑已上为耐。"① 根据此注，此时耐刑已是指二年以上的劳役刑。《晋书·刑法志》记载东汉和帝永元六年（公元 94 年），"今律令，犯罪应死刑者六百一十，耐罪千六百九十八，赎罪以下二千六百八十一"。② 耐刑与死刑和赎刑相并提，也证明了耐刑已与死刑和赎刑一样，是一类刑罚的统称。

（五）流放刑

两汉的流放刑承袭了"流宥五刑"的精神，有宽宥死刑之义。西汉时沿秦制，初时称为迁，主要适用于刘氏宗亲贵族犯有应死之罪而免死的情况，故迁之偏远之地，以示惩戒，非奉诏不得返回。从西汉末期以后，这种情况发生了变化，"迁"不仅适用于宗亲贵族死罪减等，也适用于高级官吏和其他贵族。东汉时改"迁"为"徙"，而且功能也由西汉时的"以示惩戒"转变为将犯人流至边关，服劳役或充实边地为主。如东汉明帝永平八年（公元 65 年），北匈奴派遣骑兵入朔方郡接应南匈奴的部分叛众，并进攻河西诸郡。明帝下诏："诏三公募郡国中都官死罪系囚，减罪一等，勿笞，诣度辽将军营，屯朔方、五原之边县；妻子自随，便占著边县；父母同产欲相代者，恣听之。"③ 明帝的这一诏令，开辟了减死为流，发往边地充作兵源的先例。从此，流放刑的流地开始转向了屯边。④ 发往边地的流放刑徒在所在地屯驻，这支力量成为东汉政府在地方设置营兵的重要组成部分。汉代的迁徙刑是没有固定期限的，非遇赦或奉诏不得返还原籍。

（六）财产刑

汉朝的财产刑为罚金刑，其运用的范围很广，分类也很详细。如汉《令乙》规定："跸先至而犯者，罚金四两。"汉《宫卫令》规定：

---

① 范晔撰《后汉书》卷一下《光武帝纪下》，中华书局，2005，第 35 页。

② 房玄龄等撰《晋书》卷三十《刑法志》，中华书局，2000，第 920 页。

③ 范晔撰《后汉书》卷二《显宗孝明帝纪》，中华书局，2005，第 76 页。

④ 连宏：《汉唐刑罚比较研究》，博士学位论文，东北师范大学，2012，第 18 页。

“诸出入殿门、公车司马门，乘轺传者皆下，不如令，罚金四两。”汉文帝时有“三人以上，无故饮酒，罚金四两”的规定。汉哀帝时的《令甲》也有“诸侯在国，名田他县，罚金二两”的记载。《史记·张释之传》记载，有人无意中惊到了汉文帝的马，文帝怒而下令杀之，廷尉张释之引令文说：“此人犯跸，当罚金。”由以上的记载，可以看出罚金刑是针对轻罪而设置的刑种，是独立适用的一种正刑。

三、刑罚的裁量

（一）量刑原则

1. 恤刑制度

汉初儒家思想法律化就已经初见端倪，汉武帝时“独尊儒术”，董仲舒“引礼入刑”逐渐将儒家道德原则变为法律原则。其中最具代表性的当数“矜老怜幼”的恤刑制度。《汉书·惠帝纪》记载惠帝即位之初即下诏减免年幼及年长者的刑罚：“有罪当刑者，皆完之。”景帝后元三年（公元前 141 年）也颁布诏令：“高年老长，人所尊敬也；鳏寡不属逮者，人所哀怜也。其著令年八十以上，八岁以下，及孕者未乳，师、侏儒当鞠系者，颂系之。”所谓“鞠系”即监禁；“颂系”即给予宽容，不加刑具。汉宣帝元康四年（公元前 62 年）下诏规定：“耆老之人，发齿堕落，血气既衰，亦无暴虐之心，今或罗于文法，执于囹圄，不得终其年命，朕甚怜之。自今以来，诸年八十，非诬告杀伤人，它皆勿坐。”① 从这一诏令可知，宣帝年间对八十岁以上老人的一般犯罪，免予追究刑事责任。并于本始二年（公元前 72 年）实行王杖制度，对年满七十受王杖者规定“犯（非）罪耐以上，毋二尺告劾”。汉成帝时期的《新出王杖诏令册》也同样规定：“年七十以上，人所尊敬也，非

---

① 班固：《汉书》卷八《宣帝纪》，中华书局，1975，第 258 页。

首杀伤人，毋告劾也，毋所坐……孤独、盲、侏儒不属律人，吏毋得擅征召，狱讼毋得殷。”[①] 汉成帝鸿嘉元年（公元前 20 年）又再下诏规定：“年未满七岁，贼斗杀人及犯殊死者，上请廷尉以闻，得减死。”[②] 这是对幼童犯杀人或者其他死罪者减免刑罚的规定。东汉光武帝建武三年（公元 27 年）再下诏书：“男子八十以上，十岁以下，及妇人从坐者，自非不道，诏所名捕，皆不得系，当验问者，即就验，女徒雇山归家。”这些有关恤刑制度的诏令，在缓和社会矛盾、弘扬尊老爱幼、保障社会安定等方面都起到了一定的促进作用。

2. 亲亲得相首匿

亲亲得相首匿是指有血缘或姻亲关系的亲属之间，有罪应相互包庇隐瞒，不得向官府告发，法律不追究隐瞒者刑事责任。一般认为，这一原则源自孔子的“父为子隐，子为父隐”的思想。秦简《法律答问》中也禁止子女控告父母，奴婢控告主人，但不很严格。西汉中期以后随着儒家思想上升为正统思想，儒家所倡导的礼仪规范也开始在法律中渗透，法律儒家化的趋势变得明朗。汉宣帝于地节四年（公元前 66 年）下诏曰：“父子之亲，夫妇之道，天性也。虽有患祸，犹蒙死而存之。诚爱结于心，仁厚之至也，岂能违之哉！自今子首匿父母，妻匿夫，孙匿大父母，皆勿坐。其父母匿子，夫匿妻，大父母匿孙，罪殊死，皆上请廷尉以闻。”[③] 这一诏令肯定了孔子关于父或子有犯罪行为应相互隐瞒的主张。根据该诏令，凡卑幼隐匿尊长，无论什么罪，皆不治罪；凡尊长隐匿卑幼，死罪以下不加追究，应入死罪者“上请”减免。汉宣帝的这一诏令同时还明确规定了允许容隐的亲属范围，即允许父系亲属三代以内的直系血亲和夫妻之间互相隐匿。只有祖父母

---

① 甘肃省文物工作队、甘肃省博物馆：《汉简研究文集》，甘肃人民出版社，1984，第 35 页。

② 邱汉平：《历代刑法志》，商务印书馆，2017，第 20 页。

③ 班固：《汉书》卷八《宣帝纪》，中华书局，1975，第 251 页。

和孙子孙女之间，父母和子女之间以及夫妻之间可以互相隐匿，其余的亲属均不在容隐的范围之内。这体现了法律既要维护伦理亲情，同时又要追究犯罪，维护社会秩序的平衡。①

3. 春秋决狱

春秋决狱又称“经义决狱”。西汉中期儒家思想取得正统地位以后，董仲舒等人提倡以《春秋》大义作为司法裁判的指导思想。董仲舒在《春秋繁露·精华》中阐述儒家的定罪量刑标准：“春秋之听狱也，必本其事而原其志，志邪者不待成，首恶者罪特重，本直者其论轻。”在董仲舒看来，“春秋决狱”是既考虑行为的客观事实，又考虑行为人的主观善恶，但在具体适用时更注重对行为人主观善恶的评价。如《太平御览》中收录董仲舒裁判的一个案件，案情是：甲的父亲乙与丙发生口角而导致了殴斗，丙以佩刀刺乙，甲为了保护父亲，以杖击丙，结果误伤了自己父亲乙。在该案件中，甲的行为是否构成犯罪？依照当时的法律，甲的行为及结果构成了殴父罪，应判处枭首之刑。董仲舒没有拘于成法，而是根据春秋之义进行评判，他说：“臣愚以父子至亲也，闻其斗，莫不有怵怅之心，扶杖而救之，非所以欲诟父也……甲非律所谓殴父，不当坐。”董仲舒从案件发生的场景、甲的行为，推究出甲的行为目的是要救助父亲，虽然发生了殴伤父亲的结果，但属于过失所致。通过对主客观因素的综合考量，董仲舒最终认为甲的行为不构成殴父罪，不应给予刑罚。②“春秋决狱”将礼的精神与原则引入司法领域，成为断罪的根据。这不仅仅是引礼入法，还直接推动了法律儒家化的进程，使儒家经典法典化，从而奠定了中华法系儒法结合的基本样式，修正了法家偏重于客观归罪的定罪量刑标准，确立了“必本其事而原其志”的新原则。可是在董仲舒之后，诸多儒生

---

① 连宏：《汉唐刑罚比较研究》，博士学位论文，东北师范大学，2012，第146页。

② 朱勇主编《中国法制史》，中国政法大学出版社，2008，第109页。

出任司法官吏，他们把“必本其事而原其志”简化为“原心定罪”，片面强调行为人的主观方面而不结合客观事实，最终导致法官主观臆断的流弊，失去了先秦法家注重客观的科学性。此外，由于“春秋决狱”缺乏统一的认定标准，导致同罪不同罚现象甚为普遍，并为一些司法官吏营私舞弊大开了方便之门。

（二）量刑情节

1. 规定刑事年龄

与秦律以身高确定刑事责任不同，汉朝改为以年龄确定刑事责任，比模糊的身高标准更为科学，这是刑罚史的进步。汉朝法律规定了承担刑事责任的最低年龄和最高年龄，并随着时间变化有数次调整。汉惠帝即位之初曾定制“诏民年七十以上，若不满十岁，有罪当刑者，皆完之”。景帝后元三年（公元前 141 年），复下诏曰：“高年老长，人所尊敬也；鳏寡不属逮者，人所哀怜也。其著令年八十以上，八岁以下，及孕者未乳，师、朱儒当鞠系者，颂系之。”[①] 对于八岁以下的幼童、八十岁以上的老人，以及孕妇、师者、侏儒应入狱关押的，免去这些人身上的刑具。西汉初期，年龄仅仅是刑罚执行中“矜老怜幼”原则的体现，而尚未免去其刑事责任。汉宣帝元康四年（公元前 62 年）颁诏：“自今以来，诸年八十以上，非诬告杀伤人，它皆勿坐。”[②] 从这一诏令可知，宣帝年间对于年龄在八十岁以上的老人，非犯诬告和杀、伤人罪，一律不承担刑事责任。此后，以八十岁作为是否承担刑事责任的年龄界限被确立了下来。汉成帝时期，又免去了幼童在某些罪名上的死刑。成帝鸿嘉元年（公元前 20 年），定令：“年未满七岁，贼斗杀人及犯殊死者，上请廷尉以闻，得减死。”[③] 即七岁以下的幼童，若犯有故意杀人、斗殴杀人的，或有死罪的，上请廷尉，可以不适用死

---

① 班固：《汉书》卷二三《刑法志》，中华书局，1975，第 1106 页。

② 同上。

③ 同上。

刑。如果说成帝的这一法令，仅仅意味着七岁以下的幼童在某些犯罪方面可以不再适用死刑，汉平帝时，则基本免除了幼童的刑事责任。平帝元始四年（公元 4 年）诏曰："妇女非身犯法，及男子年八十以上七岁以下，家非坐不道，诏所名捕，它皆无得系。"[①] 对于七岁以下和八十岁以上的男子，除犯有不道罪之外，其余不再追求其刑事责任。

东汉光武帝建武三年（公元 27 年）再下诏书："男子八十以上、十岁以下，及妇人从坐者，自非不道，诏所名捕，皆不得系。"[②] 这一诏令规定八十岁以上的老人，十岁以下的未成年人犯一般罪以及因他人犯罪而受牵连的妇女，免予拘捕和监禁。后来这一最低刑事责任年龄又被调低至八岁。虽然汉朝不同时期，刑事责任年龄出现了一些变化，但是汉以年龄作为刑事责任能力的标准，更加注重臣民智识与体能的成熟程度，更多地从臣民的承受能力来确认责任，因而也更为人性化、科学化。

2. 不知和过失者减轻处罚

不知即因不了解情况而导致犯罪，过失则是因疏忽大意而致犯罪，两者都属于非主观故意的犯罪。汉朝决狱重视人的主观罪过，强调"原心定罪"，认为"志善而违于法者免，志恶而合于法者诛"即若心存善念，即使是触犯了法律也应当免除其刑罚；若心存恶意，即使没有触犯法律也应对其进行处罚。王充的《论衡》对其作了进一步的解释："刑故无小，宥过无大，圣君原心省意，故诛故贳误。故贼加增，过误减损。"即要重惩故意犯罪，轻减过失犯罪。汉初的《二年律令》记载："诸舍亡人及罪人亡者，不智（知）其亡，盈五日以上，所舍罪当黥赎耐。"[③] 有人收留或藏匿了逃亡者，但在收留或藏匿时并不知道

① 班固：《汉书》卷一二《平帝纪》，中华书局，1975，第 356 页。

② 范晔撰《后汉书》卷一上《光武帝纪上》，中华书局，2005，第 25 页。

③ 张家山二四七号汉墓竹简整理小组：《张家山汉墓竹简》（释文修订本），文物出版社，2006，第 31 页。

对方是逃亡之人，且已收留超五日，在查明真相后，收留或藏匿者应当接受赎刑处罚。在汉代，如果舍匿罪人，当与被舍匿者同罪，而这里对不了解情况者判处赎耐的刑罚，体现了对不知者的宽恕。《二年律令》又曰："贼杀人、斗而杀人，弃市。其过失及戏而杀人，赎死。"①意思是若故意杀人及打架斗殴而杀人者，要处以弃市的刑罚。若是过失杀人和戏而杀人者（"戏而杀人"在《晋书·刑法志》称"两和相害谓之戏"），则可以交钱赎免死罪。过失犯可以用钱赎罪的规定，明显是对过失犯的从轻处罚，而这无疑体现了刑罚的宽和，是一种朴素人道主义精神的反映。

3. 自首减轻处罚

秦汉法律简牍中出现的"自告""自出"，学术界一般笼统称为自首。汉律规定"先自告除其罪"是为汉时的自首原则。

(1) 自告。所谓"自告"，就是"自我告诉"。西汉初年的律令和诏令中使用的是"先自告"一词，强调自告必须是罪犯在犯罪事实被发现之前进行的自告，唯有此才可能获得刑罚的减免。到东汉明帝时将"先自告"简称为"自告"。因为"自告须事发前举"这一特殊性质已被社会民众广泛认可。如《后汉书·显宗孝明帝纪》："中元二年十二月甲寅诏：天下亡命殊死以下，听得赎论：死罪入缣二十匹，右趾至髡钳城旦舂十匹，完城旦舂至司寇作三匹。其未发觉，诏书到先自告者，半入赎。""永平十五年春二月辛丑诏：亡命自殊死以下赎：死罪缣四十匹，右趾至髡钳城旦舂十匹，完城旦至司寇五匹；犯罪未发觉，诏书到日自告者，半入赎。"《后汉书·肃宗孝章帝纪》："章和元年九月壬子诏：亡命者赎：死罪缣二十匹，右趾至髡钳城旦舂七匹，完城旦至司寇三匹；吏民犯罪未发觉，诏书到自告者，半入赎。"

---

① 张家山二四七号汉墓竹简整理小组：《张家山汉墓竹简》（释文修订本），文物出版社，2006，第11页。

(2) 自出。“自出”是逃亡者自首的专有称谓。“自出”是特定意义的自首，而“自告”是普遍意义的自首，二者间的区别在《二年律令·亡》167号简中反映尤为明晰，该简记曰：“诸舍匿罪人，罪人自出，若先自告，罪减，亦减舍匿者罪。”意思是各藏匿罪人者，如果所藏罪人自首，或者藏匿罪人者自首，减罪人罪，亦减藏匿者之罪。藏匿者、被藏匿者之中只要任何一个有自首情节，二者均可获减刑。同一条律文中，罪人自首是为“自出”；藏匿罪人者自首是为“自告”。[①]

(3) 共同犯罪中的“造意”者和“首恶”者，自首不能免罪。如淮南王刘安谋反，其中伍被参与其谋，后虽自首，但张汤说他“首为王画反计”，是参与谋划的为首者，“罪无赦，遂被诛”。

(4) 一人犯数罪的，只能赦免其自首的罪行，没有自首的罪仍须依法惩处。

4. 实行连坐

汉初的统治者在对秦律加以继承的同时，亦对秦律进行了拨乱反正，废除其中的严刑峻罚，宽缓用刑。文帝时期，废止连坐之法。汉文帝二年诏丞相、太尉、御史曰：“法者，法之正，所以禁暴而卫善人也。今犯法者已论，而使无罪之父母妻子同产坐之及收，朕甚弗取。其议。”[②] 于是“尽除收律、相坐法”，就是说免除因一定范围亲属犯罪而遭受的“收孥之刑”，即较轻的犯罪行为不再连坐亲属，重犯大罪依然连坐亲属。重大的犯罪是指谋反、大逆的罪行，这两类犯罪直接危害皇权，危害国家政权安全，故而历来都被视为极严重的犯罪行为而施以重惩。谋反和大逆这两种犯罪连坐亲属的范围是父母、妻子和同产。汉代废除的连坐之罪，实际上只是四邻连坐，不再追究四邻的连坐责任是秦汉间法律的一大变化。比较秦、汉的族刑连坐，发现其范

---

① 万荣：《秦汉简牍“自告”、“自出”再辨析——兼论“自诣”、“自首”》，《江汉论坛》2013年第8期。

② 邱汉平：《历代刑法志》，商务印书馆，2017，第18页。

围经历了从户籍向血缘的转变。东汉后期自“党锢之祸”开始，又向服制转变。这也是西晋《泰始律》确定“准五服以制罪”的缘起，后至唐律正式以“五服”为依据确定连坐的亲属范围。

四、刑罚的执行

（一）赎刑

1983 年江陵张家山汉墓出土的汉简中《二年律令》有很多条关于赎刑的记载，从内容来看也比前代更加详尽具体。此外，《汉书》中也有关于西汉时期赎刑的记载。东汉时期，赎刑更为盛行。从光武帝始，明帝、章帝、和帝、安帝、顺帝、桓帝、灵帝各朝一再颁发允许囚犯赎罪的诏书。

1. 赎刑的种类

汉朝的赎刑应用广泛，种类繁多，发展到东汉永元六年（公元 94 年）已有两千六百八十一种。小到耐刑、黥刑，大到死刑都可以赎免。仅在《二年律令》中就出现了诸如“赎耐、赎城旦舂、赎鬼薪白粲、赎完为城旦、赎髡钳城旦舂、赎迁、赎劓、赎黥、赎斩宫、赎死”等种类。

2. 赎刑的适用对象

汉朝的赎刑，不管是较轻的赎耐、赎司寇，还是较重的赎死，单从律文的规定来看，原则上对全体百姓都适用，不像秦朝时期的赎刑只适用于特权阶层。汉朝赎刑对适用对象没有限定身份，任何人都可以缴纳财物而免罪或减罪。而且还创设了一种专门优恤女犯的“女徒顾山”制度。汉平帝元始元年（公元 1 年）下诏：“天下女徒已论，归家，顾山钱月三百。复贞妇，乡一人。”① 如淳注曰：“已论者，罪已定

---

① 班固：《汉书》卷一二《平帝纪》，中华书局，1975，第 351 页。

也。令甲，女子犯罪，作如徒六月，顾山遣归，说以为当于山伐木，听使入钱顾功直，故谓顾山。”意即允许被判处劳役刑的妇女回家，但每月须出钱三百交给官府，由官府雇人代役上山砍伐木材或从事其他劳作，以赎该女犯应服的劳役刑。这种赎刑因仅适用于女刑徒，所以又被称为“女徒顾山”。另外，从两汉赎刑的实际适用情况来看，鲜有普通百姓能赎免死刑的，这主要是因为高昂的赎金对他们来说无异于天文数字。

3. 收赎方式

汉朝收赎的方式主要有纳金赎刑和纳物赎刑两大类。如《二年律令》中规定：“赎死，金二斤八两。赎城旦舂、鬼薪白粲，金一斤八两。赎斩、府（腐），金一斤四两。赎劓、黥，金一斤。赎耐，金十二两。赎千（迁），金八两。”除了以黄金、铜钱的方式收赎外，还可以用爵位、粟、竹、谷、军功、马、户、秩、俸禄、租等来收赎，如《汉书》中记载汉武帝元封四年将军杨仆“坐为将军击朝鲜畏懦，入竹两万个，赎完为城旦”。昭帝时鄂邑盖长公主为赎充国死罪，“入马二十匹赎罪”。到东汉时期纳物赎罪较多地集中在“缣”这样一种丝织品上。《后汉书》各个帝纪中都有入“缣”来赎罪的记载，“入缣赎罪”遂成为定制。

（二）秋冬行刑

秋冬行刑的观念由来已久，春秋时期就有“赏以春夏，刑以秋冬”的主张。战国中期属于道家的黄老学派，代表作《黄帝四经》提出了“春夏为德，秋冬为刑，先德后刑为养生”的主张。《礼记·月令》中也具体列明了一年四季的司法活动：仲春之月，省囹圄，去桎梏，毋肆掠，止狱讼。孟夏之月，断薄刑，决小罪，出轻系。孟秋之月，缮囹圄，具桎梏，决狱讼，戮有罪。仲秋之月，乃命有司申严百刑，斩杀必当，毋或枉桡。季秋之月，乃趣狱刑，勿留有罪。孟冬之月，是察阿党，则罪无有掩蔽。据《后汉书》记载萧何定律时就提出“季秋论囚，但避立春之月”。在“秋冬行刑制”发展和演变的过程中，董仲舒起到了关键性的作用。他在《春秋繁露·阳尊阴卑》中以阴阳学说对“秋冬行刑”进行了理论论证。他认为：“阴，刑气也；阳，德气也。阴始于秋，阳始于春。”阳为德，阴为刑，刑主杀，而德主生。“天有四时，王有四政……天人所同有也。庆为春，赏为夏，罚为秋，刑为冬。”即圣明仁慈的君主应该养德，故在万物生长之季的春夏不宜执行死刑，而秋冬有萧杀之气，应当申明刑罚，公平决狱，施行刑杀。汉宣帝时秋冬行刑开始制度化，行刑主要集中在季秋、孟冬、仲冬（即九、十、十一月三个月）之内，也有在十二月执行，若季冬有限制，如十二月立春，这个月就得排除掉。[①] 东汉章帝将行刑的时间由过去的季冬为停止月修改为孟冬为停止月，即只到每年的十月。汉章帝元和元年（公元 84 年）七月诏：“宜及秋冬理狱。名为其禁。”元和二年秋七月庚子，又诏曰：“《春秋》于春每月书王者，重三正，慎三徽也。律十二月立春，不以报囚。《月令》冬至之后，有顺阳助生之文，而无鞠狱断刑之政。朕咨访儒雅，稽之典籍，以为王者生杀，宜顺时气。其定律，无以十一月、十二月报囚。”当然秋冬行刑在汉朝主要适用于非殊死死刑，而殊死死刑是不受此约束的。

“秋冬行刑”不仅是对自然规律的恪守，更是对君主意志的严格遵奉，是对统治者实施酷刑合法化的有力证言。这一做法在满足人民朴素宇宙观与自然观的同时又迎合了封建统治者强化政治地位的强烈愿望。“秋冬行刑”开创了古代中国刑罚时间的限定制度，将司法镇压与阴阳运行、四季变换联系了起来，借助天威在加强司法权威性的同时还标榜了统治者的德政慎罚。汉朝确立的“秋冬行刑制”为后世历代封建王朝所继承，并影响深远。

---

① 胡兴东：《中国古代死刑行刑时间制度研究》，《云南师范大学学报（哲学社会科学版）》2008 年第 1 期。

第四章　魏晋南北朝时期

魏晋南北朝时期是一个分裂、战乱、动荡的时代，同时又是一次思想文化活跃的时期。在中国法律发展史上起到了承前启后的重要作用。

第一节　魏晋南北朝时期的刑罚文化

一、社会背景

由于东汉末年豪强军阀势力的恶性膨胀及周边少数民族的大规模内迁，秦汉时期缔造的君主专制中央集权统一国家迅速瓦解，除西晋政权有过几十年的短暂统一外，其余绝大多数时间都处在分裂、割据、对峙之中。在此时期社会动荡不安，政权更替频繁，不同的民族和文化相互融合，法律思想也异常活跃，封建律学得到极大的发展，在法律形式、法典体例、刑罚体系及原则等方面都发生了重大变化，为隋唐法制的繁荣和完备奠定了坚实的基础。

二、刑罚思想

两汉时期开启了“引礼入法”，魏晋至隋唐沿着这一路径最终完成了“礼法结合”。魏晋南北朝虽然处于动荡时期，但统治者却注意发挥法律的治国作用。就指导思想而言，依然坚持“德主刑辅”，并不断推进儒家思想法律化的进程。如，曹操就坚持儒家传统的“德主刑辅”治国原则，说“夫治定之化，以礼为首；拨乱之政，以刑为先”。魏律的制定者陈群、刘劭都是以儒学为宗，提倡礼治，他们在起草《新律》时，自觉地渗入儒家礼的精神。如在《新律》中规定“除异子之科，使父子无异财也。殴兄姊加至五岁刑，以明教化也”。此外，还将周礼中的“八辟”纳于律条，改“八辟”为“八议”并直接入律，“诸侯应八议以上，请得减收留赎，勿髡钳笞”，使礼所强调的等级特权法律化。晋律中“礼法结合”最突出的表现是“准五服以制罪”，即根据服制明血缘亲疏，定罪行轻重，以“峻礼教之防”。北朝政权虽然以少数民族为主体，但进入中原以后，接受汉族先进文化的熏陶，在法制上也体现了礼法结合的潮流。例如，北魏律中的“留养”，便是将儒家的孝养观念入律；北齐律正式确立的“重罪十条”将儒家礼的内容引入刑律，其基本宗旨在于维护儒家所强调的三纲五常和道德礼教。“重罪十条”的规定，促进了礼、律二者的进一步融合，加剧了法律制度的儒家化。

三、刑事立法

魏晋南北朝时期，大多数政权都比较注意利用法律手段巩固统治，因而取得了很大的立法成就。其中曹魏的《新律》、西晋的《泰始律》、北魏的《北魏律》、北齐的《北齐律》影响深远。这四部法典的制定和实施，不仅将法律儒家化又推进了一大步，更为后来的唐律和中华法系的形成奠定了基础。

（一）曹魏《新律》

魏明帝即位后，鉴于汉末律令繁杂、刑罚苛重，于是诏令陈群等人“删约旧科，傍采汉律，定为魏法，制《新律》十八篇”，史称曹魏《新律》。《新律》的制定，是中国封建法典由繁到简的一个重要转折点。

《新律》对秦汉以来相沿的旧律进行了重大改革。首先，在法典体例上，将规定刑法总则的《具律》更名为《刑名》并“冠于律首”。这一变革突出了律典总则的性质、内容与地位，是我国古代法典编纂史上一次重大进步。它改变了过去《具律》“既不在始、又不在终、非篇章之义”的状况，使法典体例更为科学合理，并被后世法典所沿用。其次，在内容上，首次将“八议”制度入律，使封建贵族官僚的等级特权进一步制度化、法律化。在汉《九章律》的基础上增加劫略、断狱等九篇，使法典内容更丰富；调整法典中与篇名不统一的内容，如《贼律》中欺谩、诈伪、矫制等，《囚律》中的诈伪生死，《令丙》中的诈自复免，修律时把它们分离出来，单设一篇《诈律》，使得名实相符，结构更为严谨。最后，改革刑罚制度。《新律》根据当时需要，“改汉旧律不行于魏者皆除之，更依古义制为五刑”，正式规定于《刑名》篇中，以为“律首”。这是首次提出与墨、劓、刵、宫、大辟有别的新五刑概念（死刑、劳役刑、赎刑、罚金刑、杂抵罪刑）。它共包括七种刑名三十七等，即死刑三等、髡刑四等、完刑与作刑各三等、赎刑十一等、罚金六等、杂抵罪七等。不过其中的髡、完、作三种刑名均为劳役刑，故七种刑名仍合五刑之意。《新律》不再将汉代的宫刑与斩右趾刑规定在内，标志着肉刑有进一步被劳役刑取代的趋势。针对汉代夷三族等酷刑，《新律》还缩小了族刑连坐范围，规定凡“大逆无道”罪，本人腰斩，“家属从坐”，但不诛及祖父母或孙子等隔代之辈。[①] 曹魏《新律》的这些改革与创新对晋律以及后世历代封建法典的制定都具有重要的影响。

---

① 张晋藩主编《中国法制史》，中国政法大学出版社，1999，第147页。

（二）西晋《泰始律》

晋律于晋武帝泰始三年（公元267年）完成，史称《泰始律》。《泰始律》以汉律为基础，参考魏律的篇目体例结构，总共二十篇，六百二十条，二万七千六百五十七字。

《泰始律》将魏律的《刑名》分为《刑名》与《法例》两篇。仍置于篇首，同时对篇章的设置进行了调整，使其更加合理完善。在内容上《泰始律》进一步纳礼入律，“礼律并重”成为其突出的特色，最典型的表现是规定了“准五服以制罪”的制度。“峻礼教之防，准五服以制罪”是《泰始律》的首创，其处理原则是依据儒家“六礼”之中“丧礼”有关丧服的规定，来确定亲属间的亲疏远近关系，并结合具体犯罪行为分别处以轻重不一的刑罚。司法实践中引入五服制度作为定罪量刑的依据，此举深刻体现了将亲情关系法律化的意图，旨在维护一个尊卑有别、秩序井然的血缘伦理体系。通过这种做法法律体系内化了儒家经典所倡导的“亲其亲者，尊其尊者”礼义精神，确保在裁决过程中既考虑法律的公正性，也兼顾家族伦理与社会秩序的和谐，从而达到教化与惩戒并举的目的。《秦始律》再度改革刑制。《泰始律》将曹魏五刑的七种刑名三十七等，简化为五种二十余等，即死刑三等、髡刑四等、赎刑与罚金刑各五等，另加杂抵罪若干等。经过这一简化，完刑与作刑合并于髡刑之中，五刑制度真正名副其实。“减枭斩族诛从坐之条”，再次缩小亲属株连范围，规定除谋反大罪之外，凡养子养女及出嫁妇女，一律不再连坐生父生母的弃市罪行。此外，还制定“省禁锢相告之条，去亡捕、亡没为官奴婢之制”；对犯轻微过失的老人、小孩和妇女，“当罚金、杖罚者，皆令半之”，从轻发落，使刑罚制度继续朝相对减轻、宽缓和文明的方向发展。

后著名律学家张斐、杜预为之作注，经晋武帝批准一并颁行，注解与律文具有同等法律效力。因此，后人把张、杜的注解与《泰始律》视为一体，称之为“张杜律”。张、杜的注解“兼采汉世律家诸说之长”，反映了当时律学发展的成果，对于后世法典的制定，尤其是对《唐律疏议》的出现影响极大。

（三）北魏《北魏律》

北魏拓跋族统一北方，进入中原之前，没有成文法律和刑制，处理诉讼案件全凭四个部族酋长判决。进入中原后，为了巩固政权，北魏统治者开始注意学习中原地区汉族政权先进的立法技术和法律文化。北魏修律从魏太祖拓跋珪起，经世祖、高宗、高祖、世宗，历时长达一个多世纪最终完成，是中国历史上修订时间最长的一部法律。

《北魏律》共二十篇，唐代以前即已散佚，而今从各种史籍中零星考知有《刑名》《法例》《宫卫》《违制》《户律》《厩牧》《擅兴》《贼律》《盗律》《斗律》《系讯》《诈伪》《杂律》《捕亡》《断狱》十五篇。①《北魏律》延续晋律的编纂体例，把《刑名》《法例》置于法典之首，突出了律典总则的性质与地位，增强了律典体例结构的科学性。《北魏律》继承了汉魏晋以来律学发展的成果和法律“儒家化”的原则，可谓“集当日之大成者”。近代法律史学家程树德亦给予《北魏律》很高的评价：“唐宋以来相沿之律皆属北系，而寻流溯源，又当以元魏之律为北系诸律之嚆矢。”②

（四）北齐《北齐律》

东魏权臣高洋自立为帝，取代东魏建立北齐。北齐政权初期沿用东魏的《麟趾格》，文宣帝高洋在重新删定《麟趾格》的同时着手制定《北齐律》，至武成帝河清三年（公元564年）方得制成。《北齐律》是由擅长律学的渤海封氏及崔暹、赵彦深、魏收、马敬德等人精心推敲斟酌，在总结历代法制经验的基础上完成的。《北齐律》也因此成为魏晋南北朝时期具有最高水准的封建法典，堪称以前历代立法技术与立

---

① 程树德：《九朝律考》，中华书局，2003，第344—345页。

② 同上书，第333页。

法经验的结晶。《北齐律》在律典结构与内容方面均有所创新。它将《刑名》《法例》合为一篇，改称《名例律》，冠于律首，突出了律典总则的性质和地位，使律典结构更加规范。它开创了十二篇的律典体例，后为隋唐律典所继承。《隋书·刑法志》载："《齐律》十二篇：一曰名例，二曰禁卫，三曰婚户，四曰擅兴，五曰违制，六曰诈伪，七曰斗讼，八曰贼盗，九曰捕断，十曰毁损，十一曰厩牧，十二曰杂。其定罪九百四十九条。"《北齐律》将《刑名》《法例》合为一篇，不仅反映了北齐立法技术和编纂水平的进步，也完成了对中国封建法典篇目体例结构的改革。此外《北齐律》还首次提出了"重罪十条"，即隋唐至明清封建法典中"十恶"的前身。北齐对十种重罪的规定简而严、精而透，是礼法进一步结合的重要体现。

第二节　魏晋南北朝时期的刑罚制度

一、礼法进一步融合

魏晋南北朝时期，由于一些硕学通儒参与立法，以及律学的兴起，使得礼法的结合更进一步，儒家经义进一步法律化。

（一）"八议"入律

"八议"之说源自于《周礼》。据《周礼·秋官·司寇》载："以八辟丽邦法，附刑罚：一曰议亲之辟，二曰议故之辟，三曰议贤之辟，四曰议能之辟，五曰议功之辟，六曰议贵之辟，七曰议勤之辟，八曰议宾之辟。""八议"，即议亲（皇亲国戚）、议故（皇帝故旧）、议贤（德行修养高的圣贤）、议能（才能卓越者）、议功（功勋卓著者）、议贵（高级权贵者）、议勤（勤谨辛劳者）、议宾（前代国宾者）。"八议"制度维护的是官僚贵族的司法特权。根据该制度的规定，上述八种特殊主体犯罪，不适用普通诉讼程序，一般的司法官员也无权直接审理，必须上报皇帝进行决议。由此官僚贵族阶层取得了凌驾于国家法律之上的司法特权。曹魏的《新律》将“八议”入律，并为后世历代律法所沿用，直至清末。“八议”制度入律，充分体现了封建法律维护的贵贱尊卑等级秩序。

“八议”入律之后，为了保障一般官吏的特权地位，西晋又规定了以官抵罪的“官当”制度。晋律规定，免官可当三岁刑。《北魏律》中明确规定：“五等列爵及在官品令从第五，以阶当刑二岁。免官者，三载之后听仕，降先阶一等。”由此规定可以看出，北魏时不仅官职可当刑期，贵族的爵位也可以折抵徒刑。南朝《陈律》正式将“官当”入律，并创立了区分公罪与私罪的官当制度。规定：“五岁四岁刑，若有官，准当二年，余并居作；其三岁刑，若有官，准当二年，余一年赎。若公坐过误，罚金。其二岁刑，有官者赎论。”官当制度是“八议”制度的扩大与延伸，维护了不同等级贵族官僚的法定特权，[①] 保护了贵族官僚免于常规刑罚。

（二）准五服以制罪

西晋《泰始律》首创以服制论罪的先例，明确提出“峻礼教之防，准五服以制罪”。“准五服以制罪”，是指九族以内亲属之间的犯罪行为，要根据五服所表示的远近亲疏关系定罪量刑。服制愈近，对以尊犯卑者的处罚愈轻，对以卑犯尊者的处罚愈重；服制愈远，则与之相反。这一原则的实质是“同罪异罚”原则在家族范围内的体现，即同样的犯罪仅因家族中身份不同而适用轻重不同的刑罚。“准五服以制罪”原则的确立旨在维护上下、尊卑、贵贱、亲疏等封建社会等级秩序，它将儒家礼的原则引入刑事法律，是“引礼入律、融礼于法”的重要表现。自西晋定律直至明清，该原则一直都是历代法律的重要内

---

① 王宏治：《中国刑法史讲义》，商务印书馆，2019，第126页。

容。唐律中的绝大多数条文都因服制不同而规定了轻重不等的刑罚，明清更是将服制图列于律首。

（三）存留养亲

北魏首创“存留养亲”制。《魏书·刑罚志》记载，北魏太和十二年（公元488年）诏：“诸犯死罪，若祖父母、父母年七十已上，无成人子孙，旁无期亲者，具状上请。流者鞭笞，留养其亲，终则从流。不在原赦之例。”这就是“存留养亲”制的雏形。意思是，犯死罪的人，如果祖父母、父母年七十以上，且身边没有成年的子孙，又别无其他可以赡养的亲属，那么允许犯人提交详细状书请求赦免，原本犯流罪的，鞭笞后留下侍奉尊亲，尊亲死后，再服流刑。“存留养亲”制度自北魏入律以后，至唐代得到进一步补充，明清予以继承。“存留养亲”制度源自于儒家的“孝道”，依据儒家经义，子孙对祖父母、父母应恪尽孝道。“孝”是修身齐家治国之本，君主亦应“以仁孝治天下”。所以，国家暂时地放弃对某些犯人的惩罚权，敦促犯人完成其孝养年老长辈的责任，以此来强化人们的忠孝观念。① “存留养亲”是法律儒家化的具体体现，说明中国古代法律制度中礼法融合又进了一步。

（四）重罪十条

《北齐律》总结历代立法经验，首创“重罪十条”，这十条是：“一曰反逆，二曰大逆，三曰叛，四曰降，五曰恶逆，六曰不道，七曰不敬，八曰不孝，九曰不义，十曰内乱。其犯此十者，不在八议论赎之限。”② 其中反逆（谋反、篡权、颠覆朝廷）、大逆（毁坏皇家宗庙、陵园、宫殿等场所设施）、叛（背叛朝廷或国家利益）、降（投降敌伪）、不敬（偷盗皇室器物或祭祀用品，过失危及皇帝安全）五类犯罪是直接危及皇权及其专制统治的行为；不道（杀人手段极其残忍）、不义

---

① 曾宪义主编《中国法制史》，中国人民大学出版社，2009，第97页。

② 邱汉平：《历代刑法志》，商务印书馆，2017，第314页。

（逆杀主管长官）属于破坏社会安定及等级秩序的行为；而恶逆（谋杀或殴打尊亲属）、不孝（不尊敬、侍奉尊长或不依礼服丧）、内乱（亲属之间犯奸乱伦）则是属于影响家庭伦常关系的犯罪行为。可见“重罪十条”针对的主要是两大类犯罪，一是严重危害皇帝的人身安全、个人尊严及威胁统治秩序的犯罪；另一类是严重违背封建伦理道德和社会秩序的犯罪。立法设置“重罪十条”的目的是维护封建等级制度和儒家的伦理纲常。“重罪十条”将儒家的礼引入刑律，是礼、律二者进一步融合的表现。

二、刑制改革

（一）进一步废除肉刑

西汉文帝废除肉刑的刑罚改革，虽旨在“轻刑”，但“当劓者笞三百，当斩左趾者笞五百，当斩右趾弃市。右趾者既殒其命，笞挞者往往致死，虽有轻刑之名，其实杀也。当此之时，民皆思复肉刑”。于是从东汉开始直至魏晋时期出现了规模盛大、旷日持久的肉刑废复之争。

东汉光武帝建武十四年“群臣上言：‘古者肉刑严重，则人畏法令；今宪律轻薄，故奸轨不胜。宜增科禁，以防其源’”。于是，光武帝诏下公卿，集议复肉刑之事宜。光禄勋杜林针对主张恢复肉刑的论调进行了反驳，他从儒家思想出发，强调德礼教化，反对以刑止乱，认为严刑峻法只会引起更大的弊端。统治者最终采纳了他的建议，肉刑没有被恢复。[①] 东汉末年曹操掌握实权以后，复肉刑之议又再掀高潮。根据《晋书·刑法志》的记载仅汉末魏晋时期复肉刑之议就达八次之多，论战的结果亦是肉刑最终未能在法律上被恢复。这充分证明了刑罚的进化是历史发展之必然。

---

① 薛菁：《魏晋南北朝刑法研究》，博士学位论文，福建师范大学，2005，第 32 页。

虽然肉刑作为正刑未能在法律上恢复，但这并不意味着肉刑就此消失了。作为法外之刑，肉刑始终存在于中国封建社会的司法实践中，有时甚至还一度重新被列入刑典，如凌迟刑、刺配刑等。这种现象是与中国封建君主专制主义的政治体制分不开的。尽管如此，我们不能否认肉刑废复之争对中国古代法制建设产生的深远影响。它推动了中国古代刑法学理论的发展，尤其是反对恢复肉刑一方提出的教育刑、劳役刑理论，既丰富了中国古代刑罚学，又直接影响了新的刑罚体系的建立。

（二）缩小族刑连坐范围

魏晋南北朝时期族刑连坐制度虽继续沿用，但范围明显缩小了。魏明帝制定的律文规定："但以言语及犯宗庙园陵，谓之大逆无道，腰斩，家属从坐，不及祖父母、孙。至于谋反大逆，临时捕之，或汙潴，或枭菹，夷其三族，不在律令，所以严绝恶迹也。"① 魏正元二年（公元 255 年）魏帝又根据主簿程咸的上议，下诏改定律令，规定："在室之女，从父母之诛，既醮之妇，从夫家之罚。"开缘坐不及出嫁女之先例。从此以后，出嫁女子从夫家之罪，再不负双重缘坐责任。至西晋定律："减枭斩族诛从坐之条，除谋反适养母出女嫁，皆不复还坐父母弃市，省禁锢相告之条，去捕亡亡没为官奴婢之制。"南朝《梁律》进一步缩小族诛连坐范围，明确规定"谋反、降叛、大逆以上皆斩。父子同产男，无少长，皆弃市。母妻姊妹及应从坐弃市者，妻子女妾同补奚官为奴碑"，将晋代三族刑不及妇女的规定保留了下来。梁朝天监十一年（公元 512 年）又诏曰："夫刑法悼耄，罪不收孥，礼著明文，史彰前事，盖所以申其哀矜，故罚有弗及。近代相因，厥网弥峻，髫年华发，同坐入愆。虽惩恶劝善，宜穷其制，而老幼流离，良亦可愍。自今逋谪之家及罪应质作，若年有老小，可将停送。"据此诏书可知，

① 高潮、马建石主编《中国历代刑法志注译》，吉林人民出版社，1994，第 83 页。

“老小”之人可免除连坐。梁武帝中大同元年（公元546年）又诏曰：“自今犯罪，非大逆，父母、祖父母勿坐。”

北魏建国初年除沿用汉制的族诛以外，还创制了“门房之诛”。这是族刑连坐的另一种表现形式，或称“门诛”，即诛其一门。《资治通鉴》卷一二四元嘉二十一年（公元444年）胡三省注曰：“门诛者，阖门尽诛也。”门诛也称“房诛”，即一人犯大逆罪，祖孙、父母、妻子、同产皆连从受刑。后历经魏孝文帝多次改律，门诛范围逐步缩小。据《魏书·高祖纪》载孝文帝延兴四年（公元474年）六月下诏：“下民凶戾，不顾亲戚，一人为恶，殃及合门。朕为民父母，深所愍悼。自今以后，非谋反、大逆、干纪、外奔，罪止其身而已。”太和五年（公元481年）又下诏曰：“法秀妖诈乱常，妄说符瑞，兰台御史张求等一百余人，招结奴隶，谋为逆，有司科以族诛，诚合刑宪。且矜愚重命，犹所弗忍。其五族者，降止同祖；三族，止一门；门诛，止身。”太和十一年（公元487年）再次下诏曰：“前命公卿论定刑典，而门房之诛犹在律策，违失《周礼》父子异罪。推古求情，意甚无取。可更议之，删除繁酷。”[①] 尽管连坐之刑未被废除，但是魏孝文帝将族刑连坐明确限定于“谋反、大逆、干纪、外奔”几种罪行，这在一定程度上防止了族诛的淫滥，对推动中国封建法制向文明化发展具有进步意义，而其“罪止其身”的刑罚原则在族刑连坐广为盛行的封建时代也是值得一书的。[②]

（三）简化刑罚种类

魏晋南北朝是中国古代刑罚制度由繁苛向宽缓转折的重要时期。

据《晋书·刑法志》记载曹魏政权“改汉旧律不行于魏者皆除之，更依古义制为五刑。其死刑有三，髡刑有四，完刑、作刑各三，赎刑

① 高潮、马建石主编《中国历代刑法志注译》，吉林人民出版社，1994，第158页。

② 薛菁：《魏晋南北朝刑法研究》，博士学位论文，福建师范大学，2005，第117页。

十一，罚金六，杂抵罪七，凡三十七名，以为律首”。由此可知，曹魏的刑罚种类包括死刑、劳役刑（髡、完、作）、赎刑、罚金刑和杂抵罪五类，共三十七等。其死刑只保留了枭首、腰斩、弃市三种，相较于秦汉刑制有明显的进步。西晋的刑罚种类更加简要，刑罚强度也更为减轻。据《唐六典·卷六·尚书刑部》记载，晋律定刑为五类：死、髡、赎、杂抵和罚金。其中死刑有三：一曰枭首，二曰腰斩，三曰弃市。髡刑有四：一曰髡钳五岁刑笞二百，二曰四岁刑，三曰三岁刑，四曰二岁刑，刑等不过一岁。赎刑与罚金各五等，杂抵罪若干等。晋律较之曹魏《新律》有大幅度缩减，以“刑宽禁简”著称于史。南朝宋、齐、梁、陈基本沿用晋律。

北魏政权虽然是少数民族入主中原，但是在其封建化过程中，历代统治者均能积极学习汉族的统治经验，吸取汉魏晋法律的内容，并能迅速摈弃或减轻一些野蛮落后的严酷刑法。经过不断地改革，魏孝文帝时代刑罚明显减轻。这主要表现在：第一，减少了死刑种类。北魏政权因是少数民族建立的政权，在刑法设置上与汉政权不同，有很多属于少数民族的酷刑。北魏政权在建立之初，死刑种类繁多且残酷，有斩首、绞、腰斩、车裂、沉渊等。北魏孝文帝减少死刑种类，将法定死刑确定为枭首、斩、绞三等。同时，还将太武帝时期创设的死刑减等“恕死徙边制”发展为定制，从而使得死刑犯的数量大为减少。第二，缩小族诛或门诛的范围。北魏初期盛行族刑，有五族、三族之分，太武帝时命崔浩定律令，又将“门诛”列入刑律。孝文帝时多次讨论废除门诛之事宜，虽未成功，但从总的趋势看，门诛以及族诛的范围却在不断缩小。第三，废除了“去衣裸体”的行刑方式。《魏书·刑罚志》记载：“太和元年，诏曰：‘刑法所以禁暴息奸，绝其命不在裸形。’”第四，限制使用大枷。所谓“大枷”，是中国古代的一种刑具，最早出现于晋代，北魏沿用。其规格为“长一丈三尺，喉下长一丈，通颊木各方五寸”。《魏书·刑罚志》载：“时法官及州郡县，不能以情折狱，乃为重枷，大几围；复以缒石悬于囚颈，伤内至骨；更使壮卒迭搏之。囚率不堪，因以诬服。吏持此以为能。帝闻而伤之，乃制非大逆有明证而不款辟者，不得大枷。”从而限制了大枷的滥用。第五，废除宫刑。北魏崔浩定律令时明确规定了宫刑，据《魏书·刑罚志》载：“年十四岁以下腐刑，女子没县官。”至东魏，宫刑时存时废，及至西魏文帝元大统十三年（公元 547 年）诏：“自今应宫刑者，直没官，勿刑。”北齐后主天统五年（公元 569 年）诏：“应宫刑者，普免刑为官口。”凡判处宫刑者，皆由官府没收为官奴婢，不再处宫刑。至此，宫刑正式从法律上予以废止，不复作为法定刑。所有这一切，表明了北魏刑罚制度在魏孝文帝时期逐渐趋于宽缓化、文明化。北齐、北周初沿用北魏之旧法，刑罚强度虽略有加重，但刑法条文却明显减少，刑名与刑制也日趋一致和规范，北齐律更是以“法令明审，科条简要”著称于世。

（四）封建制五刑初步形成

封建制五刑是在汉文帝刑制改革以后，随着以肉刑为中心的刑罚体系的瓦解，逐步确立起来的。魏晋南北朝是封建制五刑确立的重要时期。经过魏晋南北朝诸代的改革、探索和实践，统治者逐渐革除残留的野蛮陋习，以劳役刑为中心的新五刑得到确立。

曹魏在制定《新律》时首次将《刑名》置于律首，并在《刑名》篇内重新制定五刑之名。虽然学术界对曹魏五刑刑名说法不一[①]，但是都不否认曹魏刑制是以劳役刑为主体的新“五刑”。诚如程树德先生考证“唐律于名例之首，列笞杖徒流死五刑，明清诸律因之，其制始于曹魏”。[②] 西晋简化了曹魏“五刑”的刑名和刑等，其刑制为死、髡、

---

① 以韩国磐先生为代表的认为曹魏“以死、髡、完、作、赎为五刑”；而以倪正茂先生为代表的则认为曹魏“七等刑罚中的髡刑、完刑与作刑并在一起就是徒刑，故以死刑、徒刑、赎刑、罚金、杂抵罪为魏之五刑。

② 程树德：《九朝律考》，中华书局，2003，第 37 页。

赎、罚金、杂抵罪五种。南朝的宋、齐两代沿用晋律，其刑制与晋也大体相同。虽然魏、晋、南朝时期对新五刑作了尝试与实践，但是从刑制内容来看，刑名杂乱、不规范，如曹魏的髡、完、作刑实属一类，而且各刑种之间也没有形成鲜明的层次性，相互的衔接不尽合理，尤其是生刑与死刑之间悬殊太大。从严格意义上来说，这一时期的新五刑均系过渡性质，尚不构成一个完整、合理的刑罚体系。

北魏统治者总结前代的立法经验，在继承魏晋以来排除肉刑、建立新五刑的基础上，定刑名“死、流、徒、鞭、杖、宫”。《北魏律》将“赦死从流”确定为量刑原则，正式把“流刑”作为法定刑名，位列死、徒之间，成为封建制五刑之一。“流刑”制度的确立不仅解决了汉文帝废除肉刑后刑罚体系存在的弊端，还推动了以劳役刑为主的新五刑体系的初步形成。《北齐律》沿袭了北魏五刑之制，设置新的封建五刑“死、流、徒、鞭、杖”。据《隋书·刑法志》记载北齐刑制，刑名有五：一曰死，二曰流，三曰徒，四曰鞭，五曰杖。宫刑被废止。北周的《大律》亦定刑有五：一曰杖刑五，自十至五十；二曰鞭刑五，自六十至一百；三曰徒刑五，自一年至五年，分别加鞭六十至一百，加笞十至五十；四曰流刑五，自二千五百里至四千五百里，各加鞭一百，加笞六十至一百；五曰死刑五，一曰磬，二曰绞，三曰斩，四曰枭，五曰裂。[①] 隋朝《开皇律》在北周五刑的基础上，确定刑制为“笞、杖、徒、流、死”五种，分为二十等。封建制五刑自此确立，这一刑制为唐律所继承并沿用至明清。

---

① 邱汉平：《历代刑法志》，商务印书馆，2017，第315页。

第五章　隋朝

公元581年，北周权臣杨坚夺取政权，建立隋朝，是为隋文帝。公元589年，隋灭陈，结束了长达三百六十余年的分裂对峙局面，重新统一了中国。隋朝虽然立国仅三十七年，但其《开皇律》上承汉典，下启唐律，在中国法制史上具有承前启后的重要功绩。

第一节　隋朝的刑罚文化

一、社会背景

隋文帝吸取前朝灭亡的教训，在政治、经济、文化等领域进行大改革。袭北魏的均田制，颁布均田法，又减免赋役，轻徭薄赋，与民休息。为巩固中央集权，创设三省六部制；为广选人才，推行科举制；为强化政府机制，建立政事堂议事制、监察制和考绩制。这些举措都深刻影响了唐朝及后世。

二、刑罚思想

（一）以德代刑，礼法并用

西汉武帝时形成了“以儒学为主，兼取法家思想”的正统法律观，主张“德主刑辅、德刑并用”。隋初统治者以恢复中原汉文化为己任，强调仁政、德治。开皇三年（公元 583 年）十一月，隋文帝即颁发诏令：“朕君临区宇，深思治术，欲使生人从化，以德代刑。”为体现德治，隋文帝废止北周旧律，除削繁苛刑罚。据隋《刑法志》记载，隋文帝认为：“夫绞已致毙，斩则殊刑，除恶之体，于斯已极。枭首车轘身，义无所取，不益惩肃之理，徒表安忍之怀。鞭之为用，残剥肤体，彻骨侵肌，酷均脔切。虽云远古之式，事乖仁者之刑，枭轘及鞭，并令去也。”① 枭首、轘身以及鞭刑虽是古人传下来的制度，但是残酷无道，有悖“仁义”之理。因此要将这些刑罚去除，其他徒、流等刑罚也改重从轻、化死为生。“其余以轻代重，化死为生。条目甚多，备于简策。宜班诸海内，为时轨范。杂格严苛，并宜除削。”隋初统治者在实行仁政、德治的同时也非常重视法律的作用。据《隋书·高祖纪》记载，隋文帝认为：“兵可立威，不可不戢，刑可助化，不可不行。”即军队的设立在于保护国家，维持政权，不可废除；刑律可以帮助教化人民，不能不实行。

（二）严格法律适用

严格执行法律，依法办事，不徇私情，也是隋初刑罚思想之一。隋文帝时任用了一批执法严明的官吏，他们能够秉公执法，坚持依法办事，甚至不惧违拗皇帝的意愿。隋文帝时曾明令禁止在市场上以恶钱换好钱，当时有二人违反禁令，文帝令处以斩刑。刑部侍郎赵绰进谏说，对此类犯罪应处以杖刑，处斩刑没有法律依据。文帝斥责赵绰多管闲事，赵绰以自己身为刑部侍郎有权干预为由据理力争。最终文帝改变了自己的主张。隋文帝本人的身体力行，很好地树立了法律的权威，并维护了法律的严肃性。

---

① 邱汉平：《历代刑法志》，商务印书馆，2017，第 318 页。

三、刑事立法

（一）《开皇律》

隋文帝初即位，即命高颎、郑译等人制定新律。开皇三年，隋文帝又命苏威、牛弘以“去重就轻，删繁就简”为原则，再次改定法律，从而形成《开皇律》。《开皇律》以北齐律为蓝本，参酌北周律，共十二篇，五百条，在中国法制史上以“刑网简要，疏而不失”著称。

（二）《大业律》

隋炀帝即位后，以文帝晚年法网繁密、刑罚严苛为由，下令修改律令。大业三年（公元 607 年）隋炀帝颁行《大业律》。在条目安排上《大业律》改变了《开皇律》的分类标准，在篇目上由《开皇律》的十二篇增为十八篇。但是从内容上看，改动并不大。隋炀帝为表明自己“虚己为政，思遵旧典，推心恃物，每从宽政”，删除了“十恶”条款，并在一定范围内，取消了犯罪者亲属不得为官任职，罪犯子弟不得任宿卫近侍之官的禁令。

第二节　隋朝的刑罚制度

隋以前的刑罚制度，经历了从奴隶制五刑向封建制五刑的漫长发展。行刑内容也由以“毁人肢体、刻人肌肤”的肉刑为中心，逐渐发展为以束缚自由的劳役刑为中心。在刑罚方面，隋朝去除五代时期的酷刑，保留绞、斩，缩短徒流年限及里程，以笞代鞭，使封建制五刑体系得到完善。

一、确立了轻重有序、规范完备的五刑

《开皇律》在北周五刑的基础上，确定刑制为“笞、杖、徒、流、死”五种，分为二十等。隋《刑法志》记载：“一曰死刑二，有绞，有斩。二曰流刑三，有一千里、千五百里、二千里。应配者，一千里居作二年，一千五百里居作二年半，二千里居作三年。应住居作者，三流俱役三年。近流加杖一百，一等加三十。三曰徒刑五，有一年、一年半、二年、二年半、三年。四曰杖刑五，自五十至于百。五曰笞刑五，自十至于五十。”① 《开皇律》所确定的五刑体系，在刑种、刑等上呈阶梯层级，较好地体现了轻重有序的处罚原则，顺应了中国古代刑罚从野蛮走向文明的发展趋势。这一刑罚体系后经唐继受并改进，一直沿用至清末。

二、“十恶”重罪正式入律

隋《开皇律》在北齐“重罪十条”的基础上设置“十恶”重罪，即“谋反、谋大逆、谋叛、恶逆、不道、大不敬、不孝、不睦、不义、内乱”。凡犯“十恶”重罪者，不仅对本人适用最重的刑罚，而且要株连家属，没收财产，即使贵族官僚，也不能享受“八议”和赎刑的优待，“为常赦所不原”。“十恶”犯罪及重惩原则的规定为唐宋元明清各朝法律所承袭，成为中华法系一项重要的内容。

---

① 邱汉平：《历代刑法志》，商务印书馆，2017，第 318 页。

三、设立“议、减、赎、当”制度

《开皇律》的“议、减、赎、当”制度是融汇了曹魏的“八议”、晋时的官当及南北朝的“听赎”，再加上自己所创“例减”之制而成。“议”是指“八议”，即对亲、故、贤、能、功、贵、勤、宾八种人犯罪，必须按照特别审议程序认定，并依法减免处罚。“减”是对“八议”人员和七品以上官员犯罪，比照常人例减一等处罚。“赎”是指九品以上官员犯罪，允许以铜赎罪，每等刑罚有固定的赎铜数额。“当”是“官当”，官员犯罪至徒、流者，可“以官当徒”或“以官当流”，就是以官品折抵徒、流刑罚。① 这些规定赋予了贵族、官吏更广泛的法律特权，同时也使这种特权固定化、法律化。这些规定符合封建法律的基本精神，反映了等级身份制，为后世律法所继受。

尽管隋朝在很短的时间内建立了良好的法制，但却未能保持。隋文帝后期和隋炀帝在位期间，以法坏法、有法不依、滥用酷刑，最终导致“百姓怨嗟，天下大溃”。对隋文、炀二帝的毁法、弃法，沈家本评议道：“观于炀帝之先轻刑而后淫刑，与文帝如出一辙。文淫刑而身被弑，炀淫刑而国遂亡。盖法善而不循法，法亦虚器而已。”②

---

① 张晋藩主编《中国法制史》，中国政法大学出版社，1999，第176页。

② 沈家本撰《历代刑法考》，中华书局，2006，第47页。

第六章　唐朝

第一节　唐朝的刑罚文化

唐朝是我国古代封建社会发展的鼎盛时期。在这一时期，国家的政治、经济、文化、科技以及对外交流都得到了空前的发展，创造了灿烂的文明，开创了一个盛世。在这一时期，统治者尤其重视以法律的手段来调整社会关系、规范社会秩序。唐律代表了中国古代法律的最高成就，它对唐以后各朝以及东亚各国都产生了重大的影响。

一、社会背景

（一）政治环境

唐朝完成了国家体制从皇帝—贵族体制到皇帝—官僚体制的过渡，开启了此后一千多年官僚政治制度的基本模式。这变革主要是通过完善“三省六部”制来实现的。唐高宗以后，又形成了“集体宰相制”。一些充任宰相的官员其品级不一定很高，皇帝会根据这些官员的个人实际能力，灵活地将他们提拔为宰相。“集体宰相制”实行协同议事，分工合作，互相监督。这些政策的实行，使得各项工作得以高效推进，极大地提升了国家治理效能。“集体宰相制”既有利于发挥臣下才智，又削弱了相权，加强了皇帝的权力。唐初的统治者亲历了隋朝政权由建立、发展到灭亡的过程，深切体会到缓和社会矛盾、稳定社会秩序对延续政权、维持统治的重要性。于是在王朝之初推行了一系列的改革措施以缓和社会矛盾，出现了“贞观之治”的局面。由于唐初的统治者多来自隋政权内部，他们对法律在稳定社会秩序、维系政权统治方面的作用，有着深切的认识。因此，在建立政权后便迅速致力于法律秩序的恢复和重建工作，希望以此达到“禁暴止奸，弘风阐化，安民立政”的目的。唐朝运用制度和法律来保证政府机构的正常运转，以及政务处理的高度程式化，在中国古代政治制度史上是很突出的。各种制度和律令，规范了各级政府的组织机构和职责范围，界定了官员的构成及各自的责任区域；规定了公文处理的流程和时限，使政务处理形成了一整套严密的程序。在此基础上，包括勾检制度、监察制度、谏议制度、考课制度在内的多种制度都被设计得极为完备与健全，对官吏的失职、违法、贪腐等，均在法律层面制定了详尽的惩处措施。这些做法基本上为以后各朝所承袭。

（二）经济环境

自给自足的小农经济一直是中国封建制度的经济基础。保护小农经济、发展以农业为中心的封建生产是唐王朝的一项重要工作。唐朝的统治者以律、令的形式规定国家的基本经济制度，以及违反制度应当受到的刑罚制裁。如唐高祖武德七年（公元624年）颁布了均田法和租庸调法，规定私卖口分田、占田过限或官吏侵夺公私田等，均处以一定的刑罚。此外，还颁布了《赋役令》，对赋役制度的具体实施作了规定。唐中期，还颁布了“两税法”以缓解国家的财政困难。唐王朝建立后，迅速出台了自己的铸币政策。武德四年（公元621年）七月，“废五铢钱，行开元通宝钱，径八分，重二铢四絫，积十文重一两，一千文重六斤四两”。同时，又继承魏晋南北朝时期以绢帛为货币的传统，实行了“钱帛兼行”的货币制度。为了维护货币市场的稳定与秩序，唐朝政府不断出台严厉打击私铸和滥铸等的法令，确保了货币流通的正常与国家经济的健康发展。唐朝农业生产工具也有新的进步，人民创制了曲辕犁，还出现了新的灌溉工具水车和筒车。唐朝前期，仅见于记载的重要水利工程就高达一百六十多项。天宝年间，唐朝耕地面积达到八百五十万顷。天宝八载（公元749年），官仓存粮达九千六百万石。除了小农经济的核心——农业生产外，唐朝的商业和手工业也已具备相当的规模。唐朝的经济呈现一片繁荣昌盛的景象，封建制度发展到了鼎盛阶段，经济的强盛也带来了政治的稳定和文化的繁荣。

二、刑罚思想

（一）礼法并用、德主刑辅

在礼与法、德与刑的关系上，自汉武帝以后，统治阶级内部的认识已逐渐趋于统一，儒家主张的“礼法并用、德主刑辅”成为封建正统法律思想的核心。唐初的统治者传承并弘扬了这一法律传统。自唐太宗始就重视“德主刑辅、礼法并用”的统治经验，不将德礼与刑罚对立。高宗即位后，仍遵循太宗的遗训。《唐律疏议》开篇即明确宣布：“德礼为政教之本，刑罚为政教之用，犹昏晓阳秋相须而成者也。”有唐一代体现封建宗法等级思想及制度的礼，基本上被法律化了，以至于“一准乎礼”成为后世对唐律的基本评价。唐律是礼的法律表现，二者互补而不可分割。礼与法二者的关系紧密，具体表现为：第一，礼指导法律的制定，甚至直接入律。譬如纲常之礼便是唐律最基本的内容，十恶大罪之所以“为常赦所不原”，也就在于它的行为触犯了君为臣纲，父为子纲，夫为妻纲。唐律中以礼改律之处甚多，例如贞观前《贼盗律》“谋反大逆”条规定：“谋反大逆人父子、兄弟皆处死，祖孙配没。”贞观修律时改为：“谋反大逆人父子处绞，祖孙、兄弟配没。”这个改动主要是依据祖孙兄弟的血缘亲疏关系而调整处死的范围。《名例律》中关于"矜老小及疾"的规定就是从《周礼》"三赦之法"中"一赦曰幼弱，二赦曰老耄，三赦曰愚蠢"和《礼记》"悼与耄虽有罪，不加刑焉"演绎而来的。第二，定罪量刑"于礼以为出入"。以斗殴为例，一般"斗殴人者笞四十"，但"诸殴缌麻兄姊，杖一百，小功、大功，各递加一等，尊属者，又各加一等。诸殴兄姊者，徒二年半，伯叔父母、姑、外祖父母，各加一等。诸殴祖父母、父母者，斩"。由于亲属之间亲疏有别，长幼有序，以卑犯尊根据亲疏关系等，同罪不同罚。[①] 第三，礼法并用、德主刑辅。所谓礼法并用、德主刑辅，最精准的表述就是《唐律疏议》中所概括的"德礼为政教之本，刑罚为政教之用"，即以礼义教化作为治理国家的基本方法，而以刑罚制裁作为治理国家的辅助手段。礼与法、德与刑，二者虽然都是治理国家的手段，但是地位却不相同。法虽然是"国之权衡""时之准绳"，但不能专任刑法，而要以德礼教化为主。二者的关系如同"执御之有鞭策也……马尽其力，则有鞭策无所用"[②]，也就是说，要大德小刑，先德后刑，而不能相反。[③]

（二）明德慎罚

明德就是提倡尚德、敬德；慎罚就是使刑罚得中，不"乱罚无罪，杀无辜"。明德是慎罚的精神主宰，慎罚是明德在法律上的具体化。唐初的统治者认识到隋王朝迅速灭亡的一个重要原因是其后期实施的严刑峻罚政策，因此确立了以儒家的"明德慎罚"思想作为立法和司法的基本原则。唐太宗时期即命长孙无忌、房玄龄等人基于以仁义为治、减少死罪、减轻刑罚的原则，修改律令。如"减大辟者九十二条，减流入徒者七十一条""凡削烦去蠹，变重为轻者，不可胜纪"等。再如将五十条绞刑罪改为断右趾，不久太宗又以断右趾仍为严酷，使受刑

---

① 张晋藩：《中国法律的传统与近代转型》，法律出版社，2009，第 28—30 页。

② 吴兢：《贞观政要》，骈宇骞译注，中华书局，2011，第 365 页。

③ 曾宪义主编《中国法制史》，中国人民大学出版社，2009，第 107 页。

之人不堪忍受，因而废断趾法，改为流刑。此外还删去了“兄弟连坐俱死”之法，区分不同的情节改连坐死刑为流刑。经过唐初的修律，死刑罪的数量减少了将近一半。在慎罚思想的指导下，唐王朝加强了对于案件审理的程序设置，尤其是对死刑审核程序，进行了严格的改革。贞观元年（公元 627 年），唐太宗颁布诏令：“自今以后，大辟罪，皆令中书、门下四品以上及尚书九卿议之。”即后世著名的死刑案件“九卿会审”制。之后，太宗还提出对死刑案件的执行，一定要慎而再慎，并在程序上进一步严格限制，规定死刑案件在判决后，须向皇帝奏报三次，经批准后方可执行，即“三复奏”。不久又因三复奏“须臾之间，三奏便讫，都未得思，三奏何益”而改为“五复奏”，即“决前一日、二日复奏，决日又三复奏”以更加慎重。并下诏：“有据法合死，而情有可宥者，宜录准奏。”为保证审判过程中官吏断狱的审慎，唐王朝修改了对官吏的考核标准，同时要求严格执行法律关于失出人罪、失入人罪的规定，对于官吏失入人罪者不得减免刑罚。在明德慎罚思想的指导下，唐朝前期在立法、司法方面取得了一定的成就。据史料记载，贞观四年（公元 630 年），“断死刑，天下二十九人，几致刑措”，即全国仅二十九人被判处死刑；唐高宗永徽年间，大理寺关押囚犯曾降至五十余人，其中死刑犯仅两人。①

（三）用刑平允

唐太宗、房玄龄、魏徵等人都强调治国要公平正直。这种公平正直表现在刑事司法制度中，就是要求司法官依法判案，正如魏徵所说的“守文奉法”“凡理狱之情，必本所犯之事以为主，不严讯，不旁求，不贵多端”。② 唐太宗于贞观十六年，曾要求大理寺在审判中要用法宽平，他讲到：“夫作甲者欲其坚，恐人之伤；作箭者欲其锐，恐人

① 朱勇主编《中国法制史》，法律出版社，2007，第 147 页。

② 吴兢：《贞观政要》，骈宇骞译注，中华书局，2011，第 374 页。

不伤。何则？各有司存，利在称职故也。朕问法官刑罚轻重，每称法网宽于往代。仍恐主狱之司利在杀人，危人自达，以钓声价，今之所忧，正是此耳！深宜禁止，务在宽平。”[①]

历代封建法学家，对唐律的用刑平允均给出了高度的评价。元朝担任过儒学提举的柳赟在其撰写的《唐律疏议序》中认为，唐律能深深影响后代的重要原因就是其精当平允。清朝刑部尚书孙星衍在其所撰《重刻〈故唐律疏议〉序》中说：“夫不读唐律不能知先秦历代律令因革之宜，不足彰圣朝立法之仁，折衷之当。”清朝律学家薛允升在其所著《唐明律合编》的序言中说，唐律“繁简得其中，宽严亦俱得平，无可再有增减者矣”。清末修律大臣沈家本也对唐律的用刑平允进行了评价。[②] 虽然这些封建法学家的评价有些夸大，但是唐律在封建刑律中确实相对宽平精当。首先，与隋律相比要宽平得多。唐律虽然是参照隋律制定的，但是修改了隋律中许多严酷的刑罚。如唐高祖时对流刑的修改，取消了各等流刑的加杖；太宗时也大幅度地减轻刑罚，如废断趾法改为流刑，删去“兄弟连坐俱死”之法，规定笞刑不得击打背部等。其次，在重罪的处罚上唐律也是平允适中，比上轻于秦、汉，比下又轻于宋、元、明、清。例如，在“谋反罪”上，秦朝刑罚是“具五刑”及“夷三族”，清朝的刑罚是“正犯之祖父、父、子、孙、兄、弟及同居之人如本族无服亲属及外祖父、妻父、女婿之类，不分异姓及正犯之期亲、伯叔父、兄弟之子，不限已未析居、籍之同异，男年十六岁以上，不论笃疾、废疾，皆斩”。而唐律则把谋反罪划分为几类情况分别处置：一是主犯皆斩；缘坐时，父子年十六以上皆绞，其他眷属没为奴，叔伯、侄子流三千里。二是虽词理不能动众，威力不足率人者，本人斩；父子、母女、妻妾并流三千里，资产不没。三

---

① 吴兢《贞观政要》，骈宇骞译注，中华书局，2011，第548页。

② 钱大群：《唐律研究》，法律出版社，2000，第332页。

是口陈欲反之言，心无真实之计，而无状可寻者，本人流二千里，不缘坐。

三、刑事立法

唐朝的法律有律、令、格、式、敕、典等诸多形式。其中律、令、格、式是基本形式。唐朝的刑事立法活动大致可以分为两个时期，以安史之乱为界，前期以修订基本法典“唐律”为主，后期则以编敕和修订“刑律统类”为内容。

律的作用在于确定犯罪与刑罚，类似近代的“刑法典”，但内容也涉及一些民事、行政关系及诉讼程序的相关规定，具有最高的法律效力。但是皇帝在遇有重大的特殊案件时，往往以“制”或“敕”权断，临时处分。这些制、敕中的一部分，经过立法机关整理、修订，作为“永格”，即成为正式的法律，这就是“格”。格作为刑事特别法，其效力往往大于律，是对律的修改与补充。中唐以后，刑事立法发生重大的变化，编敕取代修订律令，成为立法的主要形式，其法律效力和适用范围也远远超过律令格式。宣宗大中七年（公元 853 年），左卫率府仓曹参军张戣，将唐律五百零二条按性质分为一百二十一门，并将“条件相类”的令、格、式及敕附于律文之后，号《大中刑律统类》（共十二卷）。张戣上奏唐宣宗，后宣宗“诏刑部颁行之”。这种将律、令、格、式及敕混为一体，分门编排的“刑律统类”，改变了自魏晋以来刑法典的传统编纂体例，后人将其简称为“刑统”。五代及宋，“律”以“刑统”的形式取得了主宰地位。①

（一）律

唐前期的主要立法成果包括：《武德律》《贞观律》《永徽律》《开

① 王宏治：《中国刑法史讲义》，商务印书馆，2019，第 155—156 页。

元律》。

1.《武德律》

《武德律》是唐朝建立后修订的第一部法典。武德四年（公元 621 年）唐高祖下令参照《开皇律》，根据唐初的社会情况，制定自己的法典，于武德七年（公元 624 年）颁行，称为《武德律》，共十二篇，五百余条，篇目、刑名及内容“大略以《开皇律》为准……惟正五十三条格，入于新律，余无所改”①。

2.《贞观律》

鉴于《武德律》已经不能适应当时形势的需要，唐太宗李世民继位后，便命长孙无忌、房玄龄等人修订新律。经过十余年的时间，于贞观十一年（公元 637 年）完成，颁行天下，称为《贞观律》。与《武德律》相比，《贞观律》主要是减轻和完善了刑罚制度。表现为：第一，废除斩趾酷刑，增设加役流。第二，大大减少旧律中重刑条款的数量。据《旧唐书·刑法志》记载，《贞观律》比旧律减少死罪九十二条，减流入徒七十一条，“凡削烦去蠹，变重为轻者，不可胜纪”。第三，缩小了族刑连坐的范围，改变了凡犯反逆则兄弟连坐俱死的规定，减轻了某些刑罚。第四，确立了五刑、十恶、八议、请、减、赎、当、免及外化人有犯、类推、死刑复奏等基本原则和制度。

3.《永徽律疏》

《永徽律疏》又称《唐律疏议》，是唐朝立法的最高成就，也是中国封建制法典的典型代表。唐高宗永徽二年（公元 651 年）命长孙无忌等人以《贞观律》为蓝本，稍加修改，制定出《永徽律》。鉴于中央和地方在审判中对法律条文理解不一，高宗又下令对《永徽律》逐句逐条地进行详细解释，阐明精神实质、重要原则、制度演变和立法意图，并设问答，解决法律适用中的疑难问题。这些内容称为“律疏”，附于

---

① 高潮、马建石主编《中国历代刑法志注译》，吉林人民出版社，1994，第 241 页。

律文之下，于永徽四年（公元653年）颁行，律文与律疏具有同等的法律效力。《唐律疏议》共十二篇，五百零二条。篇目顺序以总则性的“名例”居首，其次是关于实体犯罪的内容，最后是关于程序性的条款。十二篇的篇名是：名例、卫禁、职制、户婚、厩库、擅兴、贼盗、斗讼、诈伪、杂律、亡捕、断狱。《唐律疏议》代表了中国封建立法技术的最高成就，在中国法典编纂史上具有里程碑的地位和意义。

4.《开元律》

唐玄宗开元年间又以《永徽律》为基础，制定出了《开元律》，于开元二十五年（公元737年）颁行。

（二）令

令是经过系统整理并公布的关于国家各种制度的法规，为规范政府组织之法，是唐代行政法规的基本形式。《新唐书·刑法志》说：“令者，尊卑贵贱之等数，国家之制度也。”其所涉内容十分广泛，包括国家官员的职位安排、品级序列、选拔考核，国家祭祀的礼仪规范，及户籍管理、土地制度、税收徭役、国库仓储、马政畜牧、关卡市场管理、医疗卫生、社会救济等。据《唐六典·尚书刑部》记载，唐令共有二十七篇，分为三十卷，总计一千五百四十六条。

（三）格

格源自于皇帝的敕令，通常为特定的人、事而发。《新唐书·刑法志》说：“格者，百官有司之所常行之事也。”唐太宗贞观年间，删定格敕三千余件，定留七百条，为格十八卷。高宗永徽定《留司格》十八卷，《散颁格》七卷。其后，武则天、中宗、睿宗、玄宗及文宗等朝都多次删定格敕。删定格敕也成为唐中后期立法的重要内容。“格”中只有《刑部格》属于“正刑定罪”的法律规范，是刑法。如敦煌文书《神龙散颁刑部格》残卷记载的一条格：“官人在任，缘赃贿计罪成殿以上；虽非赃贿，罪至除、免、会恩及别敕免，并即录奏，量所犯赃状，贬授岭南恶处及边远官。”此条格中规定的赃官处赎铜以上记

“殿”的，以及官吏犯其他罪名受除名免官处罚后被赦免的，要“贬授岭南恶处及边远官”，这是刑律上所未有的新补充的处罚内容。[①] 此外，格涉及的内容十分广泛，而且规定得比较具体，效力又高，故在唐代司法中以格定罪量刑非常普遍。如在《狱官令》中有规定：“诸犯罪未发，及已发，未断决，逢格改者，若格重听依犯时格；若格轻，听从轻法。”

（四）式

式是唐中央国家机关具体的活动细则，均以国家机关的名称分类定名。例如敦煌文书中保留的《开元水部式》。《新唐书·刑法志》说：“式者，其所常守之法也。”“其”是指百官有司。其中的《刑部式》是属于司法行政性法规，属于广义的刑法范围。

（五）敕

敕是以皇帝名义发布的命令，又称“诏敕”或“制敕”。其内容十分庞杂，涉及面广，大多为临时针对具体事件或具体某人而发，不具有永久的法律效力。类似现代刑法中的限时法。但其中一部分“谓百司承旨而为程式，奏事其施行者”可以作为常法引用。那些具有永久法律效力的“敕”被汇编成“格”。唐玄宗开元以后，又出现了“格后敕”。“格后敕”与“格”的不同之处在于格是根据敕的内容与精神，编写、修改、加工而成的法律文件，而格后敕则是将历年所颁发的制敕，“分朋比类，删去前后矛盾及理例重错者，条流编次”，不对敕文本身做内容及文字上的改动与增添，仅是对敕文进行汇编。[②]

（六）典

唐玄宗开元十年（公元722年）下令模仿《周礼》制六典，定六典为：理典、教典、礼典、政典、刑典、事典。实际上该书是一部关于

---

① 钱大群：《唐律研究》，法律出版社，2000，第11页。

② 王宏治：《中国刑法史讲义》，商务印书馆，2019，第155页。

唐代中央和地方官制的大全。此书虽未正式颁行，但却与律、令并行不悖。

第二节　唐朝的刑罚制度

一、刑罚体系和种类

（一）五刑

唐承隋制，主刑为“笞、杖、徒、流、死”五刑。

1. 笞刑

> 笞刑五：笞一十，赎铜一斤；笞二十，赎铜二斤；笞三十，赎铜三斤；笞四十，赎铜四斤；笞五十，赎铜五斤。

笞刑，是对犯轻微罪行者适用的刑罚之一，旨在通过笞打来羞辱罪犯。执行笞刑的笞杖是以荆条制作，大头宽二分，小头宽一分五厘。击打的主要部位是：背部、臀部和腿部。有专门打某个部位的，有几个部位分受的。唐朝太宗时，规定笞刑不得鞭背。从此唐朝笞刑，腿部和臀部分受，如果愿意背部和腿分受的亦听之。

2. 杖刑

> 杖刑五：杖六十，赎铜六斤；杖七十，赎铜七斤；杖八十，赎铜八斤；杖九十，赎铜九斤；杖一百，赎铜十斤。

杖刑仍属于“薄刑”范围。杖刑是比笞刑重一级的刑罚。其之所以重，一是杖刑所用之杖比笞杖粗，大头宽二分七厘，小头宽一分九厘；二是笞刑只打臀部与腿，而杖刑除打臀部与腿外，必须包括背部分摊受刑；三是杖刑拷打的数目比笞刑多，是从六十起到一百止；四是根据《断狱律》的规定，笞刑犯人候审不监禁，而杖刑犯人候审则要监禁，“杖刑以上始合禁推”。唐中期以后，杖刑在执行过程中发生了一些变化，作为徒刑或流刑的附加刑使用，后来发展成为没有具体数目规定的杖刑，更有甚者用杖刑代替死刑，直接杖杀至死。唐德宗时就有规定："谋反、大逆及叛、恶逆四者，十恶之大也，犯者宜如律。其余当斩、绞，决重杖一顿处死，以代极法。"①

按照功能，笞、杖刑可以分成三类：一是作为正刑使用，即五刑之一；二是作为附加刑来用，一般作为徒刑、流刑的附加刑，曾经也作过死刑的附加刑；三是作为死刑来用，"笞死"或"杖杀"就是具体的表现，这其实是笞、杖刑的变异。唐代后期的法外杖刑是一大特色，特别是其中的杖杀、重杖等，对后世影响深远。《唐会要》卷三十九《定格令》记载："比来所司断罪，拘守科条，或至死刑，犹先决杖。"这说明德宗时，已从法律上肯定了杖刑作为死刑附加刑的合法地位。唐肃宗时期甚至用杖杀取代了其他所有的死刑执行手段。

3. 徒刑

> 徒刑五：一年，赎铜二十斤；一年半，赎铜三十斤；二年，赎铜四十斤；二年半，赎铜五十斤；三年，赎铜六十斤。

《唐律疏议》中说，"徒"是用罚为役的方法加以羞辱。服徒刑的内容是限制人身自由，强制服苦役。《新唐书·刑法志》记载："居作者著钳若校，京师隶将作，女子隶少府缝作。旬给假一日，腊、寒食二日，毋出役院。病者释钳校、给假，疾差陪役。谋反者男女奴婢没为官奴婢，隶司农，七十者免之。凡役，男子入于蔬圃，女子入于厨饎。"② 从这段史料我们可以看出，唐朝服劳役的罪犯，要戴颈钳或刑枷，在京师服役的男犯送将作监劳作，女犯送少府监从事缝织劳作。每旬给假一天，腊月和寒食节时给假两天，但是放假时不能走出他们服役的役院。如果生病，可以打开钳校，并且要给病假；如果病情比

---

① 欧阳修、宋祁撰《新唐书》，中华书局，1975，第1417页。

② 高潮、马建石主编《中国历代刑法志注译》，吉林人民出版社，1994，第314页。

较严重，差役要陪着。若有人犯谋反罪，他家中的男女奴婢都会被没收为宫府的奴婢，隶属于司农寺，不过年龄达到七十岁，可以免除这一惩罚。凡是送交司农寺的奴婢，男子到蔬菜园和水果园服役，女子到厨房服役。《唐律疏议·断狱律》规定："诸领徒应役而不役，及徒囚病愈不计日令陪役者，过三日笞三十，三日加一等；过杖一百，十日加一等，罪止徒二年。"由此可知，面对徒囚不服劳役以及病愈后不服劳役者，三天笞三十，三日加一等，超过二十四天就杖一百，超过杖一百，每十日加一等，罪行最高到徒二年。

4. 流刑

流刑三：二千里，赎铜八十斤；二千五百里，赎铜九十斤；三千里，赎铜一百斤。

流刑仅次于死刑，重于徒刑，是强制犯罪者远徙的刑罚方法。流刑依流程的远近，分为三等，即流二千里、流二千五百里、流三千里。这三等被称为常流，需要在流徙地服劳役一年，役满或遇到赦免会免除劳役。除常流以外，还有加役流，加役流为流三千里，服劳役三年。加役流产生于唐太宗在位期间。贞观二年，唐太宗下令修订高祖时期的《武德律》，将本应处以绞刑的犯罪减为斩右趾。之后太宗又认为肉刑早已被废弃，于是废除断趾之法，增设加役流。"加役流者，流三千里，役三年。役满及会赦免役者，即于配处从户口例。"即加役流人，流放程为三千里，服劳役三年，劳役期满或碰到恩赦，就入配处当地户籍。由此可知加役流事实上是死刑的减刑。相较于前朝，唐的流刑制度在流刑发遣、流人管理、流人期限等方面都规定得较为完善。

5. 死刑

死刑二：绞、斩。赎铜一百二十斤。

唐朝承继了隋朝的死刑制度，以绞、斩作为法定的死刑执行方法。同时规定不允许使用绞、斩以外的死刑执行方法，而且对应斩而绞或者应绞而斩者，也要进行一定的处罚。唐朝的死刑制度比以前任何一个朝代都要具体、规范，最主要的是严格限制了死刑的执行，制定了死刑执行的“三复奏”“五复奏”制度。虽然唐中后期以后也出现过腰斩、枭首、夷三族等死刑执行方式，但相比前朝，已经是简单和缓多了，是刑罚趋向文明的重要表现。

（二）附加刑

唐律中规定的附加刑有撤销官职（爵位）、没收财产及作出经济处罚等。

1. 除名、免官、免所居官

这些处罚是针对官员作出的，在性质上属于行政处罚，只有在犯了特定的罪名时才会附加适用。《名例律》在第十八、十九、二十条针对以上处罚作了规定。在唐朝复杂的官僚体系中，各种官职和爵位不仅是权力和职责的象征，更是官员和贵族社会身份、地位与荣耀的直接体现。职事官代表职权，散官代表俸禄等级，卫官代表护卫官职，勋官是因功获得勋宦官职，爵位代表贵族封号等级。爵位有固定食俸，可以世袭。职事官再大、官阶再高的人，可能并没有爵位，而有爵位的人也不一定有官职和官阶。一个官员可以同时拥有几个官阶。上述职事官、散官、卫官合为一项，勋官为另一项。

“除名”是官职与爵位一起撤销的处罚。它是附加行政处罚中最重的一级。《名例律》第十八条“除名之犯罪”规定必须附加“除名”的犯罪有三类：一是属于十恶、故意杀人等犯罪；二是监守内盗、奸及受财枉法等犯罪；三是有其他死罪的罪犯在囚禁中死亡或罪犯拒受死刑而逃亡等。

“免官”是撤去所有的官职而只保留爵位的处罚。它是附加行政处罚中的次重一级。《名例律》第十九条“免官之犯罪”规定了三类必须“免官”的犯罪：其一，以官吏身份为特殊主体构成受财而不枉法的犯罪；其二，犯奸、盗、略人罪及有流、徒刑的罪犯在确定刑罚后又逃亡的；其三，在父祖犯死罪被囚禁时作乐或娶妻的严重违反礼法的犯罪。

“免所居官”是撤去上述两项官职中的一项官职，保留爵位的处罚。它是附加行政处罚中最轻的一级。《名例律》第二十条“免所居官之犯罪”规定此类犯罪有：一是冒荣居官、委亲之官、冒哀求仕，父母丧生子、娶妾及兄弟别籍异财等犯罪；二是奸辖区内奴贱的犯罪。

2. 没官

唐律中的没收财产称为“没官”。有财产全没官和赃物没官两种。《贼盗律》规定谋反、大逆除处斩外，其“部曲、资产、田宅并没官”这是指财产全没官（“部曲”是唐贱民中身份高于奴婢之私属贱民，此等人随主人的籍贯又别无户籍，为私家所有）。《名例律》第三十二条“彼此俱罪之赃及禁物与薄敛物之处置”规定：“诸彼此俱罪之赃及犯禁之物，则没官。”这是指赃物没官。此条款强调在贿赂案件中，无论行贿方还是受贿方，由于双方均构成犯罪，因此交易中的贿赂财物应当被没收。

3. 附加经济处罚

唐律在刑事处罚之外，还设有一定的经济处罚。有加倍征赃和赔偿犯罪造成的经济损失等规定。如《名例律》第三十三条“正赃见在及会赦降之处置”规定：“以赃入罪，正赃见在者，退官、主。”注文特别规定，盗罪在退赃时，要加倍。疏文说，因为“盗者以其贪财既重，故令倍备，谓盗一尺，征二尺之类”。①

二、刑罚的裁量

（一）量刑原则

1. 务在恤刑，量刑从宽

“矜老恤幼”的恤刑原则为历朝法律所推崇至唐律发展到巅峰。

---

① 钱大群撰《唐律疏议新注》，南京师范大学出版社，2007，第143页。

《唐律疏议》规定："诸年七十以上、十五以下及废疾，犯流罪以下收赎（犯加役流、反逆缘坐流、会赦犹流者不用此律）。八十以上、十岁以下及笃疾，犯反、逆、杀人应死者上请；盗及伤人者亦收赎（有官爵者，各依官当、除名、免官之法办），余皆勿论。九十以上、七岁以下，虽有死罪，不加刑（缘坐应配没者不用此律）；即有人教令，坐其教令者，若有赃应备，受赃者备之。"① 由此不难看出，唐朝对老幼病残者的刑事责任年龄划分为三个档次：已满七十岁不满八十岁的老年人、十五岁以下的未成年人及废疾者，是减轻刑事责任阶段，犯流罪以下的，允许收赎。已满八十岁不满九十岁的老年人、七岁以上十岁以下的未成年人及笃疾者，如果犯了谋反、叛逆、故意杀人的死罪，应上请皇帝裁决；如果犯的是盗窃或伤人罪，同样可以交赎金赎罪（有官职或爵位的可以根据官职或爵位相关规定，决定是否免职、降职、褫夺爵位）。已满九十岁的老年人、七岁以下的未成年人，是不负刑事责任阶段，即使犯有死罪，亦不承担刑事责任。② 在恤刑原则的适用中，唐代法律的规定更为精当、明确。首先，规定哪些残疾人可以成为从轻或减轻处罚的对象。按唐《户令》："诸一目盲、两耳聋、手无二指、足无大拇指、秃疮无发、久漏下重、大瘿肿之类，皆为残疾。痴痖、侏儒、腰脊折、一肢废，如此之类，皆为废残。恶疾、癫狂、二肢废、两目盲，如此之类，皆为笃疾。"③ 其次，对老、疾犯罪时限的掌握，也有更为明确的规定。《唐律疏议》规定："诸犯罪时虽未老、疾，而事发时老、疾者，依老、疾论。"本条疏议曰："假有六十九以下犯罪，年七十事发，或无疾时犯罪，废疾后事发，并依上解'收赎'之法；七十九以下犯反逆、杀人应死，八十事发，或废疾时犯罪，笃疾时事发，得入'上请'之条；八十九犯死罪，九十事发，并入'勿

① 钱大群撰《唐律疏议新注》，南京师范大学出版社，2007，第128—130页。

② 姜涛：《〈唐律〉中的量刑制度及其历史贡献》，《法学家》2014年第3期。

③ 张晋藩主编《中国法制史》，中国政法大学出版社，1999，第209页。

论’之色。故云‘依老、疾论’。”例如，某人被判徒刑三年，他在服刑期间，达到了“老”或成了“残疾”，也要依老、疾对待，免除服刑而听其以铜收赎。对老、幼、残疾减免处罚的规定，不仅反映了儒家的慎刑、宽仁思想，而且体现了唐律量刑制度的明确化与精细化。①

2. 区别对待，宽严俱平

为维护封建礼法，唐律确立了区别对待的刑罚原则“以同罪异罚别良贱”。即区分高低贵贱、主仆之别，实行“下犯上加重，上犯下减轻”“良贱相犯，良轻贱重”“主奴相犯，主轻奴重”“尊卑相犯，尊轻卑重”的量刑原则。如《唐律疏议·贼盗律》规定，奴婢、部曲谋杀主“谋而未行”或谋杀未成，不分首从，一律处斩。《杂律》规定，部曲、奴婢奸主人或者奸主人之期亲，一律处绞；强奸，一律斩。但是，《唐律疏议·斗讼律》却规定，主人打死部曲，不论情节如何，都只处一年徒刑；故意杀死部曲的，也只加重一等，处徒一年半；部曲有过错，主人处罚致死的，“各勿论”。《唐律疏议·斗讼律》还规定，奴婢有罪，主人不请示官府而擅杀的，只处杖一百；即使奴婢无罪而杀，也只处徒一年。由此小例可以清楚地看出唐律同罪异罚以及对等级特权的规定十分明确，且宽、严俱备。在区别对待的同时唐律也追求量刑公允，唐太宗曾说：“公之于法，无不可也，过轻亦可。私之于法无可也，过轻则纵奸，过重则伤善。”② 唐律量刑公平一方面表现为“量刑公平要宽严俱平”；另一方面，量刑公平系量刑区别对待下的公平，即对不同等级身份的人，做到“唯奉三尺之律，以绳四海之人”。唐律对“宽严俱平”的追求主要体现在具体的量刑制度中。以官吏犯罪为例，强调“私罪”从重，“公罪”从轻。公罪乃“谓缘公事致罪而无私曲者”；私罪乃“谓私自犯及对制诈不以实、受请枉法之类”。这是从

---

① 姜涛：《〈唐律〉中的量刑制度及其历史贡献》，《法学家》2014 年第 3 期。

② 吴兢：《贞观政要》，骈宇骞译注，中华书局，2011，第 371 页。

犯罪动机与犯罪起因角度对量刑进行区别对待，蕴含着量刑公正的制度诉求。此外，共同犯罪中的“以先造意为首，随从者减一等”，累犯制度中的“诸犯罪已发及已配更为罪者，各重其事”，类推制度中的“诸断罪而无正条，其应出罪者，则举重以明轻；其应入罪者，则举轻以明重”，数罪并罚制度中的“诸二罪以上俱发，以重者论”，自首制度中的“诸犯罪未发而自首者，原其罪”及“自首不实及不尽者，以不实不尽之罪罪之”，以及同居相隐不为罪、未遂罪从轻处罚等，都体现了区别对待的制度诉求。在量刑规格上实现了“宽”与“严”相结合。

（二）量刑情节

1. 议、请、减制度

（1）“议”指八议，即议亲、议故、议贤、议能、议功、议贵、议勤、议宾。其目的是“重亲贤，敦故旧，尊宾贵，尚功能”，体现的是儒家所倡导的“刑不上大夫”的礼治原则。八议之人犯罪，法律区别情况给予不同处理。若犯为流以下罪，由司法机关据常律减一等处罚。若犯死罪，则适用特别程序：由司法机关将犯人所犯罪行上报朝廷，由刑部提出处理意见，再报请皇帝批准。刑部讨论、皇帝审定的基本原则是“原其本情，议其犯罪”，作出减罪、减刑的处理。但是十恶犯罪除外，“其犯十恶者，不用此律”。享有“八议”特权的人看上去只是这八类人，但是与“请、减、赎、当”等刑罚制度相配合，实际上是所有官吏贵族都享有的特权。

（2）“请”。唐朝的“上请”制度专为亲属关系及职位品级够不上“八议”而又必须给予优惠特权者所设。应请之人有三类：一是皇太子妃大功以上亲。二是应议者期以上亲及孙。“期亲”范围包括父母、伯叔、姑、兄弟、姊妹、妻、子女及兄弟之子女等亲属。另外《唐律疏议》规定，“称期亲者，曾、高同”，而“及孙者”，嫡孙非嫡孙都是，曾孙、玄孙也在“孙”的范围，子与孙的妻子服制虽轻但亲情却重，也同期亲之例一样对待。曾孙、玄孙的妻子就不在此范围了。三是五品以上职事官、三品以下五品以上的散官、二品以下五品以上的勋官以及相应有爵位的人。应请之人犯罪，与八议之人一样“流罪以下减一等”，“犯有死罪者，上请”，但“犯杀人、反逆缘坐、监守内奸、盗、略人及受财枉法者，不用此律”。[①]

(3)“减”。唐律中的“减”条是给无资格行使“议”“请”特权的那些官吏及其亲属们适用的专条。应减之人有两类：一是七品以上文武职事官、散官、卫官、勋官；二是官爵得请者之祖父母、父母、兄弟、姊妹、妻、子孙。应减之人，也是“犯流罪以下，各从减一等之例”，在“减”免刑罚条款中，疏议规定了限制使用的原则“若上章请人得减，此章亦得减；请人不得减，此章亦不得减”。这些量刑情节是封建等级特权原则在立法中的具体体现，它确立了“尊卑降杀”的特权原则。

2. 老幼疾犯罪

《唐律疏议》之“老小废疾”以及“犯罪时未老疾”专条规定：“诸年七十以上、十五以下及废疾，犯流罪以下收赎（犯加役流、反逆缘坐流、会赦犹流者不用此律）。八十以上、十岁以下及笃疾，犯反、逆、杀人应死者上请；盗及伤人者亦收赎（有官爵者，各依官当、除名、免官之法办），余皆勿论。九十以上、七岁以下，虽有死罪，不加刑（缘坐应配没者不用此律）；即有人教令，坐其教令者，若有赃应备，受赃者备之。”“诸犯罪时虽未老、疾，而事发时老、疾者，依老、疾论。若在徒年限内老、疾，亦如之。犯罪时幼小，事发时长大，依幼小论。”[②] 这两条是关于老、幼、疾人犯罪减轻处罚的规定。虽然唐律中没有明确提出“刑事责任年龄”的概念，但是这一条对“老、幼、

① 钱大群撰《唐律疏议新注》，南京师范大学出版社，2007，第50—51页。

② 薛允升撰《唐明律合编》，怀效锋、李鸣点校，法律出版社，1999，第45页。

疾”人刑罚的规定显然是依据年龄来划分的。按照该条的规定，刑事责任的程度可以被划分为四个等级：第一，七岁以下九十岁以上，虽有死罪，也不判刑。第二，七岁以上十岁以下，八十岁以上九十岁以下及笃疾（双目盲、两肢废等），犯反逆、杀人应死者，上请，其他犯罪不加刑。第三，十岁以上十五岁以下，七十岁以上八十岁以下及废疾者（折一肢、盲一目、痴哑、侏儒等），犯流罪以下，可以收赎。第四，十五岁以上七十岁以下，犯任何罪，均需承担完全的刑事责任。这两条关于“老、幼、疾”犯罪的规定表明了立法者“轻刑省罚”的立法意图，是儒家矜老恤幼的“仁政”思想在定罪量刑中的体现。①

3. 妇女犯罪

关于妇女犯罪应受刑罚的，在唐律中分别对两种情况进行了规定。一是《名例律》之“妇人官品邑号”专条，规定“诸妇人有官品邑号，犯罪者，各依其品，从议、请、减、赎、当、免之律，不得荫亲属。若不因夫、子，别加邑号者，同封爵之例”。这是有关妇女适用特权法律的规定。有官品及邑号的妇女都依品级享有议、请、减、赎、官当和免除制度；假如妇女的官品、邑号是因为丈夫或子女取得的，那么该项特权不能荫及其亲属，若是由自己的忠杰取得的，则特权与得封爵者相同。二是《名例律》之“工乐杂户”专条，规定“其妇人犯流者，亦留住（造畜蛊毒亦流者，配流如法）。流二千里决杖六十，一等加二十，俱役三年。若夫、子犯流配者，听随之至配所，免居作”。由此条可知关于妇女的流刑制度，照例不单独流放，所以犯流不发配，留本地，打杖，服刑役（假如是培育、配制有毒物毒害别人应处流行的，会被判处流放，即使是妇女，也要远流，并服劳役一年）。流二千里，杖打六十；流二千五百里，杖打八十；流三千里，杖打一百。三等流刑都居役三年。如果是丈夫、儿子犯流放之罪的，允许妻子或是

① 曾宪义主编《中国法制史》，中国人民大学出版社，2009，第116页。

母亲跟随到流放地，但是可免除她们的劳役。

4. 亲属相为容隐

《名例律》第六卷中规定了“同居及大功以上亲同居有罪相为隐”：“诸同居，若大功以上亲及外祖父母、外孙，若孙之妇、夫之兄弟及兄弟妻，有罪，相为隐。部曲、奴碑为主隐，皆勿论。其小功以下相隐，减凡人三等。若犯谋叛以上者，不用此律。”唐律的规定已经远远超出了前朝，只要是同居共财的亲属，不论有无服亲，都可以相互隐匿罪行。甚至部曲、奴牌也视为有某种“亲属”关系。即使不是同居共财的亲属，只要在一定的亲等范围内也可以相互隐匿。

之后的宋、元、明、清朝完全继受了唐朝的“容隐制度”。亲属容隐的范围也越来越大，由秦汉时期的“父为子隐，子为父隐”逐渐扩大到同居的亲属和非同居的大功以上亲属及兄弟、兄弟之妻、外祖父母等。甚至连同居的奴婢也可为主隐，并且承认姻亲也可相为隐。亲属相隐这一行为的性质，也由法定义务转变为一项法定的权利，由早期的不得违反义务去控告尊亲属，否则处以刑罚，转变为亲属之间相互隐匿不受处罚。

（三）自首制度

唐律中与自首制度有关的律文在《名例律》以及《斗讼律》中都有相关规定。自首条文在《名例律》“犯罪未发自首”中的内容为：“诸犯罪未发而自首者，原其罪。其轻罪虽发，因首重罪者，免其重罪。即因问所劾之事而别言余罪者，亦如之。即遣人代首，若于法得相容隐者为首及相告言者，各听如罪人身自首法；其闻首告，被追不赴者，不得原罪。即自首不实及不尽者，以不实不尽之罪罪之，至死者，听减一等。其知人欲告及亡叛而自首者，减罪二等坐之；即亡叛者虽不自首，能还归本所者，亦同。其于人损伤，于物不可备偿，即事发逃亡，若越度关及奸，并私习天文者，并不在自首之例。”唐律中确立自首制度的目的，是出于对所谓“改过”者的宽宥。疏文说：“过而不改，斯成过矣，今能改过，来首其罪，皆合得原。”[①] 疏议结合律文的内容来看唐朝的自首制度包括以下方面：

1. 自首的成立条件

第一，成立自首必须是“诸犯罪未发”。“发”就是他人（包括官府）发现了犯罪分子的犯罪行为而到官府告发。如果已经被他人发现，则不能成立自首。疏议曰：“若有文牒言告，官司判令三审，牒虽未入曹局，即是其事已彰，虽欲自新，不得成首。”其中的“文牒”是指“诉状”。如果有诉状告到官府，官府已经三次提醒原告要谨慎告发，虽然诉状未经职能部门受理，也证明犯罪已经被发现，即使罪犯想要自首，也不能成立了。由此可见，“犯罪未发”是成立自首的必要条件。第二，自首罪行必须属于可以自首的范围之内。唐律规定了不得自首的犯罪，即“其于人损伤，于物不可备偿，即事发逃亡，若越度关及奸，并私习天文者，并不在自首之例”。除此以外的犯罪都可以自首。第三，犯罪人要如实地供述自己的罪行。根据唐律首重罪原其重罪、首余罪得原余罪、自首不实不尽则以不实不尽之罪罪之的规定，可以得知，唐律要求自首者如实交代自己的罪行。

2. 自首的种类

第一，“亲首”。指犯人犯罪后，亲自去官府供述所犯罪行。第二，“代首”。即犯人犯罪后，出于本意，遣人代己向官府自首。疏议曰：“遣人代首者，假有甲犯罪，遣乙代首，不限亲疏，但遣代首即是。”第三，“为首”。即“于法得相容隐者为首”，指同居及大功以上亲等，或部曲、奴婢为主自首，在罪人不知，甚至是违背犯罪人意志的情况下，意图使罪人得以减轻或免除处罚。第四，“告言”。即依法得相容隐者，将罪人之罪向官府告发。犯罪行为被告言，罪犯本人视作自首而免予处罚。但告言者却要按照不同的情况给予不同的处理。尊长告

① 钱大群撰《唐律疏议新注》，南京师范大学出版社，2007，第160页。

卑幼，卑幼同自首免罚，尊长亦无罪；若卑幼告尊长，则视亲疏程度，分别承担不同的法律责任。其中子孙告父祖，父祖视作自首而免予处罚，子孙则处以绞刑。第五，“首露”。在一些与财产相关的犯罪中，罪犯在未被官府发现，而自行向财主坦白所犯罪行的，将被视为等同于向官府自首。《唐律疏议》中“盗诈取人财物首露”专条规定：“诸盗、诈取人财物而于财主首露者，与经官司自首同。”

在代首、为首、告言的情况下，如果罪犯本人被追捕而仍不到官府言明罪情，则不能以自首免罚处理。

3. 自首的法律后果

第一，自首免刑。“犯罪未发自首”专条一上来就规定了“诸犯罪未发而自首者，原其罪”，还针对数罪的情况规定，“其轻罪虽发，因首重罪者，免其重罪。即因问所劾之事而别言余罪者，亦如之”。但是，如果犯罪人“闻首告，被追不赴者，不得原罪”。第二，自首减刑。唐律自首专条的疏议曰：“犯罪之徒，知人欲告及案问欲举而自首陈；及逃亡之人，并叛已上道，此类事发归首者各得减罪二等坐之。”即犯罪的人知道有人要告发他或在案件调查过程中即将被揭发，以及在逃亡途中或已叛逃的状态下，主动返回并向官府自首，对于这些情形法律规定要分别减轻二等处罚。此外，唐律还规定“即亡叛者虽不自首，能还归本所者，亦同”，即虽然逃亡在外的人不自首，但是能够回到原居住地的，也减轻二等处罚。“自首不实及不尽者，以不实不尽之罪罪之，至死者，听减一等。”如果自首不如实交代或者不完全交代，要根据他实际所犯之罪进行处罚，达到死罪的允许减轻一等处罚。

4. 共同犯罪的自首

关于共同犯罪的问题，唐律主要是以“犯罪共亡”专条规定的“诸犯罪共亡，轻罪能捕重罪首；及轻重等，获半以上首者，皆除其罪”，即犯罪共同逃亡之后，轻犯能捕捉重犯归案自首者免罪。如果所犯之罪轻重相同，则要捕获半数以上的犯罪分子，方可认定为自首。

假如有五个人犯了罪，一起逃走，其中有一个人心生悔改，需要捕获两名罪犯，连同本人在内，才能认定为自首。如果共犯中的重犯是死罪，轻犯在捕捉时将其杀死，归案自首的，也可照自首免罪。

5. 数罪的自首

在有数罪的情况下，唐律规定“其轻罪虽发，因首重罪者，免其重罪”，即轻罪虽然被发现了，由此而自首重罪的，重罪得以免罪。例如，甲盗牛被发现，而自首有私铸钱币的犯罪，私铸钱罪免罚，而盗牛的犯罪仍要依法处罚。此外还规定“因问所劾之事而别言余罪者，亦如之”，即罪犯因受审问而交代其他犯罪的，也应免除对其他犯罪的处罚。

（四）数罪并罚制度

唐律中涉及数罪并罚的制度在《名例律》中“犯罪已发”以及“二罪从重”专条。这两条针对数罪的处罚具体规定了以下几种情形。

1. 犯罪已发已配更为罪

犯罪已发已配更为罪，是指犯罪已被告发或已被判刑在刑罚执行未完成前又犯新罪的。《名例律》中“犯罪已发”专条规定：“诸犯罪已发及已配而更为罪者，各重其事。”“各重其事”为“各重其后犯之事而累科之”，即将旧罪、新罪的刑罚相加合并执行，实为并科原则。这里的“累科”也不是无限制地相加，而是采取了限制加重的原则。根据前罪判处的刑罚和后罪会判处的刑罚，如何并罚，有以下几种情况：第一，“重犯流者，依留住法决杖，于配所役三年”。此种情况包括流罪又重犯流罪或徒罪又犯流罪的。流犯又犯流罪的不是执行两个流刑，而是执行一个流刑再加上一次流刑的替代刑。流刑替代刑的内容是加杖和加服劳役年限。具体方法为：“流二千里，决杖一百；流二千五百里，决杖一百三十；流三千里，决杖一百六十；仍各于配所役三年。”由此加上前一流刑的服劳役一年，总计在决杖的同时最高服劳役四年。徒罪又犯流罪的，在执行流刑的同时加杖，并且与徒刑累加服劳役的时间，总计服劳役的时间也是不超过四年。第二，“累流、徒应役者，不得过四年”。“累流、徒”是指再次犯罪的流犯和徒犯，因上文已提及“重犯流者”了，所以这里主要强调重犯罪中第二次不是流罪的情况，如流犯服刑未满又犯徒罪，或徒犯服刑未满又犯徒罪，并罚的方法均是在原罪的基础上加服劳役，总计服劳役的时间也是不超过四年。第三，“若更犯流、徒罪者，准加杖例”。此种情况是已经数罪并罚的徒、流犯服劳役期间再犯流、徒之罪的。因为前面数罪并罚已经导致服劳役时间达到了四年，所以针对这种情况只是加杖，但是累计笞杖数不得超过二百。第四，笞杖罪已宣判后又犯笞杖罪的，以及徒流改杖刑再犯笞杖罪的，要累数拷打，但累加之杖数、笞数不能超过二百。疏议曰：“或初犯杖一百，中间又犯杖九十，后犯笞五十，前后虽有二百四十，决之不得过二百。其犯徒应加杖者亦如之。”①

2. 二罪以上俱发

二罪以上俱发，包括一人犯数罪同时被发现，或在刑罚执行的过程中又发现尚有未判决的漏罪。《名例律》中“二罪从重”专条规定：“诸二罪以上俱发，以重者论。等者，从一。若一罪先发，已经论决，余罪后发，其轻若等，勿论；重者更论之，通计前罪，以充后数。”由此规定可以看出，针对“二罪以上俱发”采取的是吸收原则，即重罪吸收轻罪。具体的裁量有如下几种情形：第一，二罪同时案发，又轻重不同的，只处罚其中的重罪。即“以重者论”。若轻重相同，则选择一个处罚即可。第二，一罪先发，余罪后发。即在刑罚执行的过程中发现了尚有未处理的漏罪。如果后发的余罪轻于或等于前罪，则不予处罚，即“其轻若等，勿论”；要是后发的余罪重于前罪，则要“通计前罪以充后数”。所谓“通计前罪以充后数”，是指将前罪中已执行的刑罚从后罪应处之数中扣除，然后执行二者的差额。假设，甲殴打乙，打掉乙的一颗牙齿，应处一年徒刑，甲已服完，又发现之前甲殴打丙，

---

① 钱大群撰《唐律疏议新注》，南京师范大学出版社，2007，第126页。

打断丙两根手指，应处徒刑一年半，对甲就再处半年徒刑即可。

3. 一事分为二罪

唐律对“一事分为二罪”规定了特殊的处罚原则。“一事”指一个犯罪行为，“二罪”指触犯了数个罪名。这种情况类似于现代刑法中的想象竞合犯——一行为触犯数罪名的情况。《名例律》中“二罪从重”专条对此区分为“罪法若等”和“罪法不等”两种情况，分别做累、并的处罚，即“罪法若等”，则累加处罚，“罪法不等”，则重罪并入轻罪，按轻罪中的相应罪进行处罚。具体操作为：第一，“罪法若等，则累论”，是指若两罪的犯罪相同，则累加处罚。“罪法若等”是指犯罪相同。例如，将价值绢五匹的私马，换取价值绢十匹的官马，依律必须将被调换的官马，其价值分两种处罚，其中五匹等值的部分为“准盗论”，应判徒刑一年。五匹获利的部分为“盗论”，这五匹就是盗窃罪，也是应判徒刑一年。因唐律规定“诸盗窃，五匹徒一年，五匹加一等”，所以两罪累加为十匹，处徒刑一年半。第二，“罪法不等者，则以重法并满轻法”，指如果两罪不同，那么就将重罪之赃并入轻罪依轻罪全额论处。例如，军事防卫处领用官有兵器甲杖，假设有一千件，其中遗失二百件，应以遗失罪（重罪）处杖八十；毁伤四百件，应以毁伤罪（轻罪）处杖八十。现把遗失二百件累并于毁伤四百件，按毁伤六百件算，处杖一百。第三，假如通过上述累并，不能达到加重处罚的效果，那么就只依其中的一项重罪论处。假设有人用价值五匹绢的私物，调换价值九匹绢的官物，其中等价的五匹以“准盗论”应处徒刑一年，其中获利的四匹，应处杖九十。依上文罪法相同累计计算，共计赃九匹。因盗窃十匹处徒刑一年半，而九匹不够下一档处罚标准，所以两罪累计也没有加重。只依五匹的“准盗论”处一年徒刑，即所谓“累并不加重者，止从重”。

4. 对频犯的处罚

频犯是指短期内或同一时间或同一事件上多次犯情节、性质相同的赃罪。对频犯的处罚《名例律》中“二罪从重”专条规定“即以赃致罪，频犯者并累科。若罪法不等者，即以重赃并满轻赃，各倍论”。这里的“倍”好比“二尺折为一尺”的意思。假设有人收受被监临人的财物，一日内，于三处共收绢十八匹或是接受三个人同时共送的十八匹，都计总数折半为九匹而断罪。这就是“以赃致罪，频犯者并累科”。如果频犯的数罪处罚轻重不同，就把重罪之赃并入轻罪之赃计总数，都折半论处。

（五）类举制度

断罪无律条可依的时候，对犯罪行为到底按照有罪处置，还是按照无罪处置，唐律设置了类举专条。即《名例律》“断罪无正条”中说：“诸断罪而无正条，其应出罪者，则举重以明轻；其应入罪者，则举轻以明重。”唐律中规定的类举制度不是现代刑法中的类推。现代刑法中的类推是有罪类推。唐律中的类举则是在“无正条”的情况下通过类举作出有罪、无罪或罪轻、罪重裁量的一种制度。唐律中类举制度的适用是为了防止司法官吏对法无明文行为的擅断。

1. 出罪，举重以明轻

对处理的案件作“出罪”判决，则要求以更重的罪例相比照。律文或成例中的情节比实际发生的行为要重，若律文或成例都未入罪，那么对该实际发生的较轻一些的行为作“出罪”处置则是正确的。如《贼盗律》规定：“夜无故入人家，主人登时杀者，勿论。”因为夜无故侵入别人家，主人把入侵者杀死都不构成犯罪，那么主人打伤无故入侵者，当然也不构成犯罪。

2. 入罪，举轻以明重

对处理的案件作“入罪”判决，则要求以更轻的罪例相比照。律文或成例中的情节比实际发生的行为更轻的都已入罪，那么对该实际发生的行为作“入罪”处置则是正确的。如《贼盗律》规定“谋杀”（预谋要杀死尚未杀死）期亲尊长（叔、伯、姑、兄姊等），不分首从都要处斩。若律文中没有对期以上亲已杀、已伤如何处置的规定，就要按照预谋要杀作处斩决定。

唐朝的类举制度不是一味地强调要“相类”，而是在相类的基础上要有情节轻重的反差，以这种轻重的反差来显示审判的正确。这一原则如果能得到遵守，那些法无明文的案情，在性质认定及量刑幅度上就不会有原则性的错误，司法官吏也就很难任意出入人罪。

三、刑罚的执行

在唐律中，虽然律条对刑罚的内容作出了确定性的规定，但是在执行的过程中也可依特定的情况而被替代或发生执行中的变易。

（一）刑罚的替代

所谓替代刑是指根据法定条件把所应执行的刑罚用其他形式替代，诸如替代剥夺生命、远流、服役及拷打等刑罚。[①] 唐律中替代刑的形式主要有官当和赎刑两种。

1. 官当

官当的基本含义是以撤免官职的行政处罚交换刑事处罚，以官职抵当因犯罪而受的徒、流刑罚。《名例律》中“以官当徒”专条对该制度作了明确的规定，具体要点如下：第一，以官职抵当徒刑的年数。即“诸犯私罪，以官当徒者，五品以上，一官当徒二年；九品以上，一官当徒一年。若犯公罪者，各加一年当”。因为九品以上官职小，所以一官抵当徒刑一年；五品以上官职较大，所以一官抵当徒刑二年。官员因从事公务犯罪，但主观上不存在私情和故意，那么就增加一年当，如一官当徒二年的可以一官当徒三年。第二，以官职抵当流刑的年数。即“以官当流者，三流同比徒四年”。用官职抵当流刑的，三个

① 钱大群：《唐律研究》，法律出版社，2000，第125页。

等级的流刑都可以用四年徒刑替代。第三，官当的方式。有二项官职的，先以高阶品的官职去抵当，然后再用勋官去当。即“其有二官，先以高者当，次以勋官当”。如有职事官、散官、卫官之一及勋官的，先以职事、散官、卫官中品阶最高的当之，然后再以勋官当。假如官职不足以抵当刑期，或者是刑罚虽已当完又再犯新罪，并尚未处断的，那么准许用历任的官职“依次当之”。官当制度的基本精神是尽可能地扩大官职对刑罚年限的抵消力度，反映了官僚贵族的法律特权以及刑罚的不平等。

2. 赎刑

唐律中赎刑是一种替代性的刑罚，即以财物赎抵实刑。赎刑发展到唐朝已经相当成熟和完整了。具体内容有：第一，赎刑的适用对象。一是具有特殊身份的人。《名例律》中“应议、请、减”专条规定，有“议、请、减”特权资格的官员，九品以上的官员及有“减”权官员的“祖父母、父母、妻、子孙”这几种人如犯流以下罪，可以用金钱来赎免所判刑罚。二是老、幼、残疾人。《名例律》中“老小废疾”专条规定，“年七十以上，十五以下以及废疾”犯一般流刑及流刑以下罪；“八十以上，十岁以下及笃疾”犯“盗及伤人”罪，都可以用财物折抵刑罚。三是特定过失犯罪的人。如《斗讼律》中“过失杀人”专条规定，“诸过失杀伤人者，各依其状，以赎论”。这些赎金原则上是要给死者家属的，其既具有刑罚的意义，还具有民法上损害赔偿的意义。四是对疑罪、疑案用赎刑。如《断狱律》中“疑罪”专条规定，“诸疑罪，各依所犯，以赎论”，有犯罪证据但是不确切，官府对嫌疑人不能定罪，可是又没办法完全证实嫌疑人无罪，这个时候就可以根据罪行的具体情况适用赎刑。第二，赎刑的等级。赎刑的轻重等级依主刑的等级而定。《名例律》在规定五刑的同时也相应地标明了各等主刑的赎铜数目。依次是：笞一十，赎铜一斤；笞二十，赎铜二斤；笞三十，赎铜三斤；笞四十，赎铜四斤；笞五十，赎铜五斤。杖六十，赎铜六斤；杖七十，赎铜七斤；杖八十，赎铜八斤；杖九十，赎铜九斤；杖一百，赎铜十斤。一年徒刑，赎铜二十斤；一年半，赎铜三十斤；二年，赎铜四十斤；二年半，赎铜五十斤；三年，赎铜六十斤。流二千里，赎铜八十斤；流二千五百里，赎铜九十斤；流三千里，赎铜一百斤。死刑无论绞、斩均为赎铜一百二十斤。第三，赎刑适用的限制条件。唐律规定对严重的犯罪、为道德所不容的犯罪和特种流刑都不得适用赎刑。严重的犯罪诸如十恶之罪、杀人、监守内奸、受财枉法等。为道德所不容的犯罪首推违反孝道和妇道的犯罪。特种流刑即“加役流、反逆缘坐流、子孙犯过失流、不孝流及会赦犹流者，各不得减赎、除名，配流如法”。

（二）刑罚的变易

唐朝的刑罚在实际的适用过程中，除了运用替代刑，还运用变易刑来变相执行本刑。所谓变易刑，是指依法律规定对某些犯罪的特定主体以“五刑”中的其他形式去调换其本刑甚至附加刑。[①] 变易刑的适用也是唐朝刑罚中的一大特点。

1. 徒、流刑判决的变易

这种刑罚的变易是针对特定群体不能到服役地去服劳役，则将徒、流刑变易为杖刑。第一，“家无兼丁”，即家中唯一的成年男子有徒、流罪的可变易为加杖。《名例律》“徒应役无兼丁”专条规定“若徒年限内无兼丁者，总计应役日及应加杖数准折决放”，如果罪犯在徒刑期限内家里无其他成年男丁，则总计应当服刑的日数及应当杖打的次数，照折算之法打杖后释放。应判流刑的，也如此。第二，工、乐、杂户、妇人的徒、流刑也可变易为加杖。《名例律》“工、乐、杂户”专条规定“工、乐、杂户及太常音声人，犯流者，二千里决杖一百，一等加三十，留住俱役三年”，工户、乐户、杂户及太常音声人，只在太常

---

① 钱大群：《唐律研究》，法律出版社，2000，第128页。

寺、少府监供职，不同于普通百姓，所以犯流罪不发配，只决杖，都留在当地服劳役三年。应流二千里的决杖一百，应流二千五百里的决杖一百三十，应流三千里的决杖一百六十。“若习业已成，能专其事，及习天文，并给使、散使，各加杖二百。”如果这类人课业训练已完成，能从事专门技艺，以及学习天文的和在宫闱中担任给使或在王府中担任散使，他们犯了流罪，也不远配，只各杖打二百。“犯徒者，准无兼丁例，加杖，还依本色。”这类人犯徒罪的，依照“家无兼丁”之法例，打杖，仍然维持他们原来的身份、行当。“其妇人犯流者，亦留住。流二千里决杖六十，一等加二十，俱役三年。”如果妇女犯流罪的，也不远配，也是留在居住地，改为执行决杖，应流二千里的决杖六十，应流二千五百里的决杖八十，应流三千里的决杖一百，三等流刑都是服劳役三年。

2. 徒、流刑执行中的变易

这种刑罚的变易主要是指服徒、流刑的罪犯在服刑过程中由于进入老龄或是成为废疾，未服完的刑期可以变易为赎刑。具体的赎刑方法为“计徒一年三百六十日，应赎者征铜二十斤，即一斤铜折役一十八日。计余役不满十八日，征铜不满一斤，数既不满，并宜免放”，即铜二十斤赎一年刑期，一斤铜赎役十八日，假如所剩余刑不满十八日，征铜不满一斤的，应当免罚余数而释放。

第七章　宋朝

第一节　宋朝的刑罚文化

赵宋王朝的法律是中国古代法律制度发展的完善阶段。宋朝法制，上承盛唐，下启明清，既继承了中国古代法典发展高峰唐律的精华，又根据自身的政治、经济特点做出了一系列的调整，使之更加适应社会的发展，并为元、明、清各代所继承和沿用，为中华法系的发展做出了不可磨灭的贡献。

一、社会背景

在唐朝灭亡后的半个多世纪里，中国出现了封建割据势力长期混战的局面，政权更迭频繁。在中国的北方先后出现了后梁、后唐、后晋、后汉和后周。北宋正是在篡取后周政权的基础上建立起来的，为了防止统兵将领再次武装篡权、重蹈后周的覆辙。宋太祖赵匡胤即位后，立即采取了一系列的集权措施，将政治、经济、军事等大权都集中于中央。

（一）政治环境

宋朝是依靠军事政变建国的，建国后又凭借武力先后消灭了盘踞南方的割据势力，结束了“五代十国”藩镇割据长达半个多世纪的分裂局面，基本上实现了南方和中原的统一。面临来自军事力量的危机，宋太祖采取了一系列的措施削弱各部，各部的权力从而集权于皇帝。另外又通过扩大取士政策笼络人心。宋朝开放的风气使文人在社会中的影响力不断增大，以文官为核心的地方行政体系被建立了起来。文人政治对君主皇权形成了有效的限制，但文人政治也不过是士人集团与皇权的交易，贪腐之风仍然盛行，处于社会底层的农民依旧是被盘剥的对象。

于内，自宋建立政权开始，农民起义就此起彼伏，整个宋朝史可以说是一部农民起义的历史。于外，宋王朝又先后与辽、金、西夏相对峙并展开争夺领土的激战。这样的局势迫使宋王朝的统治者们在加强中央集权、完善法律制度、稳定国家统治的同时，严重地依赖手中的刑事法权，加重对犯罪行为（如贼盗等）的惩处和打击力度。如，宋太宗下诏镇压农民革命时，公开宣称："其贼党等，或敢恣凶顽，或辄行抗拒，即尽加杀戮，不得存留。"后又下诏收缴农民反抗官兵的武器，不缴者也要斩。据《宋史·太宗本纪》记载："川陕诸州民家先藏兵器者，限百日悉送官，匿不以闻者斩。"此外，还诏定"捕寇立定日限"，以加强其地方政权的镇压职能。宋王朝为镇压农民革命，遂于神宗熙宁四年（公元 1071 年）创立了《盗贼重法》，进而又规定了重法地。规定在重法地内"凡劫盗罪当死者，籍其家以赏告人，妻子编置千里"，"应编配者，虽会赦，不移不释"。[①] 为加大对农民起义的打击，宋朝重法地的范围不断扩大，仁宗时只以京城开封府诸县为限，神宗时已把重法地扩大到河北、京东、淮南、福建等地。到南宋王朝时期，又将废除的肉刑恢复。但是严刑酷法并未将农民战争镇压下去，反而激起了农民更加强烈的反抗。紧张政治环境是导致宋朝统治者尚用重典、创设严刑酷法的一个重要原因。

---

① 周密：《宋代刑法史》，法律出版社，2002，第 14 页。

（二）经济环境

宋朝统一以后，社会生产也逐渐得到了恢复和发展，经济由萧条到恢复再到繁荣。在建国初期由于推行“不立田制”“不抑兼并”的土地政策和租佃制度，从而导致土地兼并空前加快，农民和土地的依附关系也日趋松散，致使工商业呈现了空前的繁荣。为适应经济的发展，宋朝还发明创造了世界上最早的纸币——交子，交子的使用进一步繁荣了宋朝的商业。随着商业的发展以及宋朝所推行的土地政策，致使在社会上形成了两大阶层，一是拥有大量土地的大地主阶层，二是由于商业发达而出现的大商人阶层。这两大阶层都针对农民进行剥削和压迫。地主阶层剥削农民和兼并他们的土地，失去了土地的农民不得不到官、私的作坊去做雇佣工人，此时农民又成为大商人阶层剥削和压迫的对象。再加上宋朝政府庞大的军队开支，以及为求得和平共处而向周边少数民族政权缴纳的“岁币”，这些都成了百姓沉重的经济负担。在这样的形势下，势必会进一步激起人民的反抗。一方面是经济的繁荣，另一方面是此起彼伏的农民起义，赵宋王朝为了稳定其统治，不得不把经济犯罪（贼盗），以及为摆脱贫困而爆发的农民起义定为刑事打击的重点，从而建立起复杂和残酷的刑罚制度和体系。

二、刑罚思想

（一）严刑峻法的思想得到承继

宋代的社会状况使得繁法严刑的思想受到重视。宋代立法频繁，法网细密。南宋学者叶适曾如此描述：“摇手举足，辄有法禁；上下内外，一事之小，一罪之微，皆有法以待之。”由于“因一言一事辄立一法”，因此导致“更改纷然”“烦细难以检用”，进而造成各级司法官吏随意取舍、任意出入人罪。立法的频繁，相应地导致刑罚制度趋于严厉，许多酷刑、肉刑死灰复燃。两宋时期最典型的酷刑当数刺配刑和凌迟刑。宋太祖制定刺配刑最初的用意在于对死刑的宽待即“死罪贷命”，但是之后的执政者逐渐地突破了这一限制，将刺配刑广泛地使用了起来。明朝学者邱濬在《大学衍义补》中指出：“宋人承五代为刺配之法，既杖其脊，又配其人，而且刺其面，是一人之身一事之犯而兼受三刑也。”[①] 宋仁宗执政期间增加了凌迟刑，作为死刑的一种执行方法。据《宋史·刑法志》记载：“凌迟、腰斩之法，熙宁以前未尝用于元凶巨蠹，而自是以口语狂悖致罪者，丽于极法矣。”另据宋人吕祖谦《宋文鉴》记载，宋王朝对于直接危害其封建国家统治的严重犯罪，“皆支解脔割，截断手足。坐钉立钉，悬背、烙筋及诸杂受刑者，身具白骨而口眼之具犹动，四肢纷落而呻吟之声未息，置之阛阓，以图示众”。这一段不仅描述了凌迟刑罚执行的详细情况，同时还说明了宋朝“刑用重典”和法外用刑的残酷程度。[②]

（二）用刑宽缓、审慎

宋朝初期，出于缓和社会矛盾、休养生息政策的考虑，在“刑用重典”的同时也制定了一些宽缓的刑罚措施，其中最典型的当数“折杖法”。“折杖法”制定于宋太祖初年，是基于“禁民为非，乃设法令。临下以简，务必哀矜。窃盗之生，本非巨蠹”的刑罚方针而制定并实施的。所谓折杖就是将笞刑、徒刑、流刑等刑罚折成杖刑的刑制。除死刑外，其他刑罚均可以折杖充抵，此法极大地减轻了刑罚的程度，尤其对于徒刑和流刑犯人来说，更是如此。“折杖法”用“折抵”和“折减”作为主要内容，体现了“宽简刑罚”的思想，并在一定程度上起到了减轻刑罚的作用。此外还就杖刑的行刑时间以及对象也作出了一些规定，如“遇夜不得行杖”“老幼不及，疾孕不加”“妇人犯杖以下罪许赎”等内容，也在一定程度上反映了“省刑从轻”的思想。《宋

---

① 周密：《宋代刑法史》，法律出版社，2002，第 15 页。

② 同上书，第 16 页。

刑统》在《名例律》卷四中对老、幼、疾及妇人犯罪作出了专门的规定。除了援用唐律规定的“诸年七十以上、十五以下及废疾，犯流罪以下收赎。八十以上、十岁以下及笃疾，犯反、逆、杀人应死者上请；盗及伤人者亦收赎，余皆勿论。九十以上、七岁以下，虽有死罪，不加刑；即有人教令，坐其教令者，若有赃应备，受赃者备之”以外，还新增一条：臣等众议，“八十以上及笃疾人有犯十恶死罪、造伪、劫盗、妖讹等罪至死者，请矜其老疾，移隶僻远小郡，仍给递驴发遣”。这些内容在一定程度上反映了宋代刑律也有用刑宽缓的一面。

“慎刑”思想早在周朝时期便已形成。宋代的君主在刑罚方面也大都非常谨慎，这主要体现在以下两个方面。一是恢复了覆奏制度。宋初不仅对死刑案件要求覆奏，而且对一些笞罪、杖罪、徒罪、流罪都要进行覆奏。尤其死刑案件，要求在履行三覆奏、五覆奏的程序之后，虽接到皇帝准予执行的命令，仍需于三日后方能行刑，否则治罪。“诸死罪囚，不待覆奏报下而决者，流二千里。即奏报应决者，听三日乃行刑。若限未满而行刑者，徒一年。即过限，违一日杖一百，二日加一等。”建隆三年（公元962年），宋太祖下令“诸州奏大辟案，须刑部详覆”。就是说，一切死罪案犯都须先经过刑部详细复核。宋太宗后，又要求全国各州奏谳的刑事案件，先由大理寺详断，经大理寺详断作出定判后，覆于刑部详复，然后还需经门下省复核。“自是，内外折狱蔽罪，皆有官以相覆察。”基本上建立了一套自上而下的“覆奏”体系。二是设置专门的机构钩检狱事。《宋史·刑法志》记载：“淳化初，始置诸路提点刑狱司，凡管内州府，十日一报囚账。有疑狱未决，即驰传往视之。州县稽留不决、按谳不实，长吏则劾奏，佐史、小吏许便宜按劾从事。”提点刑狱司在宋代虽然几经废立，但是，其设置的重要目的是明显的，就是加强对狱囚和狱吏的管理，彰显审慎刑罚的思想。在北宋初期还曾设置审刑院，凡大理寺审判的案件，经刑部复核后，须送至审刑院详议，再奏请皇帝批准。审刑院的设置是对刑罚慎之又慎的又一体现。为防止过于审慎而可能出现的“延狱淹囚”现象，宋朝统治者还极力推行刑狱的“毋枉滥淹滞”制度。建隆三年，宋太祖专门下诏：“翰林学士、文班常参官每五日内殿起居，以次转对，并须指陈时政得失，朝廷急务，刑狱冤滥，百姓疾苦，不得将闲慢事应诏。关急切者许非时上章，无以触讳为惧。”[①]

（三）盗贼重法

宋自建国之初，“盗贼”问题就异常突出，刑律对“盗贼”的处治也尤为严厉。宋代的盗贼罪涉及面很广，内容也十分复杂。从《宋刑统·贼盗律》来看，盗贼重法包括谋反、逆叛、谋杀、劫囚、造畜蛊毒、造妖书妖言、强盗、窃盗、恐吓取财等方面。据《宋刑统》“起请条”记载：“或闻外州断狱，窃盗不分首从，为准律云，假十人共盗十匹，各得十匹之罪，谓之赃满，尽处极刑。”对执杖行劫，又附敕，明确后周显德时规定的“持杖行劫，不问有赃无赃，并处死。其同行劫贼，内有不持杖者，亦与同罪”依然有效。但是宋初的严刑峻法并未能有效制止“盗贼”的发生。至仁宗时，天下盗贼纵横，“大则谋欲杀官吏，劫仓库；小则谋欲劫民户，入山林；多至三五十人，少亦一二十数”。为镇压“盗贼”，宋统治者更重其法，实行更严厉的手段，希图“以重典以救时弊”。宋仁宗景祐二年（公元 1035 年）改定强盗法，初开“重法地”之先河。嘉祐六年（公元 1061 年），正式设立重法地，第二年又颁布《窝藏重法》，将京师开封府及其所属诸县划为重法地。《窝藏重法》作为惩治窝藏“盗贼”的刑事特别法，在划定的特别区域内单独适用。英宗于治平三年（公元 1066 年）四月五日颁诏，将京畿定为重法地区，规定“开封长垣、考城、东明县，并曹、濮、澶、滑州诸县获强劫罪，死者以分所当得家产给告人，本房骨肉送千里外州

① 白焕然等：《中国古代监狱制度》，新华出版社，2007，第 348 页。

军编管”①。神宗继位后明令肯定英宗所立之重法，并进一步明确，在上述地区所获“强劫贼人”，无论是当地人，还是“他处人”，不管是“犯在立重法以前，或在立重法以后”，还是“犯罪逢格改”“更不问犯罪在前”，亦用重法。一改自唐朝以来的“从轻原则”，在惩治“盗贼”上采用“从新、从重原则”。神宗熙宁四年（公元1071年）又颁立《盗贼重法》，不仅强调“重法之地”，而且更加突出对“重法之人”的镇压。一方面扩大了重法地的范围，由开封府诸县，扩至“京西滑州，淮南宿州，河北澶州，京东应天府，濮、齐、徐、济、单、兖、郓、沂州、淮阳军，别立盗贼重法”。另一方面，加强对“重法之人”的制裁，规定“复杀官吏及累杀三人，焚舍屋百间，或群行州县之内，劫掠江海船之中”，以及“囊橐重法之人”（“囊橐”意为窝藏，“囊橐者”，即为窝藏犯）都为“重法之人”，“非重地，亦以重论”。除此以外，《盗贼重法》还加重了对知县、县尉、捕盗官等治安官吏的责任，“盗发十人以上，限内捕半不获，劾罪取旨”，以督促其尽力在限期内捕获“贼盗”，否则本人将遭到弹劾，由皇帝亲自发落。② 到哲宗时，重法之路已占全国二十四路中的十七路，《盗贼重法》在这些区域已取代了常法《宋刑统》之“贼盗律”。

三、刑事立法

鉴于五代之乱，为防患于未然，“事为之防，曲为之制”被确立为宋代的法律指导思想，并为后世的宋朝天子所贯彻，史称“国朝立法，以洗晚唐五季之末习，变多而虑患深”。因此，宋代的统治者都极其重

① 刘琳、刁忠民、舒大刚等校点：《宋会要辑稿》，上海古籍出版社，2014，第8817页。

② 王宏治：《中国刑法史讲义》，商务印书馆，2019，第194页。

视法律，使得律学之风在宋朝大盛。宋代法律的细致完善，宋代立法活动之频繁，堪称历代之最，法制典章更是卷帙浩繁，在整个中国古代法律史中都极为罕见。据《宋史·刑法志》记载："宋法制因唐律、令、格、式，而随时损益则有编敕，一司、一路、一州、一县又别有敕。"① 由此可知，宋朝的刑事立法基本上因袭唐律，即采用律、令、格、式的形式。除此以外，还包括敕与例，并且形成了律敕兼行，互为补充的基本形式。

（一）《宋刑统》

宋代沿用五代后周的制度，对法典不称"律"而改称"刑统"。"刑统"的编纂体例可追溯到唐宣宗时颁行的《大中刑律统类》。"刑律统类"，一般是以刑律为主，而将其他具有刑法性质的敕、令、格、式依律附载于有关律条之后，按照律的条目分门别类汇编在一起的有关刑事法律规范。《宋刑统》就是这种法律体例形式和立法传统的继续。宋太祖建隆四年（公元 963 年），工部尚书判大理寺卿窦仪等人奉诏"别加详定"《显德刑统》。窦仪等人对《显德刑统》条文加以增损，修撰成《宋刑统》，即《建隆重详定刑统》简称《宋刑统》。这是有宋一代开国以来的第一部法典，也是中国历史上第一部朝廷镂版印刷、发行全国的刑法典。《宋刑统》有律并疏五百零二条，敕、令、格、式一百七十七条，参详、起请三十二条。全书以律条为纲，以类相从，分门编入相关的敕、令、格、式及参详、起请条。② 《宋刑统》虽然承袭了唐、五代以来"刑律统类"的编撰体例，但是却有很大的创新，即律敕兼行，互为补充。

1. 体例上的创新

（1）分门类编，附列敕、令、格、式。《宋刑统》在编纂时，先根

---

① 高潮、马建石主编《中国历代刑法志注译》，吉林人民出版社，1994，第 373 页。

② 魏殿金：《宋代刑罚制度研究》，齐鲁书社，2009，第 18 页。

据法律所调整的对象将性质相同的法律条文归为一门，然后引律文和疏议，再按照时间顺序引前朝和宋初的敕、令、格、式，为了表明其非律文，于每条之前均加一个“准”字，用以表明已经过了朝廷的核准。敕有删节处理的，则注有“节文”二字。最后是“臣等参详”条，即编纂者阐释的部分。这种编排方式使律文眉目清晰，便于司法人员检阅。[①]

（2）新增“臣等起请”之条。《宋刑统》在敕、令、格、式之间，又夹有“臣等起请”条目，每条冠以“臣等起请”四字，作为新增条款。所谓“臣等起请”是修律者为适应宋时的形势发展需要，对前朝行用的敕、令、格、式经过审核、详虑后，向朝廷提出的修改建议，与所附的敕、令、格、式具有同等的法律效力。这是《宋刑统》编修体例上的一个创新。

（3）首创综合性法规之门和总括性条文。《唐律疏议》中有不少“余条准此”的规定，散列在有关律文之后。“余条准此”是指具有类推适用性质的条文。《宋刑统》的编纂者将这些条文汇集在了一起，总为一门，集中附于《名例律》之后，冠以“一部律内余条准此条”之名，共四十四条。这是《宋刑统》编纂技术上的一大突破，此门的增创，对司法官吏检用法律、避免贻误颇为有益。

（4）补疏议之未备。在《宋刑统·名例律》第六《杂条门》中有二十条疏议增加了新的内容，在新内容之前均冠以一个“议”字，附在各节之末，以补充和完善原有疏议中没有涉及的内容。

2. 内容上的变化

（1）刑罚制度方面，增创“折杖法”，作为代用刑，替代五刑中的笞、徒、流刑。这是为厘革五代以来酷刑而制定的。其基本原则是行刑时，将原刑罚折算成一定数量的杖刑，以统一的刑具击打犯人的臀

---

① 朱勇主编《中国法制史》，中国政法大学出版社，2008，第174—175页。

部或脊背。

(2) 在法定死刑绞、斩之外，增加了“决重杖一顿处死”法。《宋刑统》卷一《名例律》以附敕形式沿用了唐建中三年（公元782年）的规定，除谋反、谋大逆、谋叛、恶逆四等罪外，其余应处死者，全重杖一顿处死。

(3) 增加了不少有关调整民事法律关系的条款。[①]《宋刑统》的颁布，改变了五代法制紊乱的局面，促进了国家的司法统一。沈家本说：“《刑统》为宋一代之法制，其后虽用“编敕”之时多，而终以《刑统》为本。”[②]《宋史职官志三》也说：“凡断狱本于律，律所不该，以敕、令、格、式定之。”也将律的地位置于最高的位置。

（二）编敕

敕是皇帝发布命令的一种形式。在宋代，统治者每过一段时间就会把积年的散敕分门别类地加以整理，删去重复、去其抵牾，编纂成书，加以颁布，这种活动就是“编敕”。编敕是宋代一项重要和频繁的立法活动，它将一个个单行的敕令整理成册，实际上也是将敕令上升为法律的过程。建隆四年（公元963年），窦仪在制定《宋刑统》的同时，将与刑名无关的敕令削出，经过仔细筛选、整理后编纂成《新编敕》，后人称之为《建隆编敕》，与《宋刑统》并行。“其格令宣敕削出及后来至今续降要用者，凡一百六条，今别编分为四卷，名曰《新编敕》。”[③] 宋仁宗时编敕进入了一个新的阶段。一是设“详定编敕所”，专司裒辑诏旨、诏敕的工作，从而终止了大理寺兼掌编敕的局面，使编敕工作有了专门机构。二是仁宗时的《天圣编敕》开始有刑名附入，出现了律外有律的现象。据《宋史·刑法志》记载，《天圣编敕》“其丽于法者，大辟之属十有七，流之属三十有四，徒之属百有六，杖之

① 戴建国：《宋代刑法史研究》，上海人民出版社，2008，第67页。

② 沈家本撰《历代刑法考》，中华书局，2006，第969页。

③ 窦仪等撰《宋刑统》，中华书局，1984，第6页。

属二百五十有八，笞之属七十有六。……凡此，皆在律令外者也”。三是不仅朝廷编敕，而且“一司、一路、一州、一县又别有敕”。庆历八年（公元1048年），编修《庆历编敕》时，除完成正敕二十卷外，又将那些具有贯通全局、提纲挈领性的敕文增修五百条，别成《总例》一卷；“后又修一司敕二千三百十有七条，一路敕千八百二十有七条，一州、一县敕千四百五十有一条”，另附刑名方面的规定数百条。至此，编敕不仅成为最广泛采用的法律形式，而且已经确立为正式的刑事法律规范，所谓“丽刑名轻重者，皆为敕”。宋神宗时进一步明确“以律不足以周事情，凡律所不载，一断以敕，乃更其目曰敕、令、格、式，而律恒存乎敕之外”。在此，一方面继续肯定律，即《宋刑统》的最高效力，另一方面明确了敕已经成为最具普遍效力的法律形式。《宋刑统》实际上是以“祖宗之法”奉若神明，置之高阁，而敕与令、格、式成为并存的法律形式。[①]

（三）断例

断例是宋朝时期中央司法机关或者皇帝亲自审断的案例，经有关方面汇编成册，由皇帝批准颁行，又称为“编例”。断例和敕诏一样，要经过编纂的法定程序认可，才具有法律效力。宋仁宗庆历年间编敕时，已将“断狱编为例”，附在编敕之后。宋神宗时首颁《熙宁法寺断例》，宋哲宗元符年间又有《元符刑名断例》。南宋时有《绍兴编修刑名疑难断例》《乾道新编特旨断例》《开禧刑名断例》等。编修断例，并不是简单的案例汇编，而是经立法机关整理、提炼最终形成的对同类案件具有指导意义的断案通例。它是对常法的补充。关于断例的适用，宋法规定，例的适用必须有一个前提，那就是审理疑难案件，且在敕、律等常法没有相应的条款时，才可以比附援用例。“诸断罪无正条者，比附定刑，虑不中者奏裁。”“法所不载，然后用例。”“如有情

---

① 王宏治：《中国刑法史讲义》，商务印书馆，2019，第185页。

犯可疑，合引例拟断事件，具申尚书省，参照施行。”在狱有疑虑，无法定判，按规定上报朝廷，刑部决断时通常要贴例。同时规定，在引用例时严禁择用“优例”。凡是“引例破法及择用优例者，徒三年”，如常法无正款，则须“将前后众例列上，一听朝廷裁决”。[①]

（四）条法事类

南宋在敕、令、格、式、编敕、断列法律形式的基础上，将敕、令、格、式以“事”分类统一，分门编纂，形成“条法事类”这一新的法典编纂体例。“条法事类”不同于“编敕”，“编敕”仅仅是将统治者的散敕进行分类汇编，通过皇帝的批准，使之具有法律效力，但敕条一多，就难以检索。断例是编纂的案例，缺乏系统性。而“条法事类”则根据法律的内容、性质、功用分门别类，依事编排，利于检索。南宋朝修成的“条法事类”有《淳熙条法事类》《庆元条法事类》《淳祐条法事类》，其中《庆元条法事类》共四十八卷，分为职制、选举、文书、禁榷、财用、库务、赋役、刑狱等十六门，它是研究宋代法律制度的珍贵文献。

第二节 宋朝的刑罚制度

宋朝的刑罚制度基本上承袭唐律五刑，但鉴于唐末、五代滥刑苛酷的危害，同时又为了笼络人心，树立“仁政”“宽厚”的形象，宋太祖“始定折杖之制”，以减轻刑罚。此外，为解决折杖法实施后所导致的“死刑重、生刑轻，死刑与生刑脱节，轻重失调”现象，还规定了在主刑笞、杖、徒、流刑的基础上附加从刑的方法，加重对犯人的刑事处罚。

---

① 戴建国：《宋代刑法史研究》，上海人民出版社，2008，第100页。

一、刑罚体系和种类

（一）主刑

宋朝的主刑同样是五刑，直接袭自唐律，即“笞刑五，杖刑五，徒刑五，流刑三，死刑二”。

1. 笞刑

> 笞刑五：一十，赎铜一斤，决臀杖七下放。二十，赎铜二斤，决臀杖七下放。三十，赎铜三斤，决臀杖八下放。四十，赎铜四斤，决臀杖八下放。五十，赎铜五斤，决臀杖十下放。

笞刑，是以笞杖捶挞犯罪者的肉体，以示耻辱的刑罚。宋代的笞刑共分五等，即笞一十、笞二十、笞三十、笞四十、笞五十。宋承唐制，执行笞刑的笞杖长三尺五寸，大头二分，小头一分半。宋太祖制定折杖法后，笞刑可以折成杖刑，施刑的常刑杖尺寸为长三尺五寸，大头宽二寸，厚九分，小头径九分以下。显然比唐制厚重很多，所以，定制笞一十、二十可以折臀杖七下；笞三十、四十可以折臀杖八下；笞五十可以折臀杖十下。

2. 杖刑

> 杖刑五：六十，赎铜六斤，决臀杖十三下放。七十，赎铜七斤，决臀杖十五下放。八十，赎铜八斤，决臀杖十七下放。九十，赎铜九斤，决臀杖十八下放。一百，赎铜十斤，决臀杖二十下放。

宋朝的杖刑共分五等，即杖六十、杖七十、杖八十、杖九十、杖一百。唐制常刑杖为大头二分七厘，小头一分七厘。因宋承唐制，但宋朝常刑杖（长三尺五寸，分大小两头，其中大头宽二寸，厚九分；小头径九分以下）要比唐朝常刑杖尺寸厚重，所以宋朝的杖六十可以折臀杖十三；杖七十可以折臀杖十五；杖八十可以折臀杖十七；杖九十可以折臀杖十八；杖一百可以折臀杖二十。杖刑犯也会附加配隶、编管等刑罚。从折杖法的实施来看，这种制度似乎使宋代的刑罚体系得以简化，而且从某种程度上来讲，还会让人们觉得宋代的折杖法减轻了罪犯所遭受的痛苦；但实际上，折杖法的运用从根本上打破了宋代五刑体系，使生刑和死刑之间本来相对平衡的关系被破坏。这种刑罚的泛滥使北宋的执法者必须去寻找一种比死刑轻、比杖刑重的刑罚，这样刺配刑就产生了。①

3. 徒刑

徒刑五：一年，赎铜二十斤，决脊杖十三下放。一年半，赎铜三十斤，决脊杖十五下放。二年，赎铜四十斤，决脊杖十七下放。二年半，赎铜五十斤，决脊杖十八下放。三年，赎铜六十斤，决脊杖二十下放。以上不刺面，役满自放。

徒刑，是强迫犯罪者从事奴役性劳动的刑罚。据《宋史·刑法志》记载："初，徒罪非有官当赎铜者，在京师则隶将作监役，兼役之宫中，或输作左校、右校役。开宝五年，御史台言：'若此者，虽有其名，无复役使。遇祠祭，供水火，则有本司供官。望令大理依格断遣。'于是并送作坊役之。"② 由此可知，被判处徒刑的罪犯，除非按照官当赎铜的以外，在京师地区将男犯送到管理土木营缮工程的"将作监"从事劳役，还兼在宫廷内役使，或是送到"将作监"所属的左校、右校（分掌京师土木建筑工程等职事），在监管之下，强制从事宗庙、宫室、陵园、道路等修建劳役。但是徒刑折杖后即放，不再服役。若是犯罪情节较重的，通常还处以配隶、编管等附加刑。

4. 流刑

流刑三：二千里，赎铜八十斤，决脊杖十七，配役一年。二千五百里，赎铜九十斤，决脊杖十八，配役一年。三千里，赎铜

---

① 马肖印：《中国古代刑罚史略》，南开大学出版社，2019，第458页。

② 高潮、马建石主编《中国历代刑法志注译》，吉林人民出版社，1994，第506页。

一百斤，决脊杖二十，配役一年。加役流，决脊杖二十，配役三年。

流刑仅次于死刑，重于徒刑，是强制犯罪者远徙的刑罚方法。流刑依流程的远近，分为三等，即流二千里、流二千五百里、流三千里。这三等流刑被称为常流，需要在流徙地服劳役一年，遇到赦免会免除劳役。除常流以外，还有加役流，加役流为流三千里，服劳役三年。据《宋史·刑法志》记载："太宗以国初诸方割据，沿五代之制，罪人率配隶西北边，多亡投塞外，诱羌为寇，乃诏：'当徒者，勿复隶秦州、灵武、通远军及缘边诸郡。'时江、广已平，乃皆流南方。先是，犯死罪获贷者，多配隶登州沙门岛及通州海岛，皆有屯兵使者领护。而通州岛中凡两处官煮盐，豪强难制者隶崇明镇，懦弱者隶东州市。太平兴国五年，始令分隶盐亭役之，而沙门如故。端拱二年，诏免岭南流配荷校执役。初，妇人有罪至流，亦执针配役。至是，诏罢免之。始令杂犯至死贷命者，勿流沙门岛，止隶诸州牢城。"① 据此可知，宋朝之初，犯死罪得到宽贷免死的，大多流配到登州沙门岛以及通州海岛。折杖法实施后"流罪得免远徙"，犯人不必流徙远地，就地服役即可。如真宗时就不再流配沙门岛，而是发配各州牢城服苦役。

5. 死刑

死刑二：绞、斩。赎铜一百二十斤，并决重杖一顿，以代极刑。

宋朝的死刑有绞、斩两种方式，宋仁宗时增加凌迟。另外，根据敕文，对于谋反、谋大逆、谋叛和恶逆四罪，可以"决重杖一顿处死，以代极法"。

凌迟始创于五代，是一种极为残酷的刑罚，据《读律佩觿》记载："凌迟者，其法乃寸而磔之，必致体无余脔，然后为之割其势，女则幽

---

① 高潮、马建石主编《中国历代刑法志注译》，吉林人民出版社，1994，第507页。

其闭，出其脏腑，以毕其命，支分节解，菹其骨而后已。”此刑不见于《宋刑统》，而是规定在编敕之中，常施用于重大案犯。如宋真宗大中祥符八年（公元1015年），荣王侍婢韩氏纵火焚宫，结果“断手足，令众三日，凌迟处死”。仁宗天圣九年（公元1031年）诏：“如闻荆湖杀人以祭鬼，自今首谋若加功者，凌迟斩之。”马端临在《文献通考》中言道：“凌迟之法，昭陵以前，虽凶强杀人之盗，亦未尝轻用。自诏狱既兴，而以口语狂悖者，皆丽此刑矣。诏狱盛于熙丰之间，盖柄国之权臣，借以此威缙绅。”可见仁宗之后，凌迟刑逐渐进入正轨刑罚的序列，成为常见且普遍适用的刑罚。凌迟之刑极为残酷，虽为法定刑，但其实施通常要由朝廷批准，有关司法机构不能擅自实行。仁宗明道元年（公元1032年）诏：“获劫盗而情涉巨害者，毋得擅行凌迟，需奏听裁。”

重杖一顿处死，即杖杀，始于唐德宗建中年间，“谋反、大逆及叛、恶逆四者，十恶之大也，犯者宜如律。其余当斩、绞刑，决重杖一顿处死，以代极法”。宋朝以《宋刑统》附敕的形式，准用“决重杖一顿处死”的“极法”，使杖杀成为宋代死刑中绞、斩之外的法定刑而广泛使用。这种以杖代替绞、斩的处死方法，从表面上看似乎是“宽典”，“决重杖一顿处死，以代极法，斯皆人君哀矜不舍之道也”[①]，但实际上是比绞、斩更为残酷的一种死刑。沈家本在《历代刑法考》中评论道：“斩、绞而死与重杖而死，均死也，不足以言仁，且斩、绞而死，其死也速，重杖而死，其死也迟，其所受之苦楚，转有甚于斩、绞者，未足为良法也。”[②]

（二）从刑

从刑实为附加刑，是宋朝刑法的一大特色，在判处笞、杖、徒、流刑罚时附加适用。

---

① 邱汉平：《历代刑法志》，商务印书馆，2017，第360页。

② 沈家本撰《历代刑法考》，中华书局，2006，第140页。

1. 刺配

刺配，即黥刑、墨刑，是宋朝对古之肉刑的恢复。在汉文帝废除肉刑的改革中，就已经取消了此种刑罚，隋唐两代也不再使用，在北朝时以笞代黥已是定制。可是到了宋朝却大量使用刺配之法，甚至出现了滥用的局面。据《宋史·刑法志》记载："配法既多，犯者日众，刺配之人，所至充斥。"宋代刺配刑的适用范围非常广泛，主要针对杂犯死罪减赎者、强盗、盗窃及一些累犯。依所犯罪行的种类和轻重，其方式又分刺面配和不刺面配两种，刺面配又简称"配"，系在犯人脸上刺字或是刺符号。据沈家本考证，"凡应配役者传军籍，用重典者黥其面。凡犯盗，刺环于耳后：徒、流方，杖圆。三犯杖，移于面。径不过五分"①。如果属于不刺面配的，通常会在规定中予以说明，如《贼盗敕》规定："诸梢工盗本船所运官物者，依主守法，徒罪勒充牵驾，流罪配五百里。本船军人及和雇人盗者，减一等，流罪军人配本州，和雇人不刺面配本城。"其中"流罪军人配本州"且"刺面配"，而"和雇人"不刺面配。刺配刑是一种具有严厉惩罚性的刑事制裁措施，正如明朝人丘濬在《大学衍义补》中所说的："宋人承五代为刺配之法，既杖其脊，又配其人，而且刺其面，是一人之身，一事之犯，而兼受三刑也。"

"刺配刑"在宋朝形成制度，是有一定原因的。首先，刺配刑的存在完善了宋朝刑罚体系。宋朝的刑罚制度沿用唐制，仍为笞、杖、徒、流、死五刑，但是宋朝创设了"折杖法"，按照"折杖法"，笞、杖、徒刑被折为臀杖或脊杖执行后即予释放，流刑和加役流被折为脊杖后，在本地服一年或三年的劳役刑即释放，不必远徙。这样五刑实际上变成了杖刑（包括臀杖和脊杖）和死刑，从而使得刑罚体系严重失衡，等级结构也极不合理。为了解决失衡问题，也为了充实刑罚的内容，

---

① 同上书，第 216 页。

宋朝的统治者遂在前代的基础上制定了刺配刑。同时还创设了编管刑，从而形成了以杖刑、编管、刺配刑、死刑为内容的刑罚体系。其次，刺配刑的存在还满足了宋朝国家用工的需要。宋朝商品经济的发展，尤其是手工业的繁荣，使得宋朝社会上出现了许多官营和私营手工业作坊。这些手工业作坊需要大量的雇佣工人，而在官营作坊中劳作的主要是服役的罪犯，他们为宋朝政府提供了大量、长期、无偿的劳动力，为宋朝的经济发展作出了巨大贡献。

虽然刺配刑弥补了“折杖法”实施后所造成的刑罚等级结构不合理的缺陷，同时也为国家增加了劳动力，但是由于刺配刑大量使用，其弊端也充分暴露了出来。一方面，刺配刑中的刺面配，毁人面目，留下终身耻辱之印记，易造成罪犯自暴自弃，不愿接受改造，从而失去改过自新的机会。如南宋时洪迈指出：“涅其面而刺之，本以示辱，且使人望而识之耳。久之益多，每郡牢城营，其额常溢，殆至十余万，凶盗处之恬然，盖无所耻也。”另一方面，配隶的罪犯太多，给不少州县带来极大的经济负担。到南宋孝宗时，到处充斥被刺配的人，全国各地牢狱中有几十万人。对于逃亡的罪犯有的地方政府故意不加缉捕，因为他们不能回归社会，而会被重新沦为罪犯。“后世衣食之路日蹙，犯法者众，配隶之人，中路多逸，及到配所，州郡惮尽赡养，往往故纵不捕。此徒虽幸脱免，而其身实无所容于天地间，饥寒切身，若非群众贩卖私商，即是聚为强盗。”[①] 本是用于惩罚、威慑罪犯的一种刑罚，却对社会、国家产生了难以估量的不稳定因素。

2. 编管

编管，是犯罪者送往一定的州县，在当地官府的管束、监督下居住、活动，限制犯罪者一定自由的刑罚方法。编管刑轻于刺配刑，以地理远近分为编管邻州、五百里、千里、二千里若干等级，其量刑幅

① 沈家本撰《历代刑法考》，中华书局，2006，第222页。

度视情节轻重而定。对被编管者自由的限制，主要体现在以下三个方面：第一，编录名籍。犯罪者在编管期间不编入当地户籍，而是另造名册。据《庆元条法事类》卷七五《编配流役·断狱令》云："诸编配人，备录年甲、犯状、以前过犯，若住家、犯事之所引条制、断遣刑名，实封递报所隶州置簿录元牒，仍付法司看详。"第二，限制活动范围。被编管人必须在编管地的州、县内居住、活动，严禁出城及移徙他地。《庆元条法事类》卷七五《编配流役·断狱令》云："诸责降、安置及编配、羁管人，所在州常切检察，无令出城及致走失，仍每季具姓名申尚书省。"第三，定期呈验。"呈验"又称"呈身"，即被编管人员必须在编管期间定期亲赴所在州、县官府长吏厅，以验明正身，确认其存在。《庆元条法事类》卷七五《编配流役·断狱令》云："诸编管、羁管人，月赴长吏厅呈验。"被编管人除特殊身份及永不放还者外，其他人被管制若干年后依法可以恢复自由。法律规定"羁管、编管各有年限，盖未尝终其身而拘囚也"，即使被编管人判永不放还，但按照法令规定，这些人编管满六年，"给公凭，从户口例附籍"，犯人可在当地落户，成为当地居民，亦可移居他处，但行动仍受一定限制。

3. 羁管

羁管，同编管一样，也是以限制犯罪人的人身自由为内容的刑罚方法。"羁管，谓寄留以养也。"对于羁管刑的刑等，沈家本认为重于编管，在《历代刑法考》中他提出："羁管次于配隶，编管次于羁管，即轻重之等差也。羁管当是羁系而管束之。"[①]《庆元条法事类》卷七五《编配流役》载《编配人籍册》，其中登记犯人的次序是从重至轻，依次为刺面配、不刺面配、编管、羁管。《庆元条法事类》卷十六《赦降·名例敕》载，宋代的罪犯遇大赦降等级处罚的次序为刺面配、不刺面配、编管，而没有提到羁管。因此有学认为羁管在刑等上是轻于

① 沈家本撰《历代刑法考》，中华书局，2006，第 261 页。

编管的。[①] 对羁管人员的处罚与编管人一样，只是刑罚轻重等级上有差别。对羁管人的管束主要体现在两个方面：第一，限制活动范围。《庆元条法事类》卷七五《编配流役·断狱令》云："诸责降、安置及编配、羁管人，所在州常切检察，无令出城及致走失，仍每季具姓名申尚书省。"第二，定期呈验。《庆元条法事类》卷七五《编配流役·断狱令》云："诸编管、羁管人，月赴长吏厅呈验。"[②]

4．安置、居住

安置、居住是宋朝针对王公及文武官犯罪的处罚措施。在唐律中安置即流刑，但是宋法与唐之安置大不相同。它非流非迁又似流似迁，在处置上有削官爵而安置的、有贬官职而安置的。安置轻于编管，而居住又轻于安置。居住的种类有因降官而居住的，有因落职而居住的，还有因安置改居住的。

从以上宋朝的刑罚种类及其适用，我们可以看出宋朝的刑罚体系是以五刑为基础，以刺配、编管、羁管等为补充的。这种将基本刑罚与附加刑罚相结合的制度，体现了宋代刑罚体系的灵活性和变通性。

二、刑罚的裁量

（一）量刑原则

1．刑用重典、重罪加重

宋朝建立之初就确立了"用重典，以绳奸慝"的刑罚原则。特别是对于"谋反、谋大逆、谋叛"和"盗贼"等"十恶不赦"的大罪，一般都要处以腰斩、弃市，甚至处以磔刑或者凌迟。其中最为突出的就是对盗贼罪的严厉惩罚。与唐律相比，宋代对强盗、窃盗罪的处罚

---

① 戴建国：《宋代刑法史研究》，上海人民出版社，2008，第 228 页。

② 魏殿金：《宋代刑罚制度研究》，齐鲁书社，2009，第 92 页。

明显加重了。景祐初年宋仁宗执政后不久，即宣布对京城地区“持杖窃盗者”加重处罚，后又颁布了《窝藏重法》，将京师开封府和所属诸县、相邻四州划为重法地，规定在此区域内窝藏盗贼者，一律加重处罚。宋神宗熙宁四年（公元1071年）又创立了《盗贼重法》，规定在重法地内“凡劫盗罪当死者，籍其家以赏告人，妻子编置千里”，“应编配者，虽会赦，不移不释”。至哲宗时重法惩治盗贼已由个别地区发展到全国各地，《盗贼重法》完全取代了《宋刑统·贼盗律》。到南宋时期，重典治盗的政策继续推行，南宋孝宗时诏曰“自今强盗抵死特贷命之人，并于额上刺强盗二字”，后又诏令“强盗两次以上，虽为从，论死”。通过划定重法地、重法人，以非常之刑进行惩罚的做法，不仅加重了对盗贼犯罪的处罚，同时还打破了正常的法律秩序，给封建社会后期的刑罚制度带来了恶劣的影响。①

2. 刑罚世轻世重

“刑罚世轻世重”，最早见于《尚书》中的《吕刑》，《吕刑》规定：“刑罚世轻世重，惟齐非齐，有伦有要。”其大意是说，对于刑罚的适用，在各个不同的历史时期，其轻重程度是各不相同的。其规律是：法随时变，刑与势宜。其方式是：或以地别，或以罪异。其方法是：或时移法变，用敕令、谕旨以节制刑罚；或律守一定，而例则随时变通，使刑罚的适用同犯罪情况和形势需要相适宜。在宋朝这一刑罚思想最典型的反映就是对强盗、窃盗罪的严厉处罚。唐律规定：“诸强盗，不得财徒二年；一尺徒三年，二匹加一等；十匹及伤人者，绞；杀人者，斩。其持杖者，虽不得财，流三千里；五匹，绞；伤人者，斩。”同唐律的规定相比，宋朝的处罚要重得多。《宋刑统》规定，擒获强盗，不论有赃无赃，一并集众决杀。持杖行劫，不问有赃无赃，一并处死，且其同行、知情者都同罪。宋仁宗执政后，宣布对京城地

① 朱勇主编《中国法制史》，中国政法大学出版社，2008，第181页。

区的“持杖窃盗者”要加重处罚，后又颁布了《窝藏重法》，划出了重法地。宋神宗熙宁四年又创立了《盗贼重法》，重法地的范围不断扩大。这种对特定犯罪通过划定重法地、重法人，以非常之刑进行惩罚的做法，即是刑罚世轻世重思想的典型反映。

（二）量刑情节

1. 议、请、减制度

（1）“议”指八议，即议亲、议故、议贤、议能、议功、议贵、议勤、议宾。其目的是“重亲贤，敦故旧，尊宾贵，尚功能”，体现的是儒家所倡导的“刑不上大夫”的礼治原则。宋朝的八议，按照《宋刑统》的规定，具体内容是：议亲，指皇亲国戚，“谓皇帝袒免以上亲，及太皇太后、皇太后缌麻以上亲，皇后小功以上亲”。议故，指皇帝的故旧，“宿得侍见，特蒙接遇历久的人”。议贤，指有大德行的人，“贤人君子言行可为法则之人”。议能，指有大才业的人，“能整军旅、莅政事，盐梅帝道、师范人伦者”（盐梅意喻整治国政，常指宰相辅帝治国；师范人伦，即在对待封建礼教所规定的人与人的关系，特别是尊卑长幼之间的关系上堪为人师表和楷模）。议功，指有大功勋的人，“能斩将搴旗，摧峰万里；或率众归化，宁济一时，营救艰难，铭功太常者”。议贵，指官高爵贵者，“职事官三品以上，散官二品以上及爵一品者”。议勤，指有大勤劳者，“大将吏恪居官次，夙夜在公，若远使绝域，经涉险难者”。议宾，指前朝帝王后代，“承先代之后为国宾者”。《宋刑统·名例律·八议》云：“诸八议者，犯死罪，皆条所坐及应议之状，先奏请议，议定奏裁。流罪以下减一等。其犯十恶者不用此律。”就是说，议的意思是按其所犯罪行而议定罪名，并举出定刑所依据的法律，而不正式决定刑罚，待奏请皇帝裁决。凡应议之人犯死罪的，都要条列其所犯之罪，并且写明其为亲、故、贤、能、贵、功、勤、宾等应议的事由，先奏请议。对此奏依照法令应当进行都堂集议，议定处断后，报请皇帝裁决。

（2）“请”。按照《宋刑统》的规定，应请之人有三类，一是皇太子妃大功以上亲；二是应议者周以上亲及孙（“周亲”范围包括伯父母、叔父母、姑、兄弟、姊妹、妻、子女、侄）；三是官爵五品以上职事官，三品以下五品以上散官，二品以下五品以上勋官及爵。应请之人犯罪，与八议之人一样，也是“流罪以下减一等”，但其适用的犯罪范围比八议小。对符合“上请”的人，有关机关应逐条写清上请人所犯死罪的罪情，以及依律应该处绞还是处斩的刑等，且不需要经由门下省审查转呈，只需写状奏请皇帝，由皇帝敕令裁决（司法机关不得擅自决断）。上请之人犯流罪以下的，要减一等处罚。若“犯杀人、反逆缘坐、监守内奸、盗、略人及受财枉法者不用此律”不合上请。

（3）“减”。应减之人有两类，一是七品以上文武职事官、散官、卫官、勋官；二是官爵得请者之祖父母、父母、兄弟、姊妹、妻、子孙。应减之人，也是“流罪以下减一等”。如上请之人得减，所列之人亦得减；上请之人不得减，所列之人亦不得减。虽然在《宋刑统》中“请”“减”诸条是单列为一门的，但是从其立法精神和内容上我们可以看出，这些条文实际上是“八议”条的从属条文，是特权阶层在刑罚上的特殊待遇，反映了刑罚适用的不平等性。

2. 老幼疾犯罪

宋朝的统治者依据《周礼》的三赦（即幼弱、老耄、憃愚）之法，规定：“诸年七十以上、十五以下及废疾，犯流罪以下收赎。八十以上、十岁以下及笃疾，犯反、逆、杀人应死者上请；盗及伤人者亦收赎，余皆勿论。九十以上、七岁以下，虽有死罪，不加刑。即有人教令，坐其教令者，若有赃应备，受赃者备之。”反映了矜老恤幼的刑罚思想。

3. 留侍养亲

《宋刑统·名例律》卷三：“诸犯死罪非十恶，而祖父母、父母老疾应侍，家无周亲成丁者，上请。犯流罪者，权留养亲，不在赦例，课调依旧。若家有进丁及亲终周年者，则从流计程，会赦者，依常例。即至配所应侍，合居作者，亦听亲终周年，然后居作。”本条是指，非十恶应死罪犯，父祖老疾而无人侍养，犯流罪及死罪者，则可以暂缓执行，以便侍养父祖。留侍养亲适用的刑罚种类，律规定的是死刑和流刑，敕文则扩大到编管、刺配等，但是执行的内容却不相同。死刑是缓期执行，而流刑、编管、刺配刑等则是减轻执行，由远移近。

4. 共犯分首从

《宋刑统·名例律》卷五：“诸共犯罪者，以造意为首，随从者减一等。若家人共犯，止坐尊长。侵损于人者，以凡人首从论。即共监临主守为犯，虽造意，仍以监主为首，凡人以常从论。”谁是造意者谁就是首犯，其余附和犯罪者为从犯。一家人共同犯罪的，只追究同居尊长的刑事责任。“于法不坐者，归罪于其次尊长。”这是讲，尊长老疾，依律九十岁以上者虽居尊但不负刑事责任，其罪责应由次长者承担。且尊长只指男夫，假如妇人居尊，或虽妇人造意，均仍以男夫尊长来承担刑事责任。“侵损于人者，以凡人首从论。”侵指盗窃他人财物，损指斗殴杀伤他人之犯罪，侵损于他人的犯罪，以一般人共同犯罪区分首犯与从犯的原则论处。监临主守，即负责实地监临的主官，如其参与部属共同犯罪，即使他人造意犯罪，仍然以监主为首犯。

（三）自首制度

《宋刑统·名例律》卷五“犯罪未发自首”云：“诸犯罪未发而自首者，原其罪。其轻罪虽发，因首重罪者，免其重罪。即因问所劾之事而别言余罪者，亦如之。即遣人代首，若于法得相容隐者为首及相告言者，各听如罪人身自首法。其闻首告，被追不赴者，不得原罪。即自首不实及不尽者，以不实不尽之罪罪之，至死者，听减一等。其知人欲告及亡叛而自首者，减罪二等坐之；即亡叛者虽不自首，能归还本所者，亦同。其于人损伤，于物不可备偿，即事发逃亡，若越度关及奸，并私习天文者，并不在自首之例。”

1. 自首的种类

根据上述律文可知，宋朝的自首与唐朝的大体相似，自首主要有以下几种：第一，亲首。在犯罪尚未被发觉前，亲自到官府自首，并如实供述犯罪事实。第二，代首。即罪人犯罪后，出于本意，遣人代言。如果是依法得为相容隐的人到官府告发的，对罪犯以亲自认定并给予相应宽大处理。但是对“得相容隐的告言者”则视情况给予处罚。尊长告卑幼的，卑幼同自首免罚，尊长亦无罪；若卑幼告尊长，则视亲疏程度，分别承担不同的法律责任。第三，余罪自首。因别的事被审问，而交代尚未被发觉的犯罪，所告的余罪亦免除。即“因问所劾之事而别言余罪者，亦如之”。第四，案问自首。宋代的敕文还明确规定了“案（通‘按’）问欲举”亦为自首。案问自首是指罪犯在得知有人将要告发自己所犯之罪，或者是作为犯罪嫌疑人被询问，案情即将败露时候的自首。嘉祐七年（公元 1062 年）修纂的《嘉祐编敕》将案问自首的成立条件做了调整，使之更为具体并易于操作。该编敕规定：“应犯罪之人，或因疑被执，赃证未明，或徒党从就擒，未被指说，但因盘问便具招承，如此之类，皆从律案问欲举首减之科。若曾经盘问，隐拒本罪，便不在首减之例。”

2. 自首的法律后果

按照《宋刑统》的规定，罪犯自首后可视情节免予刑罚或是减等量刑。第一，免予刑罚。适用于犯罪事实尚未被发觉而主动向官府供述所犯之罪行。若犯有数罪，即使其中部分犯罪被告发，主动向官府供述尚未被发觉之罪的仍然成立自首，“其轻罪虽发，因首重罪者，免其重罪。即因问所劾之事而别言余罪者，亦如之”。第二，减等量刑。适用于“知人欲告及亡叛而自首者”。“知人欲告”是指犯罪者知道自己的犯罪事实已经为他人所发觉且准备告发的情形。“亡叛”，是指逃亡之人和谋叛之人已上道者。此类自首“减罪二等坐之”。第三，处以不实不尽之罪。“自首不实及不尽者，以不实不尽之罪罪之，至死者，听减一等。”所谓自首不实，是讲罪犯虽然自首，可是未将其罪如实自告，比如强盗得赃，自首时却说是盗窃，所得赃物尽管说清楚，仍然按照强盗罪中不得财定罪判处。所谓自首不尽，比如枉法得财十五匹，虽然首告十四匹，其余的一匹未自告，就是不尽之罪。处理时应以一匹不尽之罪判处。再如有人强盗二十四匹，自首了十匹，还有十四匹没有自首，按照法律规定合于处死，但以其自首，其罪状又是因自首而揭发出来的，所以犯死罪可减一等，处以加役流。①

3. 自首的适用范围

不是所有的罪犯自首后都可以免予刑罚或是减等量刑。根据律文的规定，“其于人损伤，于物不可备偿，即事发逃亡，若越度关及奸，并私习天文者，并不在自首之例”。“于人损伤”，指在实施犯罪时使用暴力损坏他人身体的。“于物不可备偿”，指不可赔偿的东西，如宝物、印章、符节、制书、官文书、甲弩、旌旗、幡帜、禁兵器和禁书之类，私家不可据有，自然就是不可赔偿的东西了。依据宋朝的律法，度关之罪有三等，越度、私度和冒度，其中越度是使用暴力，私度是偷行，因此规定虽自首亦不原。奸，在这里通常指通敌、勾结外敌的行为。有通敌行为的也不得原其罪。依照《宋刑统》的规定，天文玄妙，影响深远，不得私自学习，遇有违犯，虽自首不得原其罪。

（四）数罪并罚制度

宋朝的数罪并罚制度继承了唐律。《宋刑统·名例律》将数罪并罚区分为以下情况。

1. 二罪以上俱发

二罪以上俱发，是指一人犯两个以上的罪同时被发现。针对“二罪以上俱发”宋朝采取的是吸收原则，即重罪吸收轻罪。

（1）二罪同时案发。《宋刑统》规定：“诸二罪以上俱发，以重者

---

① 周密：《宋代刑法史》，法律出版社，2002，第94页。

论。等者从一。”即数罪同时被发现，仅就重罪给予刑事处罚。例如，甲犯盗绢五匹，应徒一年；又违律私自拥有兵器槊一杆，应徒一年半。就以家有禁兵器断处徒一年半。“等者从一。”若刑罚相同，就只需从一处断。例如，甲犯盗五匹，应徒一年，同时又犯斗殴折伤人罪，也应徒一年，两罪刑罚相同，就只需徒一年，但是仍然要列明罪犯所犯的不同罪行。

（2）一罪先发，余罪后发。《宋刑统》规定：“若一罪先发，已经论决，余罪后发，其轻若等勿论，重者更论之，通计前罪以充后数。”例如，甲打断乙的一颗牙齿，已经徒一年，后又折断丙的一根手指，也应徒一年，折指之罪后发，且与前罪处罚相同，“其轻若等勿论”，就不再追究后罪的刑事责任。但如果后罪处罚重，则要执行后罪与前罪的差额责任。例如，甲打断乙的一颗牙齿，已经徒一年，后又折断丙的二根手指，应徒一年半，折指之罪后发，则应将前罪已决之数从后罪应处之数中扣除，然后执行二者的差额，这样只需再服役半年即可。

（3）一事分为二罪。《宋刑统》规定：“其一事分为二罪，罪法若等，则累论。罪法不等者，则以重法并满轻法。累并不加重者，止从重。”《宋刑统》对“一事分为二罪”的处理与唐律完全相同。按一罪处罚，又区分“罪法若等”与“罪法不等”两种情况：第一，“罪法若等，则累论”。是指若两罪的处罚内容和程度相同，则累加处罚。例如，将价值绢五匹的私马，换取价值绢十匹的官马，依律必须将被调换的官马，其价值分两种处罚，其中五匹等值的部分为“准盗论”，应判徒刑一年，五匹获利的部分以“盗论”，也是应判徒刑一年。依律规定“诸盗窃，五匹徒一年，五匹加一等”，所以两罪累加为十匹，应处徒刑一年半。第二，“罪法不等者，则以重法并满轻法”。指如果两罪的处罚内容和程度不同，那么就将重罪之赃并入轻罪之赃依轻罪全额论处。通过累计不能达到加重处罚的量刑幅度，就只依其中的一项重罪论处。即所谓“累并不加重者，止从重”。

2. 犯罪已发已配更为罪

犯罪已发已配更为罪，是指犯罪已被告发或已被判刑在刑罚执行未完成前又犯新罪。这种情况属于再犯新罪。《宋刑统》规定：“诸犯罪已发及已配而更为罪者，各重其事。即重犯流者，依留住法决杖，于配所役三年。若已至配所更犯者，亦准此。即累流、徒应役者，不得过四年。若更犯流、徒罪者，准加杖例。其杖罪以下，亦各依数决之。累决笞、杖者，不得过二百。其应加杖者亦如之。”此处的“各重其事”为“各重其后犯之事而累科之”，即将旧罪、新罪的刑罚相加合并执行，实为并科原则。这里的“累科”也不是无限制地相加，按照律文的规定，“累科”的决笞、杖总数不得超过二百，流、徒刑年数不得超过四年。流、徒罪未处断或已处断未至配所而重新又犯流罪的，依照律法，流二千里决杖一百或流二千五百里决杖一百三十或流三千里决杖一百六十，仍各于配所服劳役三年。第一次犯流罪应服役一年，加上第二次的三年，总共要服劳役四年。对于徒刑又犯徒刑或流刑又犯徒刑的也是合并服役不超过四年。“累决笞、杖者，不得过二百。其应加杖者亦如之。”数罪决杖的总数不超过二百，例如初次决杖一百，又犯杖九十，再次犯杖五十，三罪总计二百四十，但处决不得超过二百。如其犯徒应加杖的也是如此。

（五）比附定罪

《宋刑统·名例律》卷六“断罪本条别有制与例不同”规定：“诸断罪而无正条，其应出罪者，则举重以明轻；其应入罪者，则举轻以明重。”

比附定罪，又称“比类”“类推”，即在法无明文规定的情况下比照最相类似的条文定罪量刑。所谓出罪举重明轻，是指法律条文对一些拥有严重危害后果的行为都未判罪，那么对于造成轻的危害后果的行为更不认为构成犯罪。例如，依照《贼盗律》的规定，夜间无故进入他人之家，主人把入侵者杀死都不构成犯罪，那么主人打伤无故入侵者当然就更谈不上是犯罪了。入罪举轻明重，是指法律条文对一些危害后果较轻的行为都已定罪，那么对于造成严重危害后果的行为当然要判定有罪。比附定罪的原则实际上就是类推，法官在无法无正条的规定时，依据案情，运用最相近似的条文来定罪。可见审判人员的自由裁量权极大，于是宋朝的统治者对此作出了限制，如《庆元条法事类》之《断狱》规定："诸断罪无正条者，比附定刑。虑不中者，奏裁。"其中"比附定刑"要求比照皇帝批准的先例定刑，若司法官员认为比附定刑可能存在不妥之处，难以准确公正地量刑时，应将案件上奏朝廷。两宋还多次编纂"刑名断例"以供比附之用。比附定罪量刑是一项灵活的司法活动，在一定程度上可以弥补法律的滞后性，同时也容易导致司法者自由裁量空间过大，出现罪行擅断、任意出入人罪的现象。

三、刑罚的执行

（一）折杖法

宋朝刑罚改革的一项重要内容就是创设了"折杖法"，即规定对笞、杖、徒、流四刑采用常行杖执行的制度。折杖法是对笞、杖、徒、流四刑具体执行方法和执行内容的规定，颁行于宋太祖建隆四年（公元 936 年），因此史称"建隆折杖法"，后又经宋徽宗"大观更定笞法""政和递减"两次修改。关于"折杖法"的性质，学者多有论述，主要集中于附加刑和代用刑的争论上，如今的意见更趋向于代用刑。但是笔者认为，折杖法并非属于具体的"刑罚种类"，而是关于笞、杖、徒、流四种刑罚执行方法和执行内容的规定，属于刑罚执行，将之定性为附加刑或是代用刑均不合适。

据《宋史·刑法志》记载："太祖受禅，始定折杖之制。凡流刑四：加役流，脊杖二十，配役三年。流三千里，脊杖二十；二千五百里，脊杖十八；二千里，脊杖十七，并配役一年。凡徒刑五：徒三年，脊杖二十；徒二年半，脊杖十八；二年，脊杖十七；一年半，脊杖十五；一年，脊杖十三。凡杖刑五：杖一百，臀杖二十；九十，臀杖十八；八十，臀杖十七；七十，臀杖十五；六十，臀杖十三。凡笞刑五：笞五十，臀杖十下；四十、三十，臀杖八下；二十、十，臀杖七下。常行官杖如周显德五年制，长三尺五寸，大头阔不过二寸，厚及小头径不得过九分。徒、流、笞通用常行杖，徒罪决而不役。”可知，经过折杖后“流刑得免远徙”，犯人不必流徙远地，就地服役即可；“徒刑得免役年”，犯人杖毕即放，不再服役；“笞杖得减决数”，笞刑、杖刑的杖数也相应地减少。这样的折杖看起来确实有“省刑从轻”之意，而且刑罚和监狱相为表里，折杖法的实施对于减轻居作场所的压力、减少执行刑期和监管制度都产生了一定的影响。但是折杖之法导致宋时杖刑泛滥，这从根本上打破了隋唐时期形成的五刑刑罚体系，使得生刑和死刑之间本来相对平衡的关系被破坏。

（二）易科

易科，又称“易刑”“换刑”，实为刑罚执行内容之变更。宋承唐律，易科有官当和赎铜两种。

1. 官当

官当，即“以官当徒”，是罪犯以官品抵免其由于犯罪而应当判处徒刑的一种方法。这一措施反映了官僚贵族的法律特权以及刑罚的不平等。《宋刑统·名例律》卷二“以官当徒”专条云：“诸犯私罪，以官当徒者，五品以上，一官当徒二年；九品以上，一官当徒一年。若犯公罪者，各加一年当。以官当流者，三流同比徒四年。其有二官，先以高者当，次以勋官当。行守者各以本品当，仍各解见任。若有余罪及更犯者，听以历任之官当。其流内官而任流外职，犯罪以流内官当及赎徒一年者，各解流外任。”宋朝的官当沿用唐律，区分公罪与私罪：“私罪，谓私自犯及对制诈不以实、受请枉法之类”；“公罪，谓缘公事致罪，而无私、曲者”。“二官”谓“职事官、散官、卫官为一官，勋官为一官”。职事官、散官、卫官计阶相等，故同为一官。勋官是从勋加授，故别为一官。所以是为二官。当一人拥有二官时，先用职事官、散官、卫官三种官内职位高的官去当。第二部再用勋官去当。

在唐律的基础上，宋朝的官当又有一些变化。其一是扩大了官当适用的刑罚范围。宋朝的刑罚在五刑之外还增加了编管刑和刺配刑，按照敕文的规定，可以比折为相应的徒年，然后再按照“以官当徒”的标准进行“官当”。如《庆元条法事类》“比罪”规定：配沙门岛比流二千里（即徒四年），余刺面配比徒三年，不刺面配比徒二年，编管比徒一年。其二是限制官当用“官”的范围。仍然沿用唐律规定，二官均可用于官当。但是勋官、散官的地位却大为下降。由于唐朝时勋官授受开始泛滥，五代持续发展，使得这一官衔变得无足轻重。所以淳化元年（公元990年），太宗又颁诏：“自今免官者，并以职事官，不得以勋、散事官之类。”进一步明确官当以“职事官”当。到宋神宗元丰官职改革前，散官、勋官虽然存在，但是已经不能用于官当了。南宋时法规明确规定：“诸爵及勋官不在议、请、减、赎、当、免之例。”

2. 赎铜

赎铜，即以钱财赎免犯罪而应受的刑罚。唐代规定“凡赎罪以铜”，因此称为“赎铜”。宋沿用唐律，在律文中规定了笞、杖、徒、流、死五刑相应的赎铜数额。即笞一十，赎铜一斤；笞二十，赎铜二斤；笞三十，赎铜三斤；笞四十，赎铜四斤；笞五十，赎铜五斤。杖六十，赎铜六斤。杖七十，赎铜七斤；杖八十，赎铜八斤；杖九十，赎铜九斤；杖一百，赎铜十斤。一年徒刑，赎铜二十斤；一年半，赎铜三十斤；二年，赎铜四十斤；二年半，赎铜五十斤；三年，赎铜六十斤。流二千里，赎铜八十斤；流二千五百里，赎铜九十斤；流三千里，赎铜一百斤。死刑赎铜一百二十斤。虽然宋代沿用了“赎铜”的名称，但实际上是以钱代铜。《庆元条法事类》规定：“赎铜，每斤一百二十文足。”即每赎铜一斤缴纳铜钱一百二十文足。宋太宗太平兴国三年（公元978年），规定使用铁钱的川陕地区诸州：“犯罪当赎者，每铜一斤，赎铁钱四百八十。”

赎铜适用的对象可分为两类：一是官僚、贵族；二是普通百姓。官僚、贵族犯罪可以钱赎刑，这一优待不仅适用于官僚、贵族自身，还荫及其亲属。而普通百姓，按照《宋刑统·名例律》卷四“老幼疾犯罪”的律文规定，只有符合老、幼、疾标准才能享受赎铜的优待。由此可见，赎铜事实上是赋予官僚、贵族法律特权的一种表现。

第八章　元朝

第一节　元朝的刑罚文化

一、社会背景

元朝是中国历史上第一个由少数民族（蒙古族）建立并统治全国的封建王朝，也是中国历史上一个疆域广阔的王朝。13 世纪初铁木真统一了蒙古各部落，建立了蒙古汗国，在灭掉西夏后，蒙古人于 1234 年灭金，1271 年忽必烈建立元朝，次年定都大都（今北京市），1276 年灭南宋，1279 年元朝消灭宋朝的残余势力，完成统一。1368 年，大都被攻占，元朝灭亡。

（一）政治环境

元朝是以蒙古贵族为主体包括汉族地主阶级和其他各族上层共同建立的封建政权。由于蒙古族的社会形态处在由奴隶制向封建制转变的过程，因此元朝的统治呈现两面性的特征。一方面，元朝统治者不得不吸收中原文化，吸收以儒家思想为主导的封建文明成果，实行汉化统治。汉化统治中汉法的先进性和权威性是元朝统治者不能否认的，儒家的纲纪礼义是成为中原之主所必行的“中国之道”。因此，奉行汉法也就成为元朝统治者的需要。另一方面，元朝统治者仍保留着奴隶制和早期封建制的落后因素，在统治上实行民族歧视和民族压迫政策。元朝将各族人民分为四个等级，即蒙古人、色目人、汉人、“南人”（“南人”为南宋统治区的百姓）。但是这种民族歧视、民族压迫的政策对于那些投靠蒙古统治者的汉族大地主阶级是不适用的。早期投靠蒙古统治者的汉族地主，如大兴史氏、易州张氏、真定董氏等，在元朝的地位和待遇都与蒙古贵族相差无几。而许多蒙古族的下层人民也没有享受到所谓统治民族的特权。草原上的蒙古牧民，在繁重的军役和租赋剥削之下日趋贫困，甚至破产流亡。到了元朝中叶，常有大批蒙古族贫民流到通州等地，有的被卖到汉、回之家。所以元朝的政治特点是民族矛盾与阶级矛盾相交织。

（二）经济环境

由于长期的战争，使得北方人口下降，农田大量荒废为牧场。在内地先进农业经济的影响下，元朝统治者逐渐放弃落后的游牧经济和剥削方式，实行“以农桑为急务”的政策。此外，还采取了兴修水利等其他恢复和发展农业生产的措施。元朝的手工业生产除官办作坊外，民间手工业比较发达，行业种类超过前代。由于驿传制度的完善和海运的开通，国内外交通空前发达，商业比唐、宋时代有了很大的发展。城市繁荣，盛况空前，出现了大都、杭州、泉州、广州等闻名世界的大都市。蒙古统治者在占领全国的过程中，除没收金朝和南宋的官田外，还占有大量无主荒田和侵夺有主民田。在元朝初期，蒙古王公贵族圈占民田为牧场的情况，已经相当严重。金、宋末年的汉族大地主，许多人因投降蒙古而保住了自己的田地财产，在新政权下他们继续兼并土地。贵族官僚掠夺土地，地主富豪兼并土地，使得贫富分化进一步加剧。元朝人民除要缴纳沉重的赋税外，还要承担繁重的杂泛差役。差役按里甲户等编派，如里正、主首（农村基层职事人员），隅正、坊正（城镇基层职事人员），仓官、库子（为官府保管财物的职事人员）等职役。又有修城、开河、筑堤、运输等力役。残酷的剥削和严重的民族压迫，激起了各民族人民的纷纷反抗。

二、刑罚思想

（一）民族歧视

民族歧视政策是元朝的基本国策，这一政策反映在元朝的法律、文化等方面。在定罪量刑上，元朝的法律极力维护蒙古人、色目人的特权，而专门制定针对汉人、“南人”的禁令。规定宗室及蒙古人案件，由中央大宗正府专门负责，汉人、“南人”诉案归刑部，且审判机关的正官亦由蒙古人担任。遇有蒙古人与汉人（包括“南人”）纠纷案件，多偏袒蒙古人。蒙古人在刑罚方面享有优待。据《元史·刑法志》记载：以蒙古人为主的一等人犯罪，要由专门的司法机构审理和拘押。“诸四怯薛及诸王、驸马、蒙古、色目之人，犯奸盗诈伪，从大宗正府治之。”“诸蒙古人居官犯法，论罪既定，必择蒙古官断之，行杖亦如之。”在监狱中，蒙古人囚犯一般会得到宽大的对待，既不受到拷打，也不同于其他等次的人犯那样要戴上狱具，蒙古人囚犯一般都是“散收”。“诸正蒙古人，除犯死罪，监禁依常法，有司毋得拷掠，仍日给饮食。犯真奸盗者，解束带佩囊，散收。余犯轻重者，以理对证，有司勿执拘之，逃逸者监收。”[①] 而对汉人、“南人”则规定多种禁制。如，规定蒙古人殴打汉人，汉人不得还手；禁止汉人、“南人”藏有兵器盔甲，凡私藏全副盔甲者，处死；禁止汉人习武，违者杖七十七等。这些立法规定反映出了元朝强烈的民族压迫。

（二）轻典治国

元朝汲取历史经验，采取轻缓、平恕的用刑思想治国。元世祖忽必烈明确提出“文治”纲领，提倡慎刑恤杀，反对滥杀无辜。这主要

---

① 邱汉平：《历代刑法志》，商务印书馆，2017，第478页。

表现在以下几个方面：一是立法规定上的轻缓。在拟定笞、杖之刑制时，忽必烈以“天饶他一下，地饶他一下，我饶他一下”为由，将旧制“十减其三”，以示用刑平恕。《元史・刑法志》中也有：“盖古者以墨、劓、剕、宫、大辟为五刑，后世除肉刑，乃以笞、杖、徒、流、死备五刑之数。元因之，更用轻典，盖亦仁矣。”二是治狱方面主张慎刑，崇尚轻典。据《元史・刑法志》记载：“世祖谓宰臣曰：‘朕或怒，有罪者使汝杀，汝勿杀，必迟回一二日乃覆奏。’”至元十九年（公元1282年），世祖曾经诏谕诸王：“先是云南重囚令便宜处决，恐滥及无辜，自今凡大辟罪，仍须待报。”自此，元朝把对死囚的处决权全部收归中央，出现了“自后继体之君，惟刑之恤，凡郡国有疑狱，必遣官覆谳而从轻，死罪审录无冤者，亦必待报，然后加刑”的局面。三是刑狱实践方面广施赦宥。元朝因为修佛事而释放囚犯的现象非常普遍。从元世祖开始，元朝赦宥囚犯几乎成为常行之制。如，至元十年五月世祖下诏：“天下狱囚，除杀人者待报，其余一概疏放，限以八月内自至大都，如期而至者皆赦之。”成宗大德六年（公元1302年）“帝有疾，释京师重囚三十八人”。顺帝至顺二年（公元1331年）为皇子古纳答刺修佛事，释在京囚，死罪者二人，杖罪者四十七人。至正十四年（公元1354年）皇太子修佛事，释京师死罪以下囚。四是死囚方面实行“免死”充军、配隶。对一些死囚犯实行“免死”之策，或者充军，或者配隶。“免死”之策是元朝推行宽刑仁政的一种表现。如，至元十年（公元1273年）“有司断死罪五十人，诏加审覆，其十三人因斗殴杀人，免死充军，余令再三审覆以闻”①。

对于元朝的“轻典治国”，《元史・刑法志》评价道：“然则元之刑法，其得在仁厚，其失在乎缓弛而不知检也。”柯劭忞在《新元史・刑法志》中则针锋相对地指出，元朝在刑罚方面的最大弊端并不是失之

---

① 夏淑云：《元朝刑罚思想略考》，《犯罪与改造研究》2008年第9期。

缓驰，而是没有形成整齐划一的法规，没有制定一代之刑典。“元之刑法，论者谓得之仁厚，失之纵驰，是不然。”“然帝临时裁决，往往以意出入增减，不尽用格例也。其后，挟私用谲之吏，夤缘放效，骫法自颛，是谓任意而不任法，非纵驰之过也。”① 虽然元朝在用刑上采取了一些宽大的措施，但实际操作层面，缺乏对法律规则的严格遵循和统一执行，最终导致了司法公正性的受损和法律权威的削弱。

三、刑事立法

（一）蒙古国时期的立法

古代蒙古的首领对部众发布的命令称为“札撒”，札撒意为法令、法律、规则等。早在1202年成吉思汗征讨塔塔尔时，首次颁布了“札萨”。次年，消灭了克烈部王罕，召集“忽里勒台”大会，制定了较为完善的“札萨”。公元1219年，成吉思汗又一次召集大会，重新规定了训令和原有习惯，并用文字记载下来，定名为《大札萨》。1225年再次颁布札撒和训令，至此《大札撒》的编辑工作告一段落。“札萨”本是成吉思汗就具体场合的不同情况，根据蒙古族传统的习惯和风俗制定的临时性的专门法令，但由于“凡断了的事，写在青册上，已后不许诸人更改”，② 擅自改动者要被治罪，故札萨也就成了常法。蒙古国时期，札萨的内容庞杂，包括刑事、民事、军事、宗教、审判、治安等各个方面，旨在保护蒙古人的游牧经济和社会秩序。成吉思汗去世之后，太宗窝阔台、定宗贵由、宪宗蒙哥三朝都继续遵秦“大札萨”。在蒙古灭金后，随着汉地纳入蒙古国的统治范围，“大札撒”已明显不能适应新的状况，于是蒙古统治者开始接触一些零散的汉法。随着蒙古

① 高潮、马建石主编《中国历代刑法志注译》，吉林人民出版社，1994，第777页。

② 《蒙古秘史》卷八第二零三节，内蒙古人民出版社，1980，第1011页。

统治在北方汉人地区逐渐稳定下来，在原金朝所占据的中原地区仍使用《泰和律义》被临时性采纳，即所谓“百司断理狱讼，循用金律”。从总体来看，这一时期的刑事立法是以蒙古国的习惯法占据统治地位，虽然有简单的成文法，但是也极其粗陋，而且还有极强的军事性。

（二）元朝统一后的立法

至元八年（公元 1271 年），忽必烈宣布定国号“大元”，同时宣布禁用金代的《泰和律义》，并开始制定适应统一国家治理的法律制度。

元代刑法的形式主要有条格、断例、诏制。第一，条格。据《新元史・刑法志》记载：“刑律之条格，画一之治也。”元代的条格是元初蒙古法律的条画、条令与唐宋法律的令、格、式结合而成的法律形式。它主要是经过皇帝亲自发布，或者直接由中书省等中央行政机关下发给下属部门的政令，故有时直呼其为“政令”。元世祖忽必烈曾颁《中统条格》，至元时又颁《至元新格》，皆为编纂成集的“条格”。成宗时曾颁《灭盗贼条格》《强盗窃盗罪条格》《官吏受赇条格》，是为刑事特别法，是专法，与所谓“画一之法”的条格有所区别。英宗时颁行的《大元通制》，其主体内容亦为条格。元末的《至正条格》是对《大元通制》的补充，其内容包括诏制一百五十条、条格一千七百条，断例一千零五十九条，共两千九百零九条。第二，断例。据《新元史・刑法志》记载：“断例作为因事立法，断一事而为一例者也。”断例本为审断案件的成例，在元代，其意义发展有两种类型：一是“断一事而为一例”的“断案事例”，即为判例，又称“条例”。二是具有“画一之法”性质的“断案通例”，具有律文的意义。元人吴澄在《大元通制条例纲目后序》中明确指出，其为“一循古律篇题之次第而类辑”。断例实际上已经成为元代“律”的代名词，为“皇元一代之新律”。第三，诏制。据《新元史・刑法志》记载：“诏制，则不依格例而裁之自上者也。”元代所谓的“诏制”，就是唐、宋及辽、金的敕。据元人欧阳玄所撰《至正条格序》说：“制诏，国之典常，尊而阁之，礼也。”他声称：“我元以忠质治天下，宽厚得民心，简易定国政，临事制宣，晋叔向所谓古人‘议事以制’之意，斯谓得之。请以制诏三本，一置宣文阁，以备圣览；一留中书，藏国史院；条格断例申命锓梓，示万方。”[①] 由此可见，诏制从立法者的本意看，就是要将它束之高阁，唯一的作用是以备朝廷查考、参照或修史用。

至元二十八年（公元1291年）颁行《至元新格》。据《元史纪事本末·律令之定》云：“右丞何荣祖，家世业吏，习于律令，乃以公规、治民、御盗、理财等十事辑为一书，名曰《至元新格》，上之。帝命刻板颁行，使百司遵守。”《至元新格》是元朝统一全国后最早的一部较为系统的法典，从形式上看，它“大致取一时所行事例，编为条格而已，不比附旧律”，内容兼有行政法和刑事法律。《至元新格》全文已佚失，但我们还可从《大元通制》和《元典章》中看到它的九十六条内容。它的特点是：虽宏法大纲，不数千言。许多情况下由于执行的任意性，“犹如无法”，造成了治理上的严重混乱。这是因为它无法把蒙古法与汉法“兼容并蓄”。所以《至元新格》虽然成书颁行，却并没有从根本上解决元朝法无定制的问题。

元朝的法律体系主要是由条格和断例单行法规构成，随着时间变化，颁布的格例越来越多，出现了繁杂重出、罪同罚异的情况，这就为各级官吏徇私打开了方便之门。为了消除上述弊端，英宗至治三年（公元1323年）以《风宪宏纲》为基础，制定了一部有关国家各部类单行法的汇编集成，即《大元通制》。《大元通制》是元代的一部重要的法典，分为诏制（九十四条）、条格（一千一百五十一条）、断例（七百一十七条）、别类（五百七十七条）四部分。《大元通制》共有篇目二十个，谓：名例、卫禁、职制、祭令、学规、军律、户婚、食货、大恶、奸非、盗贼、诈伪、诉讼、斗殴、杀伤、禁令、杂犯、捕亡、

① 欧阳玄：《圭斋文集》卷七《至正条格序》，商务印书馆，民国影印本，第47页。

恤刑、平反。书中五刑的名目为："凡七下至五十七，谓之笞刑；凡六十七至一百七，谓之杖刑。其徒法，年数杖数，相附丽为加减，盐徒盗贼既决又镣之。流则南人迁于辽阳迤北之地，北人迁于南方湖广之乡。死刑，则有斩无绞，恶逆之极者，又有凌迟处死之法焉。"①《大元通制》的编纂体例和内容沿袭了唐宋法典，可谓"其于古律，暗用而明不用，名废而实不废"。《大元通制》的编成，标志着元朝的法典基本上已经定型。②

《元典章》是元朝地方官员自行编制的一部法律汇编，全称《大元圣政国朝典章》。它是江西地方政府主持编纂的，所收为自元世祖至英宗至治二年（公元 1322 年）颁布的圣旨条画、律令格例以及司法部门所判案例等。《元典章》分为《前集》和《新集》。《前集》约刊于仁宗延祐七年（公元 1320 年），共六十卷，下设三百七十三目。《新集》约刊于英宗至治三年（公元 1323 年），不分卷。《元典章》虽非元朝中央政府所颁布，但仍系统地保存了元朝法律的内容，成为研究元朝社会及法律的珍贵材料。

综观有元一代，其立法特点是法律形式极不规范。元朝从一开始就极力排斥汉族原有的法律体系，始终没有按照唐宋的传统，修订类似的律典，而代之以符合蒙古习惯的令、格、制、敕、例等多种法律形式。在这些法律形式中，以反映社会习惯为主要内容的条格、断例占有绝对优势。这种状况虽然有利于适应新情况，而不拘泥于旧制，但也产生了"有例可援，无法可守"和奸贪之吏任意弄法舞文的混乱局面。另外还应指出的是，元朝虽然没有沿袭唐宋的立法形式，但在法律内容上却采用了"暗用而名不用，名废而实不废"的做法，将大量的唐宋律文以"断例"的形式为其所用。③

---

① 高潮、马建石主编《中国历代刑法志注译》，吉林人民出版社，1994，第 617 页。

② 朱勇主编《中国法制史》，中国政法大学出版社，2008，第 208 页。

③ 张晋藩主编《中国法制史》，中国政法大学出版社，1999，第 270 页。

第二节　元朝的刑罚制度

一、刑罚体系和种类

（一）五刑

元朝的五刑也是以笞、杖、徒、流、死为基础，但是在体制上与唐宋有很大的不同。其变化主要表现为：笞、杖刑以“七”为尾数；徒刑附加杖刑；流刑不分里数只列地方；死刑有斩无绞，凌迟列为常刑。具体如下：

1. 笞刑

“七下、十七、二十七、三十七、四十七、五十七。”元代的笞刑自七下到五十七下共六等。

2. 杖刑

“六十七、七十七、八十七、九十七、一百七。”元代杖刑自六十七至一百七共五等。

忽必烈建立元朝后为了标榜“用刑宽恕”，笞杖之制相较于唐宋有两个变化：一是沿用蒙古旧制各减三下，即忽必烈提出的“天饶他一下，地饶他一下，我饶他一下”，将旧制“十减其三”，笞杖之刑均以七为尾数成为定制。但也不全都如此，元朝后期又出现“匿税者笞五十，贩私盐、茶者杖七十，私宰马牛者杖一百”的杖制。二是折代。元初的统治者以金朝的《泰和律义》为依据，建立起了五刑制度。笞、杖刑是刑罚体系中的第一级。对于笞、杖刑，在执行量刑标准的时候，按照“十减其三”的折减办法，分别将笞十以上的两个相邻刑等归并为一个刑等进行折减，如将金律中笞二十、笞三十合并为元律的笞十七刑等进行处罚。因而被归并的两个刑等中原先处罚重的那个刑等，现在被降低到比原来低一等的档次上量刑。按金律六十以上，七十以下应处杖刑，元朝按照“十减三”折代笞刑五十七。这样一来，元朝的杖刑就只剩下四等，于是又往上加了一等，即为杖一百零七下。结果反倒是元朝的笞杖之刑比他朝都多七下，超过了一百，并未有任何减轻。元朝司法官员也意识到了这一点，元成宗大德年间，刑部尚书王约屡次上言：“本国朝用刑宽恕，笞杖十减其三，故笞一十减为七，今之杖一百者，宜止九十七，不当又加十也。”然而统治者疏于政事，王约的建言并没有被采纳。而且元初刑制混乱，多用杖不施笞。至元三十一年（公元 1294 年），成宗初即位，御史台臣上言：“先朝决狱，随罪轻重，笞杖异施。今止用杖，乞如旧制。”但成宗不允。直到大德九年（公元 1305 年），才正式由刑部明定：“五十七以下当用笞，六十七以上当用杖行之。”①

凡笞、杖皆有定制，均长三尺五寸，“并勘削节目，无令筋胶诸物装订”。笞，大头径二分七厘，小头径一分七厘，行笞用，即决罪五十七以下用之；杖，大头径三分二厘，小头径二分二厘，行杖用，即决罪六十七以上用之；又有讯杖，大头径四分五厘，小头径三分五厘，考讯时用。决笞及杖者，臀受；拷讯者，臀、股分受。脊杖之制，则明令停废。②

3. 徒刑

“一年，杖六十七；一年半，杖七十七；二年，杖八十七；二年半，杖九十七；三年，杖一百七。”诸犯徒者，皆先决讫，然后发遣合属，带镣居役。服徒刑者，“昼夜带镣居役，夜则入囚牢房”，配役地点为有金、银、铜、铁矿产地，或是需要大量人力进行开发和维护的地区，例如屯田、堤岸、桥道等公共工程项目所在地。配役者还要黥。

① 祖生利、李崇兴点校《大元圣政国朝典章·刑部》，山西古籍出版社，2004，第 16 页。

② 邱汉平：《历代刑法志》，商务印书馆，2017，第 481 页。

英宗时，集贤学士、侍御史曹伯启奉诏参加刊定《大元通制》，曾上言：“五刑者，刑异五等。今黥、杖、徒役于千里之外，百无一生还者，是一人身备五刑，非五刑各底于人也。法当改易。”说明服徒刑者，非但加黥、加杖，而且配役常在千里之外，从而“百无一生还者”，名为徒刑，实则死刑。[①]

4. 流刑

《元史》云：“流则南人迁于辽阳迤北之地，北人迁于南方湖广之乡”“诸流远囚徒，惟女直、高丽二族流湖广，余并流奴儿干及取海青之地。”[②] 与唐宋刑制不同，元法律条文设定的流刑是笼统的，通常用“流远”“杖一百七，流远”“流”表示，并未标明道里远近。此外，元朝的流放地又有“轻重地面”之分。这里所指的“轻重”并不与距离远近等同，而是主要指当地的生活条件和开发程度。在执行流刑的时候，对于同等级的流刑犯，根据罪犯所犯罪行之轻重，重者流放到荒凉未辟条件较艰苦处，轻者则流放到开发日久条件较优越处。元仁宗延祐七年（公元1320年）七月，中书省规定：“今后若有流囚，照依所犯分拣，重者发付奴儿干地，轻者于肇州从宜安置，屯种自赡，似为便益。”[③] 在这里，奴儿干与肇州均属离京三千里之远的流远之地，但相对于偏僻荒凉的奴儿干，经过辽金二代初步开发的肇州即为轻地。而同一等级中流刑犯中情节相对较轻的就被安置于肇州，较重者即被安置于奴儿干。判处流刑的同时都要加杖刑，通常是杖“一百七”。如，持凶器抢劫“但得财，断一百七，交出军”，“初犯偷盗驼、马、牛，为首的一百七，出军”。元朝流刑适用对象大体上可划分为两类：一为普通百姓。普通百姓则多因犯盗贼、私盐等刑事重罪而被处以流刑。另一类重要对象则是贵族官僚，特别是与“黄金家族”有血缘关

① 王宏治：《中国刑法史讲义》，商务印书馆，2019，第256页。

② 宋濂撰《元史》卷一二，中华书局，1976，影印本。

③ 《大元圣政国朝典章》卷三十九，中国广播电视出版社，1998，第2351页。

系的宗亲贵族。元朝没有历代汉族王朝那样稳定的皇位继承制，新君常于激烈的权力斗争后登基，继位后首先就要清算那些与其竞争帝位的皇族亲贵。较之前后诸朝，流刑在元朝更常被施用于政治斗争中失败的一方。

5. 死刑

元朝的死刑分为斩和凌迟两种。沈家本在《历代刑法考》中提出，“元制死罪，有斩无绞，而《元典章》所载旧案往往称引旧例，应绞而改其名曰处死，此又其用法之独异者。”虽然对于元朝的有斩无绞存有争议，但是凌迟适用于直接危害礼教秩序的重大犯罪则是不争的事实。仁宗延祐三年（公元 1316 年）曾颁敕：“大辟罪，临刑敢有横加刲割者，以重罪论。”禁止对一般死刑犯滥用凌迟。元代对于一般刑事犯罪的死刑，在执行时比较慎重宽宥。据《元史》记载，每年年底统计，死刑人数不超过几十人，多时也就一百余人，最少时仅七人。杂犯死罪者大多以充军边远地区代替。如世祖至元十年（公元 1273 年），“有司断死罪五十人，诏加审覆，其十三人因斗殴杀人，免死充军，余令再三审覆以闻”。至元十年左右，各“断死罪三十九人”。至元十九年（公元 1282 年）规定：天下重囚，除谋反、大逆、杀祖父母、杀父母、妻杀夫、奴杀主，因奸杀夫，并正典刑外，余犯死罪者，令充日本、占城、缅国军①。这种方式后被明、清所继承。

（二）附加刑

1. 刺字刑

刺字刑是一种既残忍又屈辱的刑罚，是古时黥刑的复活，宋朝称为刺配，是作为流刑的附加刑适用的。有元一代，刺字刑主要是针对“诸盗”适用，即抢劫、盗窃、侵占公私财物的犯罪。而且根据犯罪程度的不同，所刺的部位也不同。据《元典章》卷四九《刑部十一》中

① 宋濂撰《元史》卷一二，中华书局，1976，影印本。

的“强窃盗贼通例”条记载：“诸窃盗初犯刺左臂（谓已得财者），再犯刺右臂，三犯刺项。强盗初犯刺项并充警迹人。”从这里可以看出，窃盗中再犯和三犯重于初犯，故所刺的方位也越来越明显。强盗的罪行要大于窃盗，初犯就要在脖子上刺字，并且要受到官的严密监视和控制。元朝时，对一些有特殊身份的罪犯或在特殊情形下的犯罪，可以免除刺字。如《刑部十一》中专设了“免刺”目，计有“蒙古及妇人免刺”“偷砍树木免刺”“知情不曾上盗免刺”“子随父上盗免刺”“亲属相盗免刺”“受雇人盗主物免刺”“两姨兄弟免刺”“偷粟米贼人免刺”“老幼笃废疾免刺”“父首子盗羊免刺”“僧盗师祖物免刺”“盗神灰免刺”“主偷佃物免刺”“从贼不得财免刺”“劫族弟物免刺”等十五条。

2. 罚、没

元朝的罚主要针对官吏职事犯罪的处罚，一般是较轻微的犯罪，扣发俸禄折罪。如“诸有司遗失印信，随即寻获者，罚俸一月”。[①] 没，即没收，是对违禁之物、私度关津之物的没收，以及对谋反谋大逆者家资的籍没。《元史·刑法志·食货》规定“诸犯私盐者，杖七十，徒二年，财产一半没官”“犯私茶，杖七十，茶一半没官”“诸铁法，无引私贩者，比私盐减一等，杖六十，铁没官”等。此种刑罚，不但惩治了犯罪人，而且在一定程度上扩充了国库。

（三）法外刑

在五刑之外，元朝的司法机关任意执行刑罚，恢复了诸如黥、劓鼻、割舌、断手足、剥皮、抽筋、俎醢、磔等肉刑。如元顺帝后至元二年（公元 1336 年），诏令：“盗牛马者劓。盗骡驴者黥额，再犯劓。劓后再犯者死。”元世祖时阿合马担任丞相，擅自专权，专用酷吏为刑部官员。比如刑部侍郎王仪，就以特别残忍苛刻出名。《新元史·刑法

① 邱汉平：《历代刑法志》，商务印书馆，2017，第 459 页。

志》记载："比年以来，外路官府酷法虐人，有不招承者，跪于磁芒碎瓦之上，不胜痛楚，人不能堪，罪之有无，何求不得。其余法外惨刻，又不止此。"至元十九年（公元1282年）王著、高和尚等"为民除害"，刺杀奸相阿合马。世祖震怒，"诛王著、张易、高和尚于市，皆醢之"。其后又得知阿合马奸状，"追论其罪，剖棺戮尸，醢其二子。又戮其第三子，剥皮以徇。帝欲意惩奸吏，故用法特严。然剥皮及菹醢之法，唐宋以来，所未有也"[①]。这与唐宋相比无疑是一种倒退。

二、刑罚的裁量

（一）量刑原则

1. 处罚不平等，同罪异罚

第一，民族间的不平等。元朝的民族歧视政策反映在刑事法律上是同罪异罚，即在刑罚上使用"南北异制"，实行公开的不平等。在法律上明确规定蒙古人与汉人（尤其是"南人"）犯罪同罪异罚。如盗窃罪，犯人均处黥刺之刑，而蒙古人则免刺。蒙古人因争斗或酒醉打死汉人，只是"断罚出征，并全征烧埋银（丧葬费）"；反之在同样情况下，汉人（包括"南人"）若是打死蒙古人，必须处死，还要照付烧埋银（丧葬费）。蒙古人除了犯死罪，概不监禁，甚至也不执拘，死罪监禁也不准拷掠。相反，汉人（包括"南人"）无论犯什么罪，无论罪轻罪重，不仅要监禁，还要带沉重的枷锁，受各种残酷的刑罚。第二，社会地位的不平等。受奴隶制社会的影响，元朝保留了蓄养奴婢的合法性。在元代将大量的汉人、"南人"论为"罪人"，变为国家奴隶，在刑罚上适用主奴、良贱同罪异罚的不平等原则。例如，法律确认奴主不仅有权对奴婢任意施行刺面、铁枷、钉头、劓鼻等残酷刑

---

① 柯劭忞：《新元史·刑法志》，中国书店，1985。

罚，还可以随意奸淫女奴，而不受任何处分。[①] 第三，僧侣享有绝对的刑罚特权。元朝对于僧侣犯罪及监禁，不仅与普通的汉人明显不同，甚至与蒙古人也有所区别，享受着绝对的特权。僧侣违法犯罪，官府上至皇帝，下至县官，大都不予过问。僧侣即便因罪必须拘押，也不是一般的监狱所能收禁的。元朝在中央设有宣政院，主管全国佛教事务，宣政院（设置有监狱，地方各路也设有宣政院）专门用于审理拘押犯罪僧人。僧侣一般犯罪不受法律制裁，司法机关只能对僧侣犯奸盗、诈伪、杀伤人等重罪进行处理，且须上报宣政院。“诸僧、道、儒人有争，有司勿问，止令三家所掌会问……诸僧人但犯奸盗、诈伪、致伤人命及诸重罪，有司归问。其自相争告，从各寺院住持本管头目归问。”[②] 另一方面，法律还对一切侵害僧侣人身的行为予以严惩。法律上的特权，致使僧侣们“恣意纵囚，以售其奸宄，俾善良者暗哑而饮恨，识者病之”。

2. 任意而不任法

虽然元朝统一后先后颁行了《至元新格》《大元通制》《至正条格》等成文法律，但是在适用的时候，统治者又往往任意增减，不尽用格例，即所谓“任意而不任法”，虽然制定了法律，但根本不依法，而且统治者任意出入人罪。如前所述，元制执行死刑的方式为斩、凌迟。但是在实际适用中又多法外滥刑，任意而法的现象大量存在和发生。如《续资治通鉴》卷一九〇《元纪八》中记载：“至元二十九年二月，己巳，申禁鞭背国法，不用徒、流、黥、绞之刑，惟杖臀，自十七分等加至百单七而止。然斩、剐之刑，则又往往滥用之，至其酷也，或生剥人皮；又有三段铲杀法，未之除也。”[③]

---

① 朱勇主编《中国法制史》，中国政法大学出版社，2008，第 209 页。

② 高潮、马建石主编《中国历代刑法志注译》，吉林人民出版社，1994，第 653 页。

③ 毕沅：《续资治通鉴》卷一九〇《元纪八》，古籍出版社，1957，第 5188 页。

（二）量刑情节

1. 八议、五服等制度

元朝统治者继受了中原儒家礼教精神，同时在刑事法制上也汲取了唐宋之制。例如适用五刑，规定十恶重罪、八议制度、准五服以制罪等。第一，八议。《元史·刑法志》对八议的解释是沿袭了《唐律疏议》的内容，但是元朝对“八议”则只用其精神，在具体适用上则凸显民族不平等的特点。元统治者将人分为四等，其中蒙古人地位最高，色目人、汉人、“南人”（南宋遗民）次之。蒙古贵族，尤其是由侍卫出身的贵族，享有较大的法律特权。“国家待国人异色目，待世族异庶人。其有大勋劳于王室者，则固当有九死无与之赐，十世犹宥之恩欤？若夫官由制授者，必闻奏而论罪，罚，从吏议者，许功过之相赎，岂非八议之遗意乎？”[①] 此“大勋劳于王室者”，主要指曾鞍前马后追随汗王或皇帝的亲兵等。又如“蒙古人居官犯法，论罪既定，必择蒙古官断之，行杖亦如之。诸四怯薛及诸王、驸马、蒙古、色目之人，犯奸盗诈伪，从大宗正府治之”[②]。这就为庇护属于一、二等级的犯人，为其减免罪责埋下了伏笔。武宗至大二年（公元1309年），李兰奚以私怨杀人，依法应当处死，但由于“大宗正也可札鲁忽赤议学兰奚贵为国族，乞杖之，流北鄙从军，从之”。第二，五服。元成宗大德年间编纂的《大德典章》收入了《新降本族五服之图》等六幅“丧服图”。其后的《元典章·礼部》也将“丧服图”列入礼制之中。《经世大典·宪典总序》在谈到“五服”时说：“国家初得天下，服制未行。大德八年，饬中外官吏丧其亲三年。至治以来，通制成书，乃著五服于令。”服制对于宗法关系来说，是区别尊卑亲疏的标志，其用于刑法，则将礼与情引入量刑原则。“服重则礼严，故悖礼之至，从重典；服近则情亲，

---

① 苏天爵编《元文类》卷四十二《杂著·宪典总序》，上海古籍出版社，1993，第552页。

② 邱汉平：《历代刑法志》，商务印书馆，2017，第451页。

故原情之至，从恕法。”“有以服论而从重者，诸杀伤奸私是也。有以服论而从轻者，诸盗同属财是也。”故服制既是礼制，又是法制。元朝的法典不仅将“五服”作为专条列于“名例篇”中，而且还附以“五服图”，为明、清的刑事立法提供了“丧服图”的基本模式。由此可见，元代蒙古族统治者对汉族传统的法律文化不仅有所继承，而且还有所发展，有所创新。这也可以说是蒙古族对中华法律文明发展的一项贡献。[①] 第三，存留养亲。据《元史·刑法志》记载：“诸窃盗应徒，若有祖父母、父母年老，无兼丁侍养者，刺断免徒；再犯而亲尚存者，候亲终日，发遣居役。”“诸兄弟同盗，罪皆至死，父母老而乏养者，内以一人情罪可逭者，免死养亲。”仁宗延祐三年（公元1316年）宜春县贺六因窃盗人钞，依例应杖断七十七下，刺左臂并徒一年，但因其祖母、父母皆年老患病，家中别无兼丁侍奉，因而免除其配役。

2. 老幼疾及妇人犯罪

《元史》记载：“诸年老七十以上，年幼十五以下，不任杖责者，赎。诸罪人癃笃残疾，有妨科决者，赎。”针对年幼十五岁以下，年老七十岁以上者，适用较轻的刑罚制度。即对老弱重病及有残疾的罪犯，不能经受杖刑的，允许其罚赎。《元史》“刑法志三”记载：“诸幼小为盗，事发长大，以幼小论。未老疾为盗，事发老疾，以老疾论。其所当罪，听赎，仍免刺配。诸犯罪亦如之。”即年幼时犯盗罪，事发时已成年，仍以年幼时论；年轻没有疾病时犯罪，事发时已经年老或者患疾，以老疾论。这实际上是对时间效力——溯及力的一种规定，从处罚来看采用的是“从轻原则”。又《元史》“刑法志四”中记载：“诸十五以下小儿，过失杀人者，免罪，征烧埋银。诸十五以下小儿，因争毁伤人致死者，听赎，征烧埋银给苦主。”“诸幼小自相作戏，误伤致死者，不坐。”十五岁以下年幼者，过失致人死亡的，免罪，但要缴纳

---

① 王宏治：《中国刑法史讲义》，商务印书馆，2019，第246—248页。

丧葬费；因寻衅滋事、斗殴伤人致死者，判赎刑，且应缴纳丧葬费。幼小者相互游戏而误伤致死的，不承担责任。

对女性犯罪亦规定了较轻的处罚，如《元史》“刑法志三”记载：“其蒙古人有犯，及妇人犯者，不在刺字之例。”“诸女在室，丧其父，不能自存，有祖父母而不之恤，因盗祖父母钱者，不坐。”“诸妇人为盗，断罪，免刺配及充警迹人，免倍赃。”“诸妇人诱卖良人，罪应徒者，免徒。”上述内容表明：妇女犯罪，免除刺刑；妇女因丧父不能自存，且祖父母不予扶助，而盗其祖父母钱的，不追究刑事责任；妇女犯盗罪的，免征倍赃；妇女拐卖人口而应当被判处徒刑的，免除徒刑的执行。

3. 株连

元代刑罚，常株连家人，重罪除本人处死外，还籍没家资及妻女，并将妻女强行配人。元代籍没之法适用非常普遍。文宗天历元年（公元1328年），中书省臣上言：“凡有罪者，既籍其家资，又没其妻子，非古者罪人不孥之意。今后请勿没人妻子。”文宗批准“制可”。但是直到元末籍没仍然继续使用。

（三）自首制度

元朝初期，循用金《泰和律义》有关自首的旧例。如“犯罪未发而自首者，原其罪，正赃犹征如法”“若于法相容隐者为首，及相告言者。各所如罪人身自首法”“首罪不尽，以所余坐之”。而“越度关及奸，并不在自首之例”。除此以外，元朝的自首认定又有自己的特点。

1. 规定了自首期限

至元三年（公元1266年）诏：“招集逃亡军限百日诣所属陈首，原其罪。”至元二十一年（公元1284年）中书省下达公文，对盗窃官府钱粮并出逃的罪犯，要求他们在一个月之内自首。自首了就可以免罪。如果没有按期自首，而是由别人告发，则要按照条格来定罪处罚。

2. 规定了盗罪自首

首先适用未发自首的通例。“诸盗未发而自首者，原其罪”，且“能捕获同伴者，仍依例给赏”。在“略卖良人为奴婢”的条款中也同样规定：“其事未发而首者，若同党能悔过自首，擒获其党徒者，并原其罪，仍给赏之半。”这类似唐以来的捕首。但“其于事主有所损伤，及准首再犯，不在原免之例”。[①] 其次还规定了代为自首：“诸子盗父首、弟盗兄首、婿盗翁首，并同自首者免罪。诸奴盗主首者，断罪免刺，不征赔赃，仍付其主为奴。”对共盗自首的规定为“诸盗贼，为首者自首，免罪；为从不首仍全科”。

3. 规定了“官吏受赃悔过自首”

凡案情未发，官吏悔过退赃者免罪，即“受赃悔过自首，无不尽不实者，免罪；有不尽不实，止坐不尽之赃”。但如果知道有人行将告发而退赃的减罪二等，“若知人欲告而首及以赃还主，并减罪二等。闻知他处事发首者，计其日程虽不知，亦以知人欲告而首论。诡名（假名）代首者勿听。犯人实有病故，许亲属代首”。同时，对官吏本人及家人受贿予以区别。家属受贿，“官吏初不知，及知即首，官吏家人俱免；不即首，官吏减家人法二等坐，家人依本法。若官吏知情，故令家人受财，官吏依本法，家人免坐。官吏实不知者，止坐家人”[②]。为防止官吏利用自首逃避惩罚，杜绝官府回护赃吏，法律规定：出首必须在案发之前，御史台、按察司弹劾过的事项不能以自首结案；出首时必须随身携带赃物，或指明赃物所在，以防止日后勾追拖延；出首时必须向官府写明取受时间、因何事取受及行贿人姓名，防止以一当十，蒙混过关。取受人必须亲自当官陈首，不许子侄、奴隶代替，防止假托子侄、奴隶代为替罪。

---

① 祖生利、李崇兴点校《大元圣政国朝典章·刑部》，山西古籍出版社，2004，第237页。

② 邱汉平：《历代刑法志》，商务印书馆，2017，第460页。

4. 规定了自首的法律后果

依据《元史·刑法志》的记载："诸为盗悔过，以所盗赃还主者免罪。诸为盗得财者，闻有涉疑根捕（彻底逮捕），却以赃还主者，减二等论罪，免徒刺及倍赃。诸窃盗因事主盘诘，而自首服，其赃未还主者，计赃减二等论罪，刺字。"

（四）数罪并罚制度

元朝的数罪并罚与前朝相似。

1. 二罪以上俱发

《元史·刑法志》云："二罪以上俱发，从其重者论之。诸窃盗初犯刺左臂（谓已得财者），再犯刺右臂，三犯刺项。强盗初犯刺项并充警迹人，官司以法拘检关防之。""诸累过不悛，年七十以上，应罚赎者，仍减等科决。诸犯罪，二罪俱发，以重者论，罪等从一。"犯两罪以上的，以其重罪定罪处罚。初犯盗窃罪，并已得财的，在左臂上刺字，以示处罚。再犯盗窃罪的，在右臂上刺字；第三次犯的在脖子上刺字。对抢劫罪，初犯就在脖子上刺字，并被官府纳入重点管理和控制的人，以实施监管。凡屡犯罪而不改悔者，虽年七十以上，例得赎罪者，仍依法减等决罚。凡犯罪，若二罪同时事发，以重者定罪，若二罪轻重相同，则以一罪论定。

2. 若一罪先发，已经决论，余罪后发

《元史·刑法志》云："若一罪先发，已经论决，余罪后发，其轻若等，勿论；重者，更论之，通计前罪，以充后数。"若一罪先事发，并已判决定罪，又发现罪犯有其他犯罪，之后的罪若轻或与前罪相等，则不必另行定罪；若比前罪重，则须重新判决定罪，且须通计前罪之数累计到后罪之中。又"诸盗先犯后发，与后犯先发罪同者，勿论。诸先犯强盗刺断，再犯窃盗，止依再犯窃盗刺配"，"诸窃盗，一岁之中频犯者，从一重，论刺断"。犯的数个罪都是盗窃罪，先犯后被发现的与后犯先被发现的处罚相同，无须再重新判决定罪。若先犯的抢劫罪被判刺字刑，后再犯盗窃罪，就只以再犯的盗窃罪刺字并发配。凡一年中屡犯盗窃罪者，按照一罪从重处罚，刺字断罪。大德六年（公元1302年）《元典章·强窃盗贼通例》亦规定："诸盗经断后仍更为盗，前后三犯杖者徒，二犯徒者流，流而再犯者死，强盗两犯亦死。"

三、刑罚的执行

（一）赎刑

元代的赎刑制度是对金及金以前的历代赎刑制度的继承。

1. 赎刑的种类

据元人徐元瑞所著《吏学指南》记载，元朝赎刑有四种：第一，听赎，谓犯罪之人情有可矜者。犯罪的人有可以被怜悯、体恤的原因，可适用赎刑。如《元史·刑法志》记载："诸幼小为盗，事发长大，以幼小论。未老疾为盗，事发老疾，以老疾论。其所当罪，听赎，仍免刺配。诸犯罪亦如之。"小的时候犯了盗窃罪，长大以后才被发现，就按照幼小的时候犯罪论处。或者是年轻时、身体健康时犯盗窃罪，等年老、身体有病了才被发现，就按照老年人、有疾病的人犯罪来处理。对于他所犯的罪，允许用赎刑，免刺配，其他犯罪也是如此。第二，罚赎，谓犯公罪而赎免者。第三，收赎，谓老幼疾病之人应收赎者。是指犯罪的时候是老年人、幼童或者是身体有疾病的人。统治阶层从人道主义的立场出发，对这些人，允许用钱赎罪。第四，荫赎，藉亲荫而收赎罪者，所谓藉荫亲属也。

2. 赎刑的适用范围

元代的赎刑主要在以下两种情况中适用。第一，适用于职官犯较轻罪时，如《元史·刑法志》记载："诸牧民官，公罪之轻者，许罚赎。"具体又包括三种情形：一是职官犯公罪，即因公事致罪，而没有私人利益方面的动机。如各"递铺"官吏，"如有怠慢，初犯事轻者笞四十，赎铜”。二是职官犯私罪情节轻微。如犯“夜禁之法”应处笞刑者，准赎。“夜禁之法，一更三点钟声绝，禁人行。五更三点钟声动，听人行。有公事急速及丧病产育之类，则不在此限。违者笞二十七下，有官者笞七下，准赎元宝钞一贯。”①　三是，职官闲居与庶民百姓相互斗殴者，职官减一等，许其罚赎。第二，为体现统治者恤刑原则，对老弱重病及有残疾的允许赎免。《元史·刑法志》记载：“诸年老七十以上，年幼十五以下，不任杖责者，赎。诸罪人癃笃残疾，有妨科决者，赎。”但是为了维护封建王朝的统治秩序，对于某些严重危及社会的行为即使年过七十岁，也要减等科罚，不可赎。“诸累过不悛，年七十以上，应罚赎者，仍减等科决。”

此外，还规定了不许赎免的事项：“诸挑剜裨辏宝钞者，不分首从，杖一百七，徒一年，再犯流远。年七十以上者，呈禀定夺，毋辄听赎。”“诸小民恃年老，殴詈所属官长者，杖六十七，不听赎。”“诸年老奸人幼女，杖一百七，不听赎。”

3. 赎刑的标准

元朝的赎刑具有随意性的特征。主要是以银钞赎罪，此外还有“以战功自赎”“戍边赎”“决罚降官赎”等赎刑方式。甚至工作能力也可以成为赎罪的一种方式。世祖至元二十六年（公元 1289 年）二月大都路总管府判官萧仪因“有追钱之能，足赎其死”就是例证。以银钞作为赎刑方法时，又因罪犯身份、地位不同而用以赎罪的银钞数量不同。《吏学指南》中记载：“自唐宋以来，定数不等。今国家定制，每一下罚钞一两。”成宗元贞元年（公元 1295 年）定例：诸年七十以上、十五以下，及笃疾残疾者赎罪，“每杖笞一下，拟罚赎罪中统钞一贯”。元世祖于中统元年（公元 1260 年）七月发行“中统元宝交钞”，以丝为

---

①　祖生利、李崇兴点校《大元圣政国朝典章·刑部》，山西古籍出版社，2004，第 437 页。

钞本，以两为单位。十月又发行“中统元宝钞”，以银为钞本，以贯为单位。后者即通常所谓之“中统钞”。两种钞在全国无限制流通，钞一两等于宝钞一贯。故形成了“贯”“两”通用的习惯。

（二）烧埋银

烧埋银是元朝所创立的一项法律制度，它的具体内容是对枉死者的尸首经官验明，行凶者除按罪判刑外，家属须出烧埋钱予苦主，作为烧埋尸体的费用。这一制度后为明、清两代所继受。只不过，明代把烧埋银的征收范围缩小了，只作为一些过失犯罪，如车马杀伤人、威逼人致死等的附加刑罚。清朝继承明制，规定得更加详细。

“烧埋银”与赎刑不同。赎刑是行为人及其亲属向官府缴纳法律规定的金钱，以此不承担刑罚；而烧埋银则是专门支付给被害人亲属的赔偿，具有现代刑事附带民事赔偿的属性。元朝的“烧埋银”原则上都是白银五十两。“诸杀人者死，仍于家属征烧埋银五十两给苦主，无银者征中统钞一十锭，会赦免罪者倍之。”① 烧埋银并非仅仅是一种“私和钱”或“埋葬钱”那么简单，它更深层次的意义在于体现了法律适用的平等性。这一点也恰恰是元朝“烧埋银”制度的进步之处。

蒙古族入主中原建立元朝政权后，按民族及归属元朝统治的先后，将全国所有居民划分为四个社会等级，即蒙古人、色目人、汉人、“南人”。基于此在刑罚上实行民族歧视、民族不平等的原则。蒙古人杀死汉人与汉人杀死蒙古人的刑差非常大。但是，在征收烧埋银上却不因民族、身份、地位、年龄等因素减免，充分体现了平等性。这平等性表现在以下几个方面：第一，抛弃“四等人”的等级差别，无论是蒙古人杀死汉人还是汉人杀死蒙古人，都要求行为人给付被害人亲属五十两的烧埋银。《元史·刑法志》“杀伤”中规定：“诸蒙古人因争及趁醉殴死汉人者，断罚出征，并全征烧埋银。”第二，职官及特权阶层，

---

① 高潮、马建石主编《中国历代刑法志注译》，吉林人民出版社，1994，第744页。

不能享有因“八议”“官当”或“减赎”等特殊规定所带来的减免烧埋银的特权。例，“诸军官，因公乘怒，则命麾下殴人致死者，杖八十七，解职，期年后降先品一年叙，征烧埋银给苦主，若会赦，仍殿降征银”。第三，僧道虽然具有较高的社会地位，尽管法律规定对于僧人故意剥夺他人生命的行为会给予刑罚上的减免，但是烧埋银仍然要全额征收。“诸僧道杀人，烧埋银于常住追征。”第四，未达法定年龄的，可以有条件地免除刑罚，但是对死者家属的赔偿却不能免除。“诸十五以下小儿，过失杀人者，免罪，征烧埋银。诸十五以下小儿，因争毁伤人致死者，听赎，征烧埋银给苦主。”第五，身体有残疾的，减免刑罚，但是，烧埋银仍全额征收。“诸瞽者殴人，因伤致死，杖一百七，征烧埋银给苦主。诸病风狂，殴伤人致死，免罪，征烧埋银。”“瞽者”就是眼睛失明的人，“病风狂”是指患有精神障碍的病人。盲人和精神障碍患者都属于身体有残疾的人，与现代刑法限制行为能力人的减轻处罚相类似。

“烧埋银”不分种族的规定“虽偿命讫，仍出烧埋银五十两”，融合了中原“杀人偿命”的精神与其他族群“偿命价”的习俗，相对公平地解决了法律适用的矛盾冲突，也影响到了蒙古民族日后的法制发展进程。

第九章　明朝

第一节　明朝的刑罚文化

明朝的法律制度具有摆脱元朝体制、“恢复中华”的性质，吸取了唐宋精华并进行了创新。因此在立法技术和法律体系方面取得了比前朝更为卓越的成就。在这一时期，民间兴起了私家注释法律。随着海运的发展，明朝的法律制度向外传播到朝鲜、日本等国，这些都标志着中华法制文明发展到了一个新的阶段。

一、社会背景

明朝是在农民战争的基础上建立起来的王朝，它呈现出一系列显著的社会特征：政治大一统，君主专制达到极盛；经济大一统，经济恢复和发展，商品经济呈现繁盛的景象；疆域大一统，多民族国家的巩固和统一；思想大一统，恢复和强化了中华观念，强调中华一体；文化大一统，文化典籍的整理与编纂；对外大一统，受汉唐“天朝上国”思想的影响，明朝在实行对外开放政策（政治、文化方面）的同时也实行海禁政策。

（一）政治环境

明初，为了强化封建专制的统治并巩固国家统一，明太祖朱元璋采取了一系列的政治改革。他废除了丞相制，取消了中书省，提高了六部的地位，各部尚书直接对皇帝负责；设立都察院、大理寺和刑部，负责监察、司法事务；建立锦衣卫、设立五军都督府。这些举措极大地强化了封建专制统治。可是在新建立起来的统治集团内部，各种势力之间也是矛盾重重。再加上元朝的残余势力在塞外仍然称帝建国，梦想死灰复燃。面对这样的“乱世”，明太祖朱元璋确立了重典治世的方针，制定了一系列的严刑峻法。

在“重典治乱世”政策的指导下，明朝建立了厂卫制度。公元1382年明太祖朱元璋设立了锦衣卫，专门负责侦查、逮捕和审讯工作，主要针对那些散布反对大明王朝言论的人和那些以宗教为名的集团组织。公元1420年明成祖朱棣又设立了东厂，1477年设立了西厂，后又增设了内行厂。这些厂卫机构是明朝的特务机关，由宦官操纵并直接向皇帝负责。宦官集团操纵的厂卫机构凌驾于三法司（刑部、大理寺、都察院）之上，享有特殊的侦查权、司法权，他们罗织罪名、制造冤狱，手段极其残酷和毒辣。

当“重典治乱世”的目的达到后，朱元璋又及时调整刑事政策，转为“中典治平世”。明中期的嘉靖、万历年间，言论得到了开放，政治环境也相对宽松，文化、科技、军事、经济等各方面都有了大幅度发展，在万历时期资本主义萌芽开始出现。虽然明中期一度也出现了“万历中兴”的景象，但是也难以逃脱王朝发展的历史规律，封建统治秩序日益松弛和腐败，再加上宦官专权乱政，统治危机开始出现。地主豪强土地兼并日益严重，地主豪强把赋税负担都转嫁到农民的身上，弄得民不聊生纷纷起来反抗。

（二）经济环境

元朝统治时期，蒙古族的统治者带来了落后的奴隶制度，他们控制了数量巨大的奴隶，实行劳动力私有制，这对农业的生产和发展极其不利。明朝建国后，为增加国家的生产力，迅速恢复农业生产，明太祖朱元璋下令彻底废除奴隶制度，放还奴隶为民，这一解放人口的政策，对历史的发展起到了积极的作用。元朝由于连年战争，造成人口大量减少和土地大面积荒芜。明朝建国之初朱元璋采取了“休养生息”的政策。他压制豪强，减免赋税，在奖励垦荒屯田的同时还实施移民政策，把一些田少人多地方的百姓迁移去田多人少的地方居住。并且颁令凡开垦荒田者，田地尽归开垦者所有，如遇到旧业主返乡索要，将由相关机构在原来荒地附近另行拨补田产。[①] 这项法令的颁布，否定了战前的地主产权，承认了部分农民所占有的土地，极大地鼓舞了农民的热情，使明初的社会经济得到了迅速的恢复和发展。明中期自英宗以后，农业进入了高度发展的阶段。这个阶段无论农具制造还是农业生产技术都有了新的发展。同时经济作物的品种也有所增加，产量也相应提高，桑蚕业比以前更加发达。这一切都为手工业和商业的发展奠定了良好的基础。商品货币经济的发展，为资本主义萌芽的产生创造了有利的条件，在一些地区出现了资本主义性质的雇佣关系，而资本主义萌芽的产生，也促进了商品货币经济的发展。随着资本主义萌芽的逐步发展，思想上开始由“重农抑商”向“利义双行”转变，雇佣工人和商人的地位有所提高，传统的封建经济制度开始逐步衰落和动摇。统治者为维护封建专制制度，必然运用“重典治国”的策略，制定重法和使用酷刑来严厉打击危害封建政权的行为，增强法律的经济调控能力以抑制商品经济的发展。

二、刑罚思想

（一）明刑弼教

“明刑弼教”源于《尚书·大禹谟》中的“明于五刑，以弼五教”，

① 童超：《洪武王朝》，云南教育出版社，2010，第119页。

其中“弼”乃辅佐之义。宋朝以前论及“明刑弼教”往往是把它放于“德主刑辅”之后，强调“先教后刑”，注重道德教化。宋朝著名理学家朱熹曾对“明刑弼教”作了全新的解释，认为礼法均是理的体现，二者对治理国家同等重要，决“不可偏废”。经由此说，刑与德的关系就不再是“德主刑辅”的从属、主次关系了，德不再有制约刑的作用，而只是刑罚的目的，刑罚也不必再拘泥于“先教后刑”，而可以“先刑后教”。这意味着中国封建法制的指导原则沿着德主刑辅——礼法合一——明刑弼教的发展轨道，进入到一个新的阶段。“明刑弼教”被朱元璋视为明初立法、司法的重要原则。[①] 据《明史·刑法志》记载，明太祖御午门，谕群臣曰：“朕仿古为治，明礼以导民，定律以绳顽，刊著为令。”[②] “明礼以导民”，首先指的是制礼作乐，规定封建的等级名分。朱元璋认为“礼莫大于别贵贱，明等威”，“礼立而上下分定，分定而名正，名正而天下治矣”。[③] 其次，要“明礼以导民”，就必须推行封建纲常伦理的教育，统一人民的思想。他认为，“致治之路在于善俗，善俗本于教化。教化行，虽闾阎可使为君子，教化废，虽中才或坠于小人”。在“明礼以导民”的同时，朱元璋还特别重视“定律以绳顽”。他认为对待敢于反抗封建统治的“顽民”，必须“张刑制具以齐之”，否则“法纵民顽”，“虽欲善治，返不可得矣”。由此明太祖朱元璋使用封建礼教和严密的法律约束了人民的行为，大大加强了其封建统治。“明刑弼教”主张在处理德与刑的关系上可以根据形势与利益的需要进行选择，这就为朱元璋所崇尚的“重典治国”立法思想提供了理论和伦理的基础，也成为明初司法的具体指导思想。

（二）重典治国

“重典治国”是朱元璋开国初期便树立的立法思想。《明史·刑法

---

① 曾宪义主编《中国法制史》，中国人民大学出版社，2009，第154页。

② 高潮、马建石主编《中国历代刑法志注译》，吉林人民出版社，1994，第857页。

③ 杨鹤皋：《宋元明清法律思想研究》，北京大学出版社，2001，第160页。

志》记载："始，太祖惩元纵弛之后，刑用重典。"《明史·太祖本纪》也评价朱元璋实行重刑政策"治尚严峻"。在这种重刑思想的指导下制定出来的《大明律》，就是一部镇压臣民的严刑峻法。在《大明律》的序言中也提到了"奈何犯者相继，由是出五刑酷法以治之。欲民畏而不犯，作《大诰》以昭示民间，使知所趋避"①。朱元璋把人民分为"良善"和"奸顽"两类，对前者采用安抚和严法控制的两手，对后者则采用严刑酷罚进行打击。他用法苛刻，人民有小犯，便被称为"奸顽"而绳之以法，所以他说"天下之大，民之奸宄者多"。在他看来，对于"奸顽"之民，只有严刑酷法才能使他们知法警惧，"不敢轻易犯法"，从而"革新向善"。② 明太祖在制定《大明律》的同时，还于洪武十八年至二十年（公元 1385 年至公元 1387 年）先后发布了《大诰》《大诰续编》《大诰三编》和《大诰武臣》。这四部"明大诰"均由朱元璋亲自编定，其内容由案例、太祖"训导"和法令三部分组成，其中仅族诛、凌迟、枭首的案例就罗列了几千件，各种酷刑数十种，充分反映出了重法惩治吏民的思想。虽然《大明律》的编撰借鉴了唐律的内容，但是对直接危及封建统治者统治的各项"罪行"的惩罚程度，却远比唐律严酷。例如明律加重了对谋反、谋大逆、劫囚、强盗等罪的处罚，扩大了死刑和株连的范围，所适用的刑罚除了律所规定的五刑外，还增加了墨面文身、挑筋去指、剁指、断手等各种名目的刑罚，这些多是残害身体的肉刑。尽管建文帝主政后对于明太祖的重刑有所改正，下诏曰："夫律设大法，礼顺人情，齐民以刑，不若以礼。其谕天下有司，务崇礼教，赦疑狱，称朕嘉于万方之意。"③ 但是到明成祖朱棣执政时又"诏法司问囚，一依《大明律》拟议"，再次恢复"重典治国"的政策。据朝鲜《李朝实录》记载：明成祖怀疑后宫有人图谋

---

① 《大明律》之《御制大明律序》，刘效峰点校，法律出版社，1999。

② 杨鹤皋：《宋元明清法律思想研究》，北京大学出版社，2001，第 162 页。

③ 高潮、马建石主编《中国历代刑法志注译》，吉林人民出版社，1994，第 862 页

“弑逆”，遂凌迟处死两千多人。明武宗时将“流贼”首领赵隧等六人凌迟处死后，仍剥皮制成马鞍、马镫，供皇帝骑坐。[①] 明中期以后由于统治秩序日益腐化、宦官专权，司法事务一概交由厂卫负责，严刑酷法更是为历代所罕见。

（三）严惩贪腐

明朝统治者总结前朝的经验、教训，为巩固统治集团的内部关系，十分注重吏治。明太祖朱元璋早年生活颠沛流离，屡遭贪官污吏欺压，并且目睹和亲身参与了农民运动。这种独特的个人经历使他深刻认识到如果不能约束官员的贪污腐败将会对王朝的长治久安产生致命的危害。所以他告诫群臣说，“吏治之弊，莫过于贪墨”，“不禁贪暴，则民无以遂其生”。这种思想也影响了明代的立法。《大明律》在律首绘制六赃图，沿用唐律原有的“六赃”罪名，即监守盗、常人盗、受财枉法、受财不枉法、窃盗、坐赃，以示重惩贪墨之罪。《大明律》中特辟《受赃篇》，设置“官吏受财”“坐赃致罪”“事后受财”“有事以财请求”“在官求索借贷人财物”“家人求索”“风宪官吏犯赃”“因公擅科敛”“私受公侯财物”“克留盗赃”“官吏听许财务”共计十一条。律后还有条例七条，如“官吏受财”条要区别官和吏以及有禄和无禄两种情况，又规定“枉法”和“不枉法”两种区别。“枉法赃”指“受有事财而曲法科断者”；“不枉法赃”指“虽受有事人财，判断不为曲法者”。枉法赃和不枉法赃根据人员情况以及情节轻重，分别规定了不同程度的处罚。此外《大明律》还专设了《课程篇》，共计十九条，其中“盐法”条中规定：“凡首御官司及盐运司、巡检司巡获私盐，即发有司归勘。各衙门不许擅问。若有司官吏通同脱放者，与犯人同罪；受财者，计赃，以枉法从重论。凡首御官司及有司、巡检司，设法差人，于概管地面并附场紧关去处，常川巡禁私盐。若有透露者，关津把截

① 曾宪义主编《中国法制史》，中国人民大学出版社，2009，第163页。

官及所委巡盐人员，初犯笞四十，再犯笞五十，三犯杖六十，并附过还职。如知情故纵及容令军兵随同贩卖者，与犯人同罪。受财者，计赃以枉法从重论。其巡获私盐入己不解官者，杖一百，徒三年。若装诬平人者，加三等。凡军人有犯私盐，本管千户、百户有失钤束者，百户初犯笞五十，再犯杖六十，三犯杖七十，减半给俸。千户初犯，笞四十，再犯，笞五十，三犯，杖六十，减半给俸，并附过还职。若知情容纵及通同贩卖者，与犯人同罪。”① 另外《大明律》中的《断狱篇》《捕亡篇》，也对司法官吏的职务犯罪作了详细规定，在《公式篇》《户役篇》《仓库篇》《营造篇》中还对官吏的渎职行为作出了规定，处罚也十分严厉。洪武十八年至二十年（公元1385至公元1387年）颁布的“明大诰”更是一部专门针对贪官污吏的严酷刑法，其内容是由惩治官民犯罪的具体案例、朱元璋的训导之辞以及特别法令三部分组成。“明大诰”总计二百三十六条，其中整饬吏治和打击贪官污吏的专门条款数目即达一百五十五条，汇集了一万多个案例，包罗了凌迟、枭首、弃市等各种严酷的惩罚手段。朱元璋重典治吏的对象除了上述失职、贪污两种官吏外，第三个对象就是“奸党”。朱元璋建明称帝后，为了巩固帝业，防止臣下朋比结党，内外上下勾结，在中国古代法制史上首创“奸党”罪。薛允升在《唐明律合编》中说：“奸党罪为洪武年间增定者也，明祖猜忌臣下，无弊不防，所定之律，亦刻酷显著，与唐律迥不相同。”《大明律》在《职制篇》中规定了“奸党”的表现及相应的刑罚：“凡奸邪进谗言，左使杀人者，斩。若犯罪，律该处死，其大臣小官巧言谏免，暗邀人心者，亦斩。若在朝官员，交结朋党，紊乱朝政者，皆斩。妻子为奴，财产入官。若刑部及大小各衙门官吏，不执法律，听从上司官主使出入人罪者，罪亦如之。若有不避权势，明具实迹，亲赴御前执法陈诉者，罪坐奸臣，言告之人，与免本罪。

① 怀效锋点校《大明律》，法律出版社，1999，第78页。

仍将犯人财产均给充赏。有官者，升二等，无官者，量与一官，或赏银二千两。”[①] 从上述规定看，对“奸党”的处刑是很严厉的。明初重典惩治贪官污吏和奸党，对于吏治的整肃确实起到了一定的积极作用，“洪武以来吏治澄清者百余年，当英宗、武宗之际，内外多故，而民心无土崩之虞。由吏鲜贪残故也”。但同时也带来了巨大的消极作用，不仅没有长期遏制住贪腐，反而在明后期助推了贪腐之风的盛行。

三、刑事立法

明初的刑事法源非常杂乱，除了“国之常经”的律以外，还有诰、榜文、例、令等，造成这种法源混乱的局面与明太祖朱元璋的“重典治国”思想有着密切的关系。由于律外法源的泛滥，以至于在明初形成了“以榜文禁例为主、律为辅”的局面。后明成祖下令，司法衙门审问罪囚，一律依《大明律》定罪，不得妄自引用榜文、条例加重处罚。明中叶以后，在正律之外的刑事立法就主要是《问刑条例》了。

（一）《大明律》

《大明律》从草创到定型，历时三十年之久。经过洪武六年（公元1373 年）、洪武二十二年（公元 1389 年）和洪武三十年（公元 1397 年）三次大的修订，最终完成了。元朝末年的至正二十四年（公元1364 年），朱元璋自立为吴王，次年平定武昌后，即开始讨论修订律令的问题。据《明史》卷九十三《刑法一》记载：“平武昌，即议律令。”至正二十七年，朱元璋命左相国李善长主持修订律令，编成律令四百三十条，这就是《大明律》的前身。由于这部法典是在几个月内仓促完成的，所以在洪武六年朱元璋又诏令刑部尚书刘惟谦更定新律，开始详细编定《大明律》。洪武七年经朱元璋亲自审定后颁行天下。洪武

---

① 怀效锋点校《大明律》，法律出版社，1999，第 34 页。

九年，朱元璋认为该刑律内容还有未当之处，于是又下令由宰相胡惟庸、御史大夫汪广洋等“厘定十有三条”。洪武二十二年，朱元璋接受刑部的建议，命翰林院同刑部共同修订《大明律》。这是一次较大规模的修律。这次修律改变了自唐以来沿袭的法典编纂体例，以《名例律》冠于篇首，下按六部官制，分吏、户、礼、兵、刑、工六律，共三十卷，四百六十条。由此《大明律》在体例、内容等各方面基本定型。洪武三十年修改了“洪武二十二年律”中刑重者七十八条，此外，朱元璋又命令刑部官员摘取“明大诰”的重要条目，附于律后，同时规定废除其他榜文、禁律，决狱以律为准。“洪武三十年律”堪称是《大明律》的最后定本。[①] 朱元璋对捍卫该律的稳定性极其重视，要求子孙世代相守，不得“稍议更改”，否则即处以“变乱祖制”之罪。据考证《大明律》所确定的四百六十条律文，除万历十三年合刻颁行《大明律附律》时改动五十五字外，终有明一代未作变更。[②]

《大明律》在创制之初以唐律作为蓝本，仿照元朝关于法规的分类，并进行了适当的改造革新。但是《大明律》又有超越唐律的地方，这主要体现在它的篇目和体例上，一改自汉唐以来的立法编撰体例，采用了以六部分篇的体例。可以说这是中国法典编纂史上的一次重大变化，有学者指出：“《大明律》以部类分类，是中国立法史上的一大创造。”[③]

（二）《大诰》

大诰作为一种文体，源自《尚书·大诰》，是周公对臣民的训诫。朱元璋仿效周公制定了《大诰》，实际上是判例形式的刑事法令，属于律外之法，具有特别法的性质。明太祖朱元璋鉴于百姓沿袭元代恶习、徇私废公，导致违法犯罪越来越多，因而“采辑官民过犯”的典型案

---

① 苏亦工：《明清律典与条例》，中国政法大学出版社，2000，第 96—97 页。

② 杨一凡：《洪武法律典籍考证》，法律出版社，1992，第 12 页。

③ 同上书，第 56 页。

例制成《大诰》颁行天下。自洪武十八年（公元 1385 年）至洪武二十年（公元 1387 年），先后制定《大诰》《大诰续编》《大诰三编》和《大诰武臣》，共二百三十六条。朱元璋在《大明律》中说："朕仿古为治，明礼以导民，定律以绳顽，刊著为令。行之既久，犯者犹众，故作大诰以示民，使知趋吉避凶之道。"朱元璋颁行《大诰》的目的是使臣民"趋吉避凶"，这显然是以"明刑弼教"为指导思想的，同时也反映了他"重典治国"的理念。

与《大明律》相比，《大诰》规定了许多手段残忍的刑罚，如族诛、枭首、墨面文身、挑筋去指、剁指、断手、刖足等。《明史·刑法志》里指出："凡三诰所列凌迟、枭示、种诛者，无虑千百，弃市以下万数。"[①] 说明《大诰》的残酷性。《大诰》的主要内容是惩治贪官污吏和地方豪强。讲官吏犯法的一百五十余条，讲豪强犯法的三十九条，而讲百姓犯法的二十余条，主要集中在《大诰》编纂的后期。[②] 为保证《大诰》的贯彻执行，朱元璋在颁行时曾宣布："一切官民诸色人等，户户有此一本，若犯笞、杖、徒、流罪名，每减一等；无者，每加一等。"除此以外，还要求塾师讲说《大诰》，科举考《大诰》，乡民集会也要派人宣讲。洪武三十年（公元 1397 年），朱元璋还选择"明大诰"中重要条目三十六条附于《大明律》后，称为《大明律诰》。"明大诰"在明初充当了刑事特别法的角色。按照特别法优于普通法适用的原则，过于严厉的刑罚在一时收到了"守令畏法"的效果，但是作为基本法的《大明律》却失去了应有的平允。明成祖下令，司法衙门审问罪囚，一律依《大明律》定罪，不得妄自引用榜文、条例加重处罚。由此，四编"明大诰"连同《大明律诰》中的三十六条，均被废止。

---

① 高潮、马建石主编《中国历代刑法志注译》，吉林人民出版社，1994，第 932 页。

② 朱勇主编《中国法制史》，中国政法大学出版社，2008，第 223 页。

（三）《问刑条例》

明代条例早在洪武年间就开始创修了，永乐朝也制定了一些条例。但是由于条例本身不能协调一致，而且官吏利用条例可以徇私舞弊，任意裁量刑罚的轻重，因此仁宗、宣宗以后的诸位皇帝特别强调律典的正统地位，革除前代的条例。然而社会的发展并非固定不变，律典过于僵化不能适应时势的变迁，制定条例又是唯一的选择。到明宪宗成化年间，朝臣们要求修订《问刑条例》的呼声越来越高，虽然宪宗也非常赞同，但是并未付诸实施。孝宗统治时期，朝臣中有关修订条例的呼声再度高涨，但鉴于“祖制事关重大”，直到弘治十一年（公元1498年）十二月，才借宫灾之名下诏：“法司问囚，条陈定夺。其余冗琐难行者，悉皆革去。”[①] 开启了修订条例的工作。历时一年两个多月的时间，首次修订的《问刑条例》正式颁行，史称“弘治《问刑条例》”。弘治《问刑条例》打破了祖宗成法不可变的禁锢，开创了明清时代以例辅律、律例并行的先河，在中国古代立法史上具有重要地位。弘治《问刑条例》颁布后，历经弘治、正德、嘉靖三朝行用五十余年，又出现了一系列的新问题，于是再次启动修例的工作，于嘉靖二十九年（公元1550年）完成，史称“嘉靖《问刑条例》”。嘉靖《问刑条例》巩固了条例与律典并行的地位。第三次的修例是在万历十三年（公元1585年），万历《问刑条例》将条例依类附入律中，即“律为正文，例为附注”，实现了律例合体。

从内容上来看，历朝的《问刑条例》大都是根据当时的社会状况来确定具体的刑事政策，以此补充《大明律》的规定。如，弘治《问刑条例》就加大了对贩卖私盐和盗掘矿产等经济犯罪的打击，还扩大了赎刑的适用范围。嘉靖《问刑条例》则加重了对威胁社会安定的流

---

① 刘海年、杨一凡：《中国珍稀法律典籍集成（乙编第二册）》，科学出版社，1994，第217页。

民的制裁。万历《问刑条例》对强盗打劫及各掌印官捕获不力、申报不实等行为严格处罚，但注意区别不同犯罪情节、后果。

第二节　明朝的刑罚制度

一、刑罚体系和种类

（一）五刑

1. 笞刑

> 笞刑五：一十，赎铜钱六百文。二十，赎铜一贯二百文。三十，赎铜一贯八百文。四十，赎铜钱二贯四百文。五十，赎铜钱三贯。

笞刑为五个等级，自一十至五十，每十下为一个等级。在此刑种的执行中赎铜是作为笞刑的替代刑使用的。

2. 杖刑

> 杖刑五：六十，赎铜钱三贯六百文。七十，赎铜钱四贯二百文。八十，赎铜钱四贯八百文。九十，赎铜钱五贯四百文。一百，赎铜钱六贯。

杖刑也是分五等，从杖六十到杖一百，每十杖为一个等级。明朝时的杖刑仍然是用荆条捶打犯人的臀部，只是荆条用的比笞刑粗大。这里的赎铜依然是杖刑的替代刑。

3. 徒刑

> 徒刑五：一年，杖六十，赎铜钱一十二贯。一年半，杖七十，赎铜钱一十五贯。二年，杖八十，赎铜钱一十八贯。二年半，杖九十，赎铜钱二十一贯。三年，杖一百，赎铜钱二十四贯。

明朝在判处徒刑的同时还要附加一定数量的杖刑，以杖十下及徒半年为一个加减等级。明朝时死罪分真犯和杂犯。真犯通常指直接触犯了国家根本，严重破坏社会秩序、道德伦理，或直接侵犯皇权、国家利益的罪行。杂犯涵盖的是一些虽然违法，但相对于真犯而言社会危害性较小的犯罪行为，可能包括一些过失犯罪、轻微盗窃、斗殴等。杂犯可以通过赎刑、减刑等方式处理。杂犯死罪虽然有斩、绞之名，实则免死，依例减等。沈家本在《历代刑法考》中评价："诸家旧说有云，但有死罪之名而无死罪之实，以其罪难免而情可矜，故准徒五年以贷之，虽贷其死而不贷其名，所以示戒也。"由此可知，杂犯死罪在执行时变更为徒刑五年。徒刑在执行期间，罪犯被关押在官府，从事煮盐、冶铁等劳役。

4. 流刑

> 流刑三：二千里，杖一百，赎铜钱三十贯。二千五百里，杖一百，赎铜钱三十三贯。三千里，杖一百，赎铜钱三十六贯。

流刑也附加了杖刑，而且是固定值，即杖一百，并且强制劳役。流刑又分为安置和迁徙，此外还有口外为民。安置是指按照三流地里远近把罪人送到荒芜或沿海州县居住，户籍在原处不动。《大明律》中规定安置的律条有《名例律》"徒流迁徙地方"条、《吏律·职制篇》"交结近侍官员"条、《刑律·贼盗篇》"谋反"条、《刑律·人命篇》"采生拆割人"条和"造畜蛊毒杀人"条。迁徙是指对犯人杖责后，将其及家人迁离本乡前往指定地区附籍居住。《大明律》中规定迁徙的律条有《吏律·职制篇》"滥设官吏"条、《户律·户役篇》"禁革主保里长"条、《户律·仓库篇》"收粮违限"条和《刑律·受赃篇》"官吏受财"条。口外为民是指将流刑罪犯发往辽东、蓟州、宣府、大同、太原、榆林、宁夏、固原、甘肃九处边防重镇以外为民，参与当地的生产和生活，成为普通百姓的一部分，有民籍，而非终身囚禁。口外，不分地里远近，且与三流不同，到了口外以后，不属军卫而属地方，这又与充军不同。对于口外为民在《大明律》中并无明文规定，作出规定的是各朝制定的《问刑条例》，如万历朝的《真犯死罪充军为民例》中“为民”条规定：“文官为事问发为民，来京潜住者，改发口外。”①

5. 死刑

死刑二：绞、斩。赎铜钱四十二贯。

除绞、斩两种死刑方式以外，《大明律》还规定有凌迟刑，凌迟不在五刑之列。例如《大明律·刑律二》中的“谋杀祖父母、父母”条、“杀死奸夫”条等就有凌迟刑的记载，凌迟刑针对的是十分严重的罪行。除《大明律》外，条例也规定了大量处以凌迟刑的罪名，如弘治十年（公元1497年）的《真犯杂犯死罪》条例就将“凌迟处死”的罪名单列了出来，共计十二条，涉及的罪名较《大明律》有所增加。除了《大明律》中规定的斩、绞、凌迟之外，“明大诰”提到的死刑行刑方式还有族诛、枭首、剥皮、弃市等前代曾使用过的酷刑。“凡三诰所列凌迟、枭示、种诛者，无虑千百，弃市以下万数。”这些多为“明律”所未设，是律外之刑，是朱元璋法外滥刑的表现。

（二）充军刑

充军刑是强制罪犯到边远地区屯种或充实军伍的刑罚，它轻于死刑而重于流刑。充军始于秦汉时期，但秦汉的充军不是一种刑罚而是对已判刑罪犯的宽恤，因为凡是充军的罪犯，无论立功与否，都不会再被要求回去服刑。将充军作为刑罚始于北齐，“北齐流刑，投于边裔，以为兵卒”，故沈家本在《历代刑法考·刑法分考八》中认为“北齐之流，即后代之充军也”。北宋沿五代之制，宋太宗时犯人都配流到西北边境充役，但这些人大多叛逃塞外，诱羌为寇。于是太宗下诏：“当徒者，勿复隶秦州、灵武、通远军及缘边诸郡。”这时江南、湖广已经平定，于是又都流配南方。“先是，犯死罪获贷者，多配隶登州沙

① 王伟凯：《〈明史·刑法志〉考注》，天津古籍出版社，2005，第14页。

门岛及通州海岛，皆有屯兵使者领护。而通州岛中凡两处官煮盐，豪强难制者隶崇明镇，懦弱者隶东州市。太平兴国五年，始令分隶盐亭役之，而沙门如故。”①

明朝在五刑之外，将宋、元创设的充军刑进一步制度化，并广泛使用。明初《大明律》规定的充军仅有附近、边远两等，充军也只是边区屯种。后来定制为六等，即极边、烟瘴、边远、边卫、沿海、附近。充军按期限又分为“终身”和“永远”两种。“终身”者服役到本人死亡为止；“永远”者则要罚及子孙，直到“勾尽补绝”，才能“开豁”。充军刑原则上不能赎免，“上曰，律听赎者，徒杖以下小罪耳，未开以充军赎也”。充军刑适用的对象从最初的军人犯罪逐渐扩大到普通百姓和贩卖私盐、搅扰商税者，甚至放牧牲畜践踏庄田的，都以充军发落。《大明律》规定的充军刑有四十六条，嘉靖《问刑条例》规定的充军刑已多达二百一十三条。充军刑进入刑罚体系，一方面解决了“降死一等重罪”无刑罚与之配对的刑罚结构失衡，借之纠正以往对于此种犯罪适用徒刑或劳役刑而失之过轻的弊病；另一方面又可帮助政府输送兵源，从而解决兵力供给不足的困境。但是事与愿违，明朝的充军刑并没有真正解决上述两个问题，反而引发一系列新问题。由于充军人犯需要长途押解，家属要提供军装费用，到卫所后又要受到军官勒索，所以“亡逸颇众”。由于充军人犯逃走，卫所军官可获得犯人应配口粮，所以卫所军官私放犯人的事情时有发生，充军之法逐渐松弛。到了后来，即使被判处极边充军，也可以通过贿赂兵部，以虚名充军，而人犯则在家逍遥。正如《明史·刑法志》所云：“明制充军之律最严，犯者亦最苦。亲族有科敛军装之费，里递有长途押解之忧。至所充之卫，卫官必索常例。然利其逃去，可乾没口粮，每私纵之。其后律渐驰，发解者不能十一。其发极边者，长解辄贿兵部，持勘合

① 邱汉平：《历代刑法志》，商务印书馆，2017，第402页。

至卫，虚出收管，而军犯顾在家偃息云。”[①] 那些逃逸的军犯“虽幸脱身，而其身无所容于天地间。饥寒切身，若非群众贩卖私商，即是聚而为盗”。所以在明朝，军人也被视为罪犯，遭人鄙视，贵族官僚更是利用各种特权逃避兵役，就连一般农民也不愿当兵，耻于和罪犯为伍。

（三）廷杖刑

廷杖刑是由皇帝在朝堂上下令，由司礼监太监监督，锦衣卫执行，当场杖打忤旨朝臣的一种刑罚。相比杖刑，廷杖刑的适用范围只局限于朝堂，针对的对象一般是触怒龙颜的大臣。廷杖刑并非法定之刑。据史料记载廷杖之刑始于东汉，维之于隋唐，盛行于明代。明代自朱元璋开始，逐渐发展成一种常刑，在明朝几乎每一代皇帝都曾对大臣施以廷杖刑。在明朝杖打大臣，有行杖者锦衣卫校尉，有监刑者司礼监太监，杖打的地点在午门外。行刑时，由侍卫和太监将受刑者绑赴午门外，监刑宦官高坐中央，宦官、厂卫分站左右，各三十人。从时间上来看，明朝的廷杖刑经历了三个阶段。

1. 洪武至宣德时期——廷杖刑的萌芽时期

开国之初朱元璋对待大臣并不严厉。据《明史·刑法志》记载：“洪武六年，工部尚书王肃坐法当笞，太祖曰：‘六卿贵重，不宜以细故辱。’命以俸赎罪。”但随着封建专制统治的不断加强，朱元璋改变了礼遇大臣的方针。为了维护皇帝的绝对权威，朱元璋恢复了前朝的廷杖。洪武八年（公元 1375 年），刑部主事茹太素因上书而被杖。后工部尚书薛祥因忤触圣旨，竟被活活杖死。永乐朝虽然没有廷杖大臣之举，但朱棣的残忍也不亚于他父亲，他对大臣重则屠戮，轻则收狱。洪熙朝朱高炽（仁宗）在位不到一年，也有在朝堂上杖打侍读李时勉的记载。仁宣两朝，没有频繁动用廷杖。明朝这一时期的廷杖实施并不频繁，处于萌芽阶段。

---

① 邱汉平：《历代刑法志》，商务印书馆，2017，第 554 页。

2. 正统至万历中期——廷杖刑的泛滥时期

正统至万历中期，是明朝廷杖之刑使用最为泛滥的时期，被杖打的大臣越来越多，廷杖的数目也越来越多。正统时，朱祁镇（英宗）即位后，宦官王振擅权，他作威作福，不仅荷枷示辱朝臣，且“殿陛行杖习为故事矣”。成化朝，宦官汪直擅权，成化十五年（公元 1479 年）汪直诬陷侍郎马文升、都御史牟奉等人，宪宗下诏斥责隐瞒包庇的李俊、王睿等五十六人，每人廷杖二十。南京行杖，始于成化朝。成化十八年（公元 1482 年），南御史李珊等上书请求赈灾，宪宗摘出奏疏中的错别字，命令锦衣卫带到南京午门前，每人杖打二十，守备太监监刑。正德、嘉靖两朝，廷杖的使用达到极盛。其间有两次大规模的廷杖事件，分别发生在正德十四年（公元 1519 年）和嘉靖三年（公元 1524 年）。正德十四年，舒芬、黄巩等人因为“谏止南巡”，被罚廷杖，被杖者共达一百五十四人，死者十二人。[①] 嘉靖三年，嘉靖皇帝以外藩亲王入继大统，按礼法规定应该继承孝宗的世系，以孝宗为皇考，而他非要追封其生父为皇考，所以遭到一大批朝臣的反对。为了使皇帝改变自己的主意，于是群臣“朝罢则相率诣左顺门跪伏”。嘉靖皇帝大怒，下令对五品以下的官员一百三十四人施以廷杖，其中被杖死的官员竟多达十六人。这是明代两次规模最大的廷杖，在历史上也是空前绝后的。以后虽然廷杖不断，但规模、死者人数都比不上这两次。这一时期被称为廷杖的“泛滥阶段”，无论是廷杖的规模还是程度都达到了登峰造极的地步。

3. 万历后期至明亡——廷杖的衰亡时期

万历后期，因明神宗不问政事，中外缺官不补，刑罚罕用。他厌倦了进谏的官员，对他们的奏疏多留中不发，因此廷杖不再使用。天启四年（公元 1624 年）七月，御史李应昇上书要求废除廷杖，反对用

---

① 王伟凯：《〈明史·刑法志〉考注》，天津古籍出版社，2005，第 175 页。

廷杖损伤朝臣的士气，自此废除了廷杖之刑。到崇祯朝明思宗又使用廷杖，但是随着崇祯帝自缢于煤山，廷杖刑在明朝也画上了句号。

（四）枷号刑

枷号，也就是枷示，或叫作枷令，是指在罪犯颈项套枷，枷上标明犯人姓名、所犯罪状。这种公开示众的做法，旨在让罪犯承受社会的羞辱和身体上的痛苦。早期，枷号不仅是一种耻辱刑，它还兼具刑具的功能，在司法体系中被广泛使用。南北朝时期北周武帝于保定三年（公元563年）“初颁新律”，即《大律》，在这部法律中，规定了枷刑律：“凡死罪枷而拳，流罪枷而梏，徒罪枷，鞭罪桎，杖罪散以待断。”隋唐时期枷仍只是一种刑具，没有对枷的规格、型号做出定式，直到唐朝才明确了枷的定式。据《唐六典》记载：“枷长五尺已上，六尺已下；颊长二尺五寸已上，六寸已下；共阔一尺四寸已上，六尺已下；径头三寸已上，四寸已下。”[①] 宋元时期枷亦是作为一种刑具使用的，但是规定根据人犯所犯罪行不同，使用不同标准的枷。如《元史·刑法志》规定：“诸狱具，枷长五尺以上，六尺以下；阔一尺四寸以上，一尺六寸以下；死罪重二十五斤，徒流二十斤，杖罪一十五斤，皆以乾木为之，长阔轻重各刻志其上。”[②] 到明朝时枷号突破了单纯的刑具功能，发展成为一种刑罚。对于枷号刑《大明律》并未作出规定，而是在“明大诰”和《问刑条例》中多有规定，属于“法外之刑”。明初枷号刑也是作为一种耻辱刑来使用的，据《清史稿》记载：“枷杻，本以羁狱囚。明代问刑条例，于本罪外或加以枷号，示戮辱也。”但是到了中后期由于统治阶层对枷号刑的滥用，使得其由耻辱刑转变为酷刑，甚至发展成极刑。

---

① 李林甫等撰《唐之典》，陈仲夫点校，中华书局，1992，第191页。

② 邱汉平：《历代刑法志》，商务印书馆，2017，第480页。

1. 适用对象

明初期规定“死罪应枷”，但是到了后期枷号刑开始泛滥，犯罪无论轻重都要采用枷项发遣。其适用对象既有平民也有官吏。《明史·刑法志》记载：“宣德三年怒御史严皑、方鼎、何傑等沉湎酒色，久不朝参，命枷以徇。自此言官有荷校。”从此之后，不止平民会受到枷号刑的惩罚，连官吏也会受到枷号刑的惩罚。

2. 刑期及定式

《明史·刑法志》载：“次图七：曰笞，曰杖，曰讯杖，曰枷，曰杻，曰索，曰镣……枷，自十五斤至二十五斤止，刻其上为长短轻重之数。长五尺五寸，头广尺五寸，杻长尺六寸，厚一寸。男子死罪者用之。”据沈家本考校枷号刑分一月、二月、三月以及论年、永远枷号各等。“问拟枷号者凡五十三条，有一月、两月、三月、半年之别，皆不在常法之内。又有用一百斤及一百二十斤枷者，尤不以为常法也。”①

3. 种类

有明一代枷号刑的使用十分广泛，枷号的种类也从最初单一的枷项示众发展出大量的酷刑，除了《大诰》中所载的斩趾枷令、常枷号令、枷项游历三种酷刑外，宦官刘瑾还创制了立枷，为锦衣卫所常用。宦官魏忠贤专权时期还曾制作出大枷。

因为枷号刑的大肆滥用以致常有因此伤害人命的事件发生。为此《问刑条例》特别规定：“凡枷号人犯，除例有正条及催征税粮用小枷枷号朝枷夜放外，敢有将罪轻人犯用大枷枷号伤人者，奏请降级调用。因而致死者，问发为民。”② 这也算是对滥用枷号刑的一种限制。

（五）法外滥刑

“明大诰”中罗列和创设了许多明律所未有的残忍刑罚，并以诏令

---

① 沈家本撰《历代刑法考》，中华书局，2006，第327页。

② 同上。

形式予以确认，公然把法外用刑合理化、神圣化。“明大诰”中的酷刑计有族诛、墨面文身挑筋去指、墨面文身挑筋去膝盖、剁指、断手、刖足、阉割为奴、斩趾枷令、常枷号令、枷项游历、免死发广西拿象、全家人口迁化外、戴罪调去烟瘴地面等三十余种，皆较《大明律》为严，又多为《大明律》所未设。此外，为了镇压异己，扩张皇权，皇帝纵容厂卫律外用刑，厂卫凌驾于司法机关之上，常常被赋予种种司法特权，因此厂卫常滥设刑名，广施私刑。例如刘瑾专权时，“罪无轻重皆决杖，永远戍边，或枷项发遣。枷重至百五十斤，不数日辄死”“至忠贤益为大枷，又设断脊、堕指、刺心之刑”。[①] 厂卫所用的戒具、刑具共有十八种。这些刑具远比一般笞、杖、枷、索等残毒，常用的主要有五种：械、镣、棍、拶、夹棍。五种刑具或单用，或全刑，其酷刑程度难以言表。

二、刑罚的裁量

（一）量刑原则

1．重其所重

明初期根据国内的政治局势以及统治集团内部出现的贪污腐败现象，首先确定了“重其所重”的刑罚适用原则。具体表现为：第一，加重对谋反、大逆、谋叛等罪的处罚。明律对“谋反”和“大逆”罪，不仅不问情节就将罪犯凌迟处死，而且罪犯的祖父、父、子孙、兄弟及同居之人不分异姓，及伯叔父、兄弟之子，凡年十六岁以上，不限籍之异同，不论笃疾残废，一律处斩。上述亲属中十五岁及以下，及母女、妻妾、姐妹，包括儿媳，罚给功臣当奴婢，财产没入官府。知

---

① 高潮、马建石主编《中国历代刑法志注译》，吉林人民出版社，1994，第 969、987 页。

情故纵以及隐瞒者处斩。关于谋叛罪，明律规定，只要同谋叛逆，不分首犯、从犯，一律处斩，妻妾、子女罚给功臣做奴婢。这些规定显然严于唐律。第二，加重对盗窃罪的处罚。与唐律比较，明律对于强盗、窃盗的行为，同样加大了惩罚力度。例如，《大明律·刑律》中《贼盗篇》规定，实施强盗行为，即使不得财，也要杖一百，流三千里；但凡得财，不论首犯、从犯，一律处斩。至万历《问刑条例》进一步规定："强盗杀伤人、放火烧人房屋、奸污人妻女、打劫牢狱仓库及干系城池衙门，并积至百人以上，不分曾否伤人，即随即奏请，审决，枭首示众。"① 第三，加重对官吏的贪赃渎职处罚。《大明律·刑律》中专设《受赃篇》，严惩贪赃的犯罪。如规定官吏贪赃六十两以上的，要枭首示众，剥皮实草。除了刑事处罚外，还规定永远不再录用。对官吏渎职的惩处也较严厉，不仅规定了名目繁多的渎职罪名，而且在处罚上也较唐律重。

2. 轻其所轻

明律在实行"重其所重"的同时，又实施了"轻其所轻"的原则。在处理"典礼及风俗教化"等一般性的犯罪方面比较唐律要轻。例如，对"闻父母丧匿不举哀"者，唐律规定判处流二千里，明律仅杖六十，徒一年；又如对"祖父母、父母在，子孙别籍异财者"，唐律判处徒三年，明律仅杖一百。由于这些犯罪没有危及封建统治，适当作出减轻处罚的规定，不仅有利于缓和社会矛盾，还可以突出对严重犯罪的打击。

（二）量刑情节

1. 八议

明朝的八议基本承袭了唐宋的内容。即议亲、议故、议贤、议能、议功、议贵、议勤、议宾。依据《大明律》凡八议者犯罪的，要奏请

① 雷梦麟：《读律琐言》，法律出版社，2000，第318页。

皇帝裁决，不得擅自勾问。如果奉旨推问，也不得即刻就议定其罪，应当“开具所犯及应议之状，先奏请议，议定，奏闻，取自上裁”。以上关于八议的量刑流程还及于八议者的祖父母、父母、妻及子孙犯罪。《读律琐言》的作者雷梦麟指出：“盖人君待应议之人，恩礼异常，上及于其祖父母、父母，内及于其妻，下及于其子孙，其体恤之意至矣。”① 事实上扩大八议从轻量刑的范围是为了维护特权阶层的利益，充分反映了封建制法律的不平等。

2. 累减

累减即有多个减轻处罚的量刑情节可以进行累加，谓之“并得累减”。《大明律》规定：“凡一人犯罪，应减者，若为从减、自首减、故失减、公罪递减之类，并得累减。”由此，假如一人犯盗窃罪，属于从犯既减一等，又有自首情节，就得减二等。如此，“已减而复减，故谓之累减”。

3. 存留养亲

《大明律》规定：“凡犯死罪，非常赦所不原者，而祖父母、父母老疾应侍，家无以次成丁者，开具所犯罪名奏闻，取自上裁。若犯徒流者，止杖一百，余罪收赎，存留养亲。”此条规定充分反映了明律的恤刑之意。但是明中期以后由于宦官专权，政治腐败，刑罚几近残酷，该条规定已很少使用了。

4. 工匠、乐户、妇人、老少废疾

明律规定了对一些特殊主体的从轻量刑。“凡工匠、乐户犯流罪者，三流并决杖一百，留住拘役四年。若钦天监天文生习业已成，能专其事，犯流及徒者，各决杖一百，余罪收赎。”“其妇人犯罪应决杖者，奸罪去衣受刑，余罪单衣决罚，皆免刺字。若犯徒流者，决杖一百，余罪收赎。”“凡年七十以上、十五以下，及废疾，犯流罪以下，

---

① 雷梦麟：《读律琐言》，法律出版社，2000，第5页。

收赎。八十以上、十岁以下，及笃疾，犯反逆杀人应死者，议拟奏闻，取自上裁。盗及伤人者，亦收赎。余皆勿论。九十以上、七岁以下，虽有死罪，不加刑。”这些从轻量刑的适用主体是工匠、乐户、妇女、老人及未成年人等，反映了明律矜老恤幼、轻刑主义的刑罚思想。尤其对老年人和未成年人，还规定：“凡犯罪时虽未老疾，而事发时老疾者，依老疾论。若在徒年限内老疾，亦如之。犯罪时幼小，事发时长大，依幼小论。”

5. 共犯罪分首从

明朝关于共犯罪分首从的规定，继承于唐律，但比之又有更大的发展。《大明律》规定：“凡共犯罪者，以造意为首，随从者，减一等。若家人共犯，止坐尊长。若尊长年八十以上及笃疾，归罪于共犯罪以次尊长。侵损于人者，以凡人首从论。若共犯罪，而首从本罪各别者，各依本律首从论。若本条言皆者，罪无首从，不言皆者，依首从法。其犯擅入皇城宫殿等门，及私越度关，若避役在逃及犯奸者，亦无首从。”① 该条关于共同犯罪的规定包含了以下几层意思。第一，关于共同犯罪的成立条件。要求共同犯罪人不仅要二人，还得“共一事”，“若所犯事、情不同，不得言共犯罪矣”，即共同犯罪的成立需要各共犯人主客观相一致。这比之唐律规定“共犯罪者，谓二人以上共犯”前进了一大步。第二，共犯的处罚。其一，基本的处罚原则是以先造意的为首犯，附随之人为从犯，从犯减罪一等。共犯罪虽强调共犯之行为相同，但其最终所定之罪名并不要求相同，共犯罪之数人各依自己所犯罪名之本条而分别处以首从之罪，即“首从本罪各别者，各依本律首从论”。例如，“子为父从谋杀亲叔，父坐谋杀卑幼，已杀者，依故杀弟者律，杖一百、流二千里；子坐谋杀期亲尊长，已杀者，凌

① 怀效锋点校《大明律》，法律出版社，1999，第 17 页。

迟处死”。[1] 其二，特殊的处罚规定，即不分首从。本条有“皆”字样的，不分首从。这些犯罪主要是指某些严重危害统治秩序的犯罪，如谋反、大逆、监守自盗，皆不分首从。若数人共犯此类罪名，即使有造意、随从之分，也要一体决断，从犯不享受减首犯一等的权利。如雷梦麟《读律琐言》释义：“若律文本条言‘皆’者，罪无首从，如谋杀死祖父母、父母，皆凌迟处死；强盗已行，但得财者皆斩之类。其余不言‘皆’者，即依首从之法，以为首之人依本律坐罪，随从之人减一等。”此外，凡“其犯擅入皇城宫殿等门，及私越度关，若避役在逃及犯奸者，亦无首从”。各以正犯科罪，分别承担罪责。其三，家人共同犯罪止坐尊长。与普通共同犯罪不同，家人共犯原则上只处罚尊长，其中以男性尊亲属为主要对象，女性家人及男性卑幼之人不作犯罪处理。这是因为在传统的家庭关系中，卑幼是按照尊长的意思行事的。若是尊长八十以上并且患有严重的疾病，则由次尊长承担责任。若是属于侵夺他人财物或者是损伤他人身体的案件，则要按照普通共同犯罪论处，虽是妇人、老幼都要科处刑罚，不在家人共犯免科之律。

（三）自首制度

1. 自首的种类

第一，亲首。亲自到官府或是事主处自首的人。“而于事主处首服……与经官司自首同，皆得免罪。”第二，代首。即遣人代首，无论两者的关系亲疏与否，均以自首论。“其犯人虽不出官自首，而具状遣人代首，虽其人非己亲，然状本己名，即自首也。”第三，为首。“为首”即为他人自首。“有状谓之告，无状谓之言”。罪犯大功以上的亲属或奴婢、雇工，为罪犯自首或是告言，“虽其意非己出，然人本己亲，犹自首也”。

---

① 雷梦麟：《读律琐言》，法律出版社，2000，第50页。

2. 自首的法律后果

按照《大明律》的规定，罪犯自首后可视情节免予刑罚或是减等量刑。第一，免予刑罚。“凡犯罪未发而自首者，免其罪。”若犯有数罪，即使其中部分犯罪被告发，主动向官府供述尚未被发觉之罪的仍然成立自首。“其轻罪虽发，因首重罪者，免其重罪。若因问被告之事，而别言余罪者，亦如之。”第二，减等量刑。适用于“自首不实及不尽者”“知人欲告及逃叛而自首者”“其逃叛者虽不自首，能还归本所者”。

3. 自首的适用范围

不是所有的罪犯自首后都可以免予刑罚或是减等量刑。根据律文的规定：“其损伤于人、于物不可赔偿，事发在逃，若私越度关及奸，并私习天文者，并不在自首之律。”

（四）数罪并罚制度

关于数罪的规定在《大明律》中具体分为“徒流人又犯罪”和“二罪俱发”两种情况。“二罪俱发”与“徒流人又犯罪”不同，徒流人又犯罪是在前罪的执行过程中再犯“新罪”，而“二罪俱发”是指原本就犯有数罪，是在刑罚的执行过程中发现尚有未判决的“漏罪”。

1. 徒流人又犯罪

《大明律》规定：“凡犯罪已发，又犯罪者，从重科断。已徒、已流者而又犯罪者，依律再科后犯之罪。其重犯流者，依留住法，三流并决杖一百，于配所拘役四年。若犯徒者，依所犯杖数、该徒年限，决讫应役，亦总不得过四年。其杖罪以下，亦各依数决之。其应加杖者，亦如之。”

“凡犯罪已发，又犯罪者，从重科断。已徒、已流而又犯罪者，依律再科后犯之罪。”犯罪已经被发现，并已被羁押在官府，但尚未论决，此时罪犯又犯了新罪，在这种情况下对于罪犯的两次犯罪应当择一从重科断。如果第一次所犯之罪已论决，并且“已徒、已流”，而又犯新罪者，那么就要对后犯之罪依律处罚。

“其重犯流者，依留住法，三流并决杖一百，于配所拘役四年。若犯徒者，依所犯杖数、该徒年限，决讫应役，亦总不得过四年。”前罪犯了流罪，后罪若仍犯流罪，除了上文提到的依律执行处罚外，还要决杖一百，在配所服劳役四年。若前罪是犯了徒罪，后罪又犯徒罪，就将两次处罚的杖数和徒刑年限相加，如果未达到四年的，就按实际的年限执行，如果超过了四年，就只执行四年。

“其杖罪以下，亦各依数决之。其应加杖者，亦如之。”第二次犯罪，如果是杖罪以下，两次犯罪笞数按实际数执行。“其应加杖者，亦如是。”按律规定应加杖的，就加杖处罚。

2. 二罪俱发

《大明律》规定：“凡二罪以上俱发，以重者论。罪各等者，从一科断。若一罪先发，已经论决，余罪后发，其轻若等勿论，重者更论之，通计前罪以充后数。其应入官、赔偿、刺字、罢职、罪止者，各尽本法。”即一人犯数罪的，如果这数罪都是在判决之前发觉的，就选择其中最重的那个论罪。如果数罪轻重相等，则按照一罪科断。如果前罪已经判决，余罪才被发现，那么就比较已判决的前罪和后罪，若后罪比前罪处罚的轻或是相等，则不再处理余罪；如果后罪是重罪，则要对后罪进行审判，并将前罪的判决结果充入后罪的刑罚当中。例如，一人犯了两次盗窃，前罪盗窃了十贯，已判杖七十，并已执行，后罪盗窃了四十贯，该杖一百，此时要通计前罪的七十，再杖三十就可以了。

（五）比附定罪

《大明律》中规定：“凡律令该载不尽事理，若断罪而无正条者，引律比附。应加应减，定拟罪名，转达刑部，议定奏闻。若辄断决，致罪有出入者，以故失论。”这条律文点明了两层含义：一是法律允许类推，司法官员可以“引律比附”“定拟罪名”；二是类推必须经过皇帝批准，因而是限制的类推。

三、刑罚的执行

（一）赎刑

赎刑是指犯人用财物折抵刑罚的一种制度。赎刑的实行可以帮助纠正法律太重的偏颇，而且国家还可以借助赎刑的收入来充实边防储备、救济灾荒、宫府颁给等各项大的费用。明朝的赎刑比历代的规定都更加详细。

1. 明朝赎刑的种类

根据《明史·刑法志》的记载“赎法有二，有律得收赎者，有例得纳赎者”，可知明朝的赎刑有两种，即律赎（收赎）与例赎（纳赎）。律赎指的是依照《大明律》中的规定来赎罪，罪犯在明确被判有罪并且被执行一定刑罚之后，再依律交赎，交赎是赎余罪。律赎并不是对所有人都适用，其适用的对象主要有：第一，习业已成，能专其事的天文生及工匠、乐户等特殊人群有犯徒、流罪者。第二，老幼废疾等行为能力受限制者及妇女犯徒、流罪者。第三，犯诬告罪者。第四，过失伤人者。《大明律》规定以上各类人群犯徒、流罪后，在判决时首先被决杖一百，后将所剩余罪折成杖数依律赎罪。律赎由于是依律收赎，因此后代不敢增减。例赎则指依照条例的规定来赎罪。例赎是赎全罪。例赎的适用面较广，包括军民官吏等。例赎由于是依据条例的规定赎罪，因此根据时代的变化而屡次修订。如，明成祖时定的《京仓纳米赎罪例》《斩、绞、徒、流、笞、杖赎罪例》。宣宗时有《宣德赎罪例》。英宗时有《纳草赎罪例》。景宗时有《输作赎罪例》《运砖赎罪例》。宪宗时有《罪囚纳马赎罪例》《妇人犯法赎罪例》。世宗时也曾屡次制定赎罪条例。①

---

① 高潮、马建石主编《中国历代刑法志注译》，吉林人民出版社，1994，第 892 页。

2. 明朝赎刑的方式

律赎的方式比较单一，是为收赎。关于律赎的标准，《大明律·名例律》中便对除十恶之外的五刑附上了赎罪标准，即“笞一十赎铜钱六百文、笞二十赎铜钱一贯二百文、笞三十赎铜钱一贯八百文、笞四十赎铜钱二贯四百文、笞五十赎铜钱三贯；杖六十赎铜钱三贯六百文、杖七十赎铜钱四贯二百文、杖八十赎铜钱四贯八百文、杖九十赎铜钱五贯四百文、杖一百赎铜钱六贯；徒一年杖六十赎铜钱一十二贯、徒一年半杖七十赎铜钱一十五贯、徒二年杖八十赎铜钱一十八贯、徒二年半杖九十赎铜钱二十一贯、徒三年杖一百赎铜钱二十四贯；流二千里杖一百赎铜钱三十贯、流二千五百里杖一百赎铜钱三十三贯、流三千里杖一百赎铜钱三十六贯；死罪绞、斩赎铜钱四十二贯”。例赎的方式则比较灵活，明朝中后期得到了广泛的使用。总的来说例赎可以分为两大类：一是罚役，一是纳钞。第一，罚役是明前期比较常用的赎罪方式，即“以役代刑”，后来又大多折合劳役的工值罚没宝钞。第二，纳钞。在施行中又有纳钱与纳物两种。具体来说又分为赎铜、赎钞、赎银、罚俸、纳马、纳米、纳豆、运砖、运水、运炭、运灰、运石等。赎法如此之多，主要是司法机关根据当时社会的实际情况而选择的。

明朝广泛使用赎刑，有利于降低其重刑主义的影响，使得紧张的阶级矛盾得以缓和。同时，赎刑的使用还可以缓解统治者的政治危机和财政危机。例如罚役中的输作和屯田等就可以使边境人口稀少的状况得到一定程度的改善，使边地的军事危机得到化解。明中后期财政危机严重，罪犯通过纳赎的方式缴纳钱物赎罪在一定程度上缓解了政府的财政危机。

（二）以役代刑

明朝的赎刑，也可以用劳役赎，即“以役代刑”，自杂犯死罪至笞、杖、徒、流都允许用服劳役来赎罪抵刑。据《明会典》记载：“初令罪人得以力役赎罪，死罪拘役终身，徒流按年限，笞杖计日月，或修道、或屯种、或煎盐炒铁，满目疏放。”如洪武八年（公元 1375 年）颁发诏令：“杂犯死罪者免死，工役终身；徒流照年限工役；官吏受赃及杂犯死罪当罢职役者，发凤阳屯种；民犯流罪者凤阳工役一年，然后屯种。”此后又陆续制定了运米、运炭、运灰、运砖、运盐、炒铁、摆站、煎盐、盖房、种树、充膳夫、代农力役等十几种工役法，并且有详密的折罚定额。

罚服劳役主要有以下几种：第一，输作。输作是将犯人送到一定的地方服劳役，刑期不定，地点一般根据实际情况而变化。从洪武时期开始，到宣德年间一直有此赎罪方式。如，代宗时有《输作赎罪例》。第二，屯田。《明史·刑法志》记载：“考洪武朝，官吏军民犯罪听赎者，大抵罚役之令居多，如发凤阳屯种、滁州种苜蓿、代农民力役、运米输边赎罪之类，俱不用钞纳也。”第三，充当驿户。主要的任务是传报军务、传递公文、运送贡赋、运送赏赐和运送战略物资、迎送来往公差官员和朝贡人员、运送囚犯等。这些驿站大多地处偏僻，驿户生活异常艰苦，所需设备都必须由驿户自己来解决。故一般的户民不愿意从事这项工作，政府只能依靠罪囚充役来实现这一任务。第四，哨瞭。用罪犯哨瞭始于洪武年间。守边的军人可以更换，而赎罪罪人哨瞭则不得更换，到正统时期，哨瞭的罪人也可更换。哨瞭只限于军官赎罪。第五，煎盐炒铁。盐场、铁矿工作环境艰苦，同时又需要大量的劳动力，让罪囚服役既可保证官营盐铁业的稳定发展，同时也是对罪囚的一种较重的惩罚方式。为了防止当地人犯勾结，政府实施了一种“互调”制度，徒犯拘役的盐场互调，即“江北府州县发兴国铁炉拘役，江南府州县发黄梅铁炉拘役”。“以役代刑”的刑罚执行方式在一定程度上也推动了明朝工商业的发展。

第十章　清朝

清朝是中国历史上最后一个封建王朝，前后历时 276 年。道光二十年（公元 1840 年）以后，西方列强持续对中国发动侵略战争。这些侵略战争在严重侵害中国利益的同时，也引发了中国社会各个方面的深刻变化，尤其是清末的变法修律活动，直接导致了中国传统法律的转型。本章阐述的是 1840 年前清王朝的刑罚制度，这一时期，中国传统法律制度的基本精神、主要内容、基本风格和特点，在清朝的法律体系中得到了全面的继承。

第一节　清朝的刑罚文化

中国封建法制经历了两千年的发展，到清朝已经相当完备了。清朝的统治者不仅继承了明朝法制的优秀成果，还对前朝的酷滥刑罚以及司法弊制进行了纠正，建立了比较完整的法律体系。

一、社会背景

清朝是少数民族入主中原建立起来的政权，它主动接受了汉族的先进文化，采取了有利于多民族统一、促进社会经济发展的统治政策。

（一）政治环境

清朝建立的政权是以满族贵族为主体的满汉地主阶级联合专政。

作为一个少数民族政权，清朝的社会矛盾更为复杂，其中既有阶级矛盾又有民族矛盾。这造就了清王朝政治统治上的突出特点，即封建性进一步加强、民族统治以及民族不平等进一步彰显。封建性的加强是进一步加强皇权专制，具体表现为以下几个方面：一是设置军机处取代内阁作为最高的决策机构。军机处由皇帝选派亲信的满汉大臣共同组成，“军国大计，罔不总揽”。不过，军机处的裁决权完全出于皇帝，军机大臣“只供传述缮撰，而不能稍有赞画于其间”，地方公文也直接交到皇帝手中，中央集权得到了加强。在清朝的中央机构中，虽然满汉人均有任职，但是掌握实权的是满族人。尤其是在军机处这个最高决策机构中，满族人占有绝对的优势。所以说“尽管表面上看好像是满汉平等，骨子里却总是要满足和保证满人在政治上的优越地位”①。二是清王朝吸取元以及明朝亡国的教训，采取“严禁外戚篡权、宦官干政、臣民结党等重要事项，使专制皇权更加集中”。清朝“内外宫交接罪”的范围比明朝更广泛，对臣下交往限制更严。例如大清律例规定各旗王公所属人员不得私下谒见、贿赂本管王公，否则交宗人府议处；京官与地方官不得交接，否则治罪。鉴于明朝宦官干政的历史教训，清自顺治朝开始便立下祖制：凡太监违法奏事、窃权纳贿干预朝政者，皆凌迟处死；非皇帝特许，甚至不允许太监离开皇城。三是大兴文字狱，加强专制主义思想统治。明末清初以来，随着江南地区商品经济的发展和反清复明势力的活跃，在汉族文人之中兴起了抨击封建专制统治的启蒙思想和反满的民族民主主义思潮。清朝统治者为维护专制统治，以刑罚惩治思想言论，在思想文化领域大兴文字狱。所谓文字狱，就是指统治者通过对文章著述中的文字进行附会苛责、推断犯意，并加以惩治。文字狱的实质是以暴力手段来惩治思想犯，从而达到维护专制统治所需要的文化环境。清朝大兴文字狱，实行文化

---

① 郑天挺：《清史简述》，中华书局，1980，第97—98页。

专制主义统治，使得许多知识分子只能埋头考订古书，不敢过问政治，束缚了他们的思想。

（二）经济环境

自明中期以来，我国东南沿海地区的手工业和商业有了很大的发展，在这些地区产生了资本主义萌芽。这种新的生产关系对封建专制制度起着瓦解的作用。清朝的统治者为维护封建专制制度的经济基础，不惜运用刑罚手段来限制商品经济的发展。首先，以严刑峻法限制民间兴办矿业和铸造业。采矿和冶矿是手工业中最为基础的行业，其他行业的发展都有赖于采矿、冶矿的兴盛。但是矿藏又在偏远地区，矿工又易聚难散，容易酿成民众暴乱；铸造业又与兵器制造密切相关，一旦民间可以自由采矿，政府就难以控制私人拥有武器。清政府权衡利弊，宁可舍弃矿冶铸造之利，也要以维护统治秩序为重，对民间私开矿藏者、私自冶炼铸造者，均治以重罪。对于兵器制造的冶矿限制更严。大清律例规定："民人煎煮、窝藏、兴贩硝磺，十斤以下杖六十，十斤以上杖一百，百斤以上发近边充军。"其次，国内实行严格的禁榷制度。清政府禁止盐、茶、矾、铁等重要商品的自由贸易，由官府专营或特许经营，以避免民间垄断市场、谋取暴利。大清律例规定："凡贩私盐者，杖一百徒三年。""凡买食私盐者，杖一百。"清政府还极力禁止、阻挠对外贸易。出于镇压台湾抗清势力的考虑，自顺治、康熙年间多次颁行"禁海令""迁海令"，违禁出海贸易者，以通敌论罪。收复台湾以后，仍实行海禁，只允许少数口岸、经特许的商行进行对外贸易。清政府的禁榷制度造成了国内手工业、商业发展迟缓，限制对外贸易政策则使中国与外部世界相隔绝，最终导致国力衰弱，逐渐落后于同时期实行自由贸易的西方国家。

二、刑罚思想

（一）详译明律，参以国制

清入关前法制简陋，为适应经济发展和扩大统治的需要，清统治者积极吸收汉族法制文明的成就，确立了“参汉酌金”的立法指导思想，一方面整理提炼后金政权原有的习惯法和旧法令，另一方面又大胆吸收汉族法制。清统治者入主中原后，认识到了利用儒家思想正统地位来加强统治的重要性，于是自顺治以后的各位皇帝无不极力推崇和宣扬儒家学说。明律宣扬的“明刑弼教”思想正是儒家思想的立法体现，由此明朝维护纲常名教的法律也就基本被大清律例继承了下来。“详译明律，参以国制”被确定为刑事立法的指导思想。“详译明律”是指要对明律仔细参详、认真研究领会。“参以国制”则是要求在立法时结合清朝自己的实际情况，考虑实际需要。据《清史稿》记载：“世祖顺治元年，摄政睿亲王入关定乱，六月，即令问刑衙门，准依明律治罪……摄政王谕令法司会同廷臣，详译明律，参酌时宜，集议允当，以便裁定成书，颁行天下。”顺治时期颁行了清朝第一部律典《大清律集解附例》，在“御制序文”中，顺治再次重申以“详译明律，参以国制”作为立法的指导方针。这一指导思想使得清朝统治者没有仅仅停留在模仿明律上，而是结合社会的实际有所发展，这使法的继承和发展得到了很好的贯彻，并且极大地发挥了刑罚的镇压威慑力量。

（二）满汉畛域，同罪异罚

虽然清统治者一再标榜“满汉一体”，但是作为少数民族的统治者势必要压制绝大多数的汉人，同时赋予满族旗人在立法以及司法上种种特权，以维护民族统治的基础，拱卫满族皇室的特权。“满汉畛域”就是封建专制和民族压迫的双重叠加，体现了民族特权法的思想。满人在触犯律例时，可以享有“减等”“换刑”的特权。据《清史稿》记载："凡旗人犯罪，笞、杖各照数鞭责，军、流、徒免发遣，分别枷号。徒一年者，枷号二十日，每等递加五日。流二千里者，枷号五十日，每等亦递加五日。充军附近者，枷号七十日，近边、沿海、边外者八十日，极边、烟瘴者九十日。"枷号最初只适用于满人，是作为免发遣的一种优待。后来，枷号也作为一种加重处罚的手段，适用于汉人。对于满人杀人则规定可以奏请皇帝裁决。例如《大清律例》乾隆年定例："凡旗人殴死有服卑幼罪应杖流折枷者，除依律定拟外，仍酌量情罪，请旨定夺，不得概入汇题。"① 这些特殊规定直到清末变法修律时才被彻底废除。

（三）明刑弼教，修德安民

清朝的统治者不仅继承了明朝的律例，在思想方面也是秉承儒家学说，尤其是"明刑弼教"思想为清朝历任皇帝所推崇和宣扬，并作为立法的指导思想。把"正人心，厚风俗"作为法律的最终目的，把"禁奸止暴，安全良善"作为立法的直接目的。如康熙九年（公元1670年）制"圣谕"，同时谕礼部，云："朕惟至治之世，不以法令为亟，而以教化为先……若徒恃法令，而教化不先，是舍本而务末也。"② 他认为"与其绳以刑罚使人怵惕文网，苟亭无罪；不如感以德音，使民蒸蒸向善，不忍为非。"他认为善于治国者无不重在"尚德缓刑，修德安民"，对人民进行礼义教化。③ 此外，康熙还亲自制定了《圣谕广训》十六条，规定了一些礼教规范，具体贯彻以礼教为先的原则。在康熙看来，"帝王以德化民，以刑弼教，莫不敬慎庶狱"，所以他在重视礼义教化的同时，又强调慎狱恤刑。雍正也指出"朕惟明刑所以弼教，君德期于好生，从来帝王于用刑之际，法虽一定，而心本宽仁"。清朝

---

① 马建石、杨育棠主编《大清律例通考校注》，中国政法大学出版社，1992，第219页。

② 杨鹤皋：《宋元明清法律思想研究》，北京大学出版社，2001，第281页。

③ 同上。

的统治者一再宣扬和标榜“明刑弼教，修德安民”思想，指出国家设立刑罚的目的就是为了“明罚敕法，弼教化民”，其真实目的就是要使人民畏法并深受教化，做到“刑期于无刑”。

三、刑事立法

清代成文的刑事法源主要是律和条例，所谓“凡明罚敕法，其文有二，曰律曰例”。清朝的刑事法律呈现出律例并行的立法形式，以“律”为主体，将条例分门别类地附于相关律文之后。清朝的“例”是针对特别事件所发布的上谕、政府颁行的单行法令以及判案成例，经过皇帝的批准，成为具有普遍适用效力的法律规范。与固定不变的律相比，例是一种灵活的法律形式，更能适应社会生活的发展变化，可以弥补律之不足。

（一）大清律

清军入关后，开始仿照明律制定法典。顺治二年（公元 1645 年）清世祖降旨编订清律，顺治三年编纂完成《大清律集解附例》，次年颁行全国，这是清朝第一部完整的成文法典。《大清律集解附例》基本上是明律的翻版。

康熙帝继位后，为消除律、例条文纷繁杂乱、相互矛盾和使用不便的缺陷，自康熙十八年（公元 1679 年）始，命令刑部对清朝以来所有正在使用的例文进行整理、编定，并于次年核准颁行，这就是《钦定六部现行则例》（以下简称《现行则例》）。在《现行则例》运行十年后，又出现了律、例相冲突，以及在适用中以谁为先等问题。康熙帝认为“律例须归一贯，乞重加订，以垂法守”，于是康熙二十八年下旨“特交九卿议准，将《现行则例》附入大清律条”。但直到康熙去世都未能全部完成。

雍正即位后，便着手康熙未竟的修订律例工作，至雍正三年（公元 1725 年）全部完成。这是清朝以来规模最大的一次系统的修例。两年后，雍正皇帝将这部法典“刊布内外”，这就是《大清律集解》。

《大清律集解附例》《现行则例》和《大清律集解》三部法典的制定，为《大清律例》的完成打下了扎实的基础。

乾隆元年，对《大清律集解》重加修订，乾隆五年修订完成，以《钦定大清律例》（以下简称《大清律例》）为名正式公布。《大清律例》是乾隆朝以后清代的基本法，其内容多以刑事法律规范为主，也是中国历史上最后一部“以刑为主，诸法合体”的封建法典。《大清律例》集历代封建法律之大成，律例所载严密周详。由于自乾隆五年以后，对《大清律例》不再修改，只是用新增例来弥补律文的不足，以致条例不断增加，条例的效力也不断提高。《清史稿》评价：“盖清代定例一如宋时之编敕，有例不用律，律多成空文而例遂愈滋繁碎。”为了解决律与例的矛盾，乾隆十一年定制：“条例五年一小修，十年一大修。”

清代的基本法典，无论是处于发展、变化阶段的《大清律集解附例》《大清律集解》，还是成为定制的《大清律例》，都采取了律例合编的体例，将“例”作为重要的法律形式。这些条例都是对律的修正，以使法律的规定更符合社会实际，使法理更合乎人情。但是例的增多甚至泛滥，使得司法官吏任意援引，枉法擅断，同时也使法制遭受到极大的破坏。

（二）特别刑事法律

清朝统治者在大清律例之外还颁布了为数众多的特别法，以补充国家正典的不足。其中具有刑法性质的可以归属为刑事法律。清朝的特别刑事法律大致有以下特点：一是某一特定历史时期制定的。例如顺治时期发布的严惩逃人的法令，总称为“逃人法”。清朝八旗军队占领北京后，大量的满人涌入北京并展开了大规模的“圈地行动”。被圈占土地的人民失去了土地，又不甘心为奴就只有逃亡。这些逃亡的人被称为“逃人”，由于逃人多而且严重影响旗人的生计和清廷的统治，所以清廷制定了严厉的“逃人法”以惩治逃亡行为，后又编纂成《督捕则例》惩罚逃亡者、严厉惩办“窝主”、奖励告奸、奖惩有关官员。如规定：“包衣逃走一次者，鞭一百，交还原主；二次者处罚依旧；三次者，正法。凡被拿获的逃人均在脸上刺字。”① 凡隐匿逃人者，庶民“正法，家产入官”；文武官员“将本官并妻子徒流，家产入官”；生员“与平民一例正法”；僧道亦“照民例治罪”。《督捕则例》后经康熙、雍正、乾隆朝一再重修一直保留到清末，从其内容来看具有刑法的性质，属于特别刑法。二是一些特别法最初为临时法令，逐渐成为常行之法。例如乾隆三十二年（公元1767年）颁行的《秋审条例》，最初是为了审核秋审、朝审案件，此后经过多次增修，一直沿用到清末。三是适用于少数民族地区的单行法。清朝是一个疆域广大的多民族国家，为了加强中央对少数民族地区的有效管辖，同时又兼顾少数民族的风俗习惯，清政府颁布了一系列专门适用于少数民族地区的单行法。其中有代表性的是针对蒙古族制定的《蒙古例》或称《蒙古律例》，针对宁夏、青海、甘肃等地少数民族制定的《西宁青海番夷成例》，针对信仰伊斯兰教各民族制定的《回疆则例》，适用于藏族的《禁约十二事》《西藏善后章程》等，以及针对苗族制定的《苗例》。清廷还结合上述法规制定了《钦定理藩院则例》。这些民族地方法规不是单纯的行政法规，但它包含了大量的刑事内容，同样属于特别刑事法律。

第二节 清朝的刑罚制度

清朝作为我国末代封建王朝，专制主义中央集权制度高度发展，社会经济关系也进一步复杂化，这些无不反映到刑事法律当中，致使

① 郑秦：《清代法律制度研究》，中国政法大学出版社，2000，第215页。

其刑罚制度、刑事政策都有许多新的变化。

一、刑罚制度的变化

（一）笞刑、杖刑的变化

依照唐律笞刑分为五等，杖刑分为五等。从唐讫明，除元外，笞、杖刑的规定相沿不改。清圣祖康熙帝把“明刑弼教”“修德安民”作为用刑的指导思想，对定型于隋唐时期的笞、杖刑进行了改革。首先是将行刑的刑具改为用竹板来行刑。其次是行刑的数量采用“打四折，以五板为等差，除零数”的计算方法。原来笞十，打四折之后变成了打四板。笞二十，打四折为打八板，又以五为等差，去零头，变为打五板。依次类推，笞三十变为打十板，笞四十变为打十五板，笞五十与杖六十均为打二十板，杖七十变为打二十五板，杖八十变为打三十板，杖九十变为打三十五板，杖一百变为打四十板。处以笞、杖刑的大多数是对社会危害性较小的犯罪行为。因此把笞、杖刑由重改轻不会放纵罪犯、危及封建统治，却有利于推行“明德安民”的政策，也反映了统治者尚德慎刑的开明之处。①

（二）迁徙、充军、发遣成为法定刑

清朝在流刑之外，又增加了迁徙、充军、发遣三种法定刑。迁徙、充军之刑明代已有，清朝把它们进一步规范化，列为法定刑。迁徙就是将罪犯本人及其家属迁出千里以外安置，不得返回原地居住的刑罚。充军是将罪犯发配到边远地区服苦役的一种刑罚，重于一般的流刑。清朝的充军刑与明代的有所区别，首先将充军刑确定为五个等级即附近充军（二千里）、近边充军（二千五百里）、边远充军（三千里）、极边充军（四千里）、烟瘴充军（四千里，环境恶劣），因此又称为“五

---

① 朱勇主编《中国法制史》，法律出版社，2007，第 293 页。

军”。其次，清朝的充军只罚及犯罪者本人。发遣是清朝独创的一种刑罚，就是将罪犯发配到边疆地区为驻防官兵充当奴隶，是仅次于死刑的一种重刑。

（三）死刑制度的变化

与明代相比，清朝的死刑制度主要有两个方面的变化。其一，清朝将死刑的种类明确区分为立决和监候两类，立决又分斩立决和绞立决两种，主要是针对社会危害性极大的犯罪。监候亦分为斩监候和绞监候，是针对那些虽然构成死罪，但是并非罪大恶极，可以先行羁押，待到秋后复核之后再决定是否执行死刑。其二，清朝的死刑在执行方式上进一步残酷化，对于罪大恶极的罪犯多施以凌迟、枭首、戮尸等酷刑。凌迟在明朝被纳入法典成为法定刑，清朝除了继承明律外，对凌迟刑的范围又进行了扩大，增加了劫囚、发冢、谋杀人、威逼人致死、殴伤业师、殴祖父母、殴父母、劫囚脱监以及谋杀本夫等。同时在行刑方式上也更加残忍，“凌迟者，其法乃寸而磔之，必至体无残脔”。① 枭首也是清朝广为使用的死刑之一。最初是针对凌迟重犯适用，后来又扩及江洋大盗、爬城行劫、粮船水手行劫等。戮尸是对凌迟和枭首的一种补充，凡是应处以凌迟或枭首的罪犯若在执行之前已经死亡的，对罪犯的尸体施加斩戮之刑。

二、刑罚体系和种类

（一）五刑

1. 笞刑

笞刑五：一十（折四板）；二十（除零折五板）；三十（除零折一十板）；四十（除零折一十五板）；五十（折二十板）。

---

① 朱勇主编《中国法制史》，法律出版社，2007，第294页。

2. 杖刑

杖刑五：六十（除零折二十板）；七十（除零折二十五板）；八十（除零折三十板）；九十（除零折三十五板）；一百（折四十板）。

康熙朝规定，凡笞、杖罪名，旗人鞭责，汉人则使用竹板折责。笞、杖刑数并不实打，顺治年间以五折十，康熙年间又改为以四折十，并减去不够五的零数。此外还规定了文武官员犯了笞、杖罪，要区分公罪和私罪，可以用罚俸禄、降官级、降级后调离任所，直至革职等处罚来代替。“凡内外大小军民衙门官吏，犯公罪该笞者，官收赎；吏，每季类决，不必附过。杖罪以上，明立文案，每年一考，记录罪名。九年一次，通考所犯次数、重轻，以凭黜陟。”“凡文官犯私罪，笞四十以下，附过还职；五十解见任别叙。杖六十，降一等；七十，降二等；八十，降三等；九十，降四等，俱解见任。流官于杂职内叙用，杂职于边远叙用。杖一百者，罢职不叙。若军官有犯私罪，该笞者，附过收赎；杖罪，解见任，降等叙用；罢职不叙者，降充总旗。该徒、流者，照依地里远近，发各卫充军。若建立事功，不次擢用。若未入流品官及吏典有犯私罪笞四十者，附过各还职役；五十，罢见役，别叙。杖罪，并罢职役不叙。”①

3. 徒刑

徒刑五：一年，杖六十；一年半，杖七十；二年，杖八十；二年半，杖九十；三年，杖一百。

除了这五等之外，“尚有流罪准徒四年、杂犯死罪准徒五年之法”。② 明朝将服徒刑之人发遣到盐场和冶铁之处，让他们做熬盐、冶铁的苦役。清朝则将他们发遣到本省之内的驿站服刑，没有驿站的县，则把他们分别拨放到各个衙门之中负责担水、烧火或者做其他杂活，

① 沈之奇：《大清律辑注》，法律出版社，2000，第22—24页。

② 同上书，第12页。

刑满后就释放。“明发盐场铁冶煎盐炒铁，清则发本省驿递。其无驿县，分拨各衙门充水火夫各项杂役，限满释放。”①

4. 流刑

流刑三：二千里，杖一百；二千五百里，杖一百；三千里，杖一百。

流刑也附加了杖刑，而且是固定值，即杖一百。判处流刑的罪犯，最初是由各县押送到巡抚衙门，然后依照所判流刑的里数，酌情发配到各个荒凉之地以及临海的州县。乾隆八年（公元1743年），刑部编成《三流道里表》，具体规定了各地各等流犯所应发配的地点，即“按计程途，限定地址，逐省逐府，分别刊载”。流刑罪犯发至配役地服劳役，不遇恩赦，终生难回原籍。此外，大清律还规定“杂犯三流，总徒四年”，就是指杂犯被判处三等流刑的，可改为徒四年。杂犯是指某些罪行相对较轻的犯罪，如监守自盗仓库钱粮三十两、常人盗仓库钱粮五十两，挪移库银五千两以下等。

5. 死刑

死刑二：绞、斩。

“绞则全其肢体，斩则身首异处，皆刑之极也。有监候、立决之分。”② 死刑的执行有立决和监候，凡是律条中不注监候的，都是立即处决；凡是律条中不说明立决的，都是监候。某些过失杀人、误杀人，以及某些职务犯罪应处死刑的，称为“杂犯死罪”，杂犯斩、绞皆以服徒刑五年来代替。清代地方司法机构设置与行政机构设置是一致的，有省、道、府、县四级，其中直隶厅、直隶州与府相同，而散州、散厅（即没有属县的州、厅）与县相同。府与直隶厅、直隶州及以上的机构具有死刑案件审判权。县、州（散州）、厅（散厅）具有死刑案件

① 高潮、马建石主编《历代刑法志注译》，吉林人民出版社，1994，第1021页。

② 沈之奇：《大清律辑注》，法律出版社，2000，第3页。

的勘验、刑讯等调查取证和预审权。府判决后的死刑案件处理有两种途径：一种是直接转到“省”按察司复审；另一种是转到“道”处复审，“道”复审后再转“省”按察司复审。“省”按察司复审后，上报省一级的最高长官总督、巡抚复核。总督、巡抚复核后上奏皇帝。皇帝把上奏的死刑案件交给刑部进行全部复核。刑部复核后上报皇帝核准，皇帝最后决定死刑是否合适。刑部在清代是最重要的司法机构，特别是在死刑复核上，具有独立的复核权，无须再会同大理寺、都察院进行全面的审查。

（二）派生刑

派生刑是在五刑之外由五刑派生出来的刑名，不是正刑，但是明确出现在律例中的刑罚种类。

1. 凌迟、枭首、戮尸刑

凌迟、枭首、戮尸是死刑的派生刑。清朝把凌迟刑作为最重的处罚方法，其适用范围比明朝有所扩大，号称极刑。枭首，即斩首高悬以示众。最初清朝只限于特重罪犯使用，多用于强盗罪，后范围不断扩大，扩及江洋大盗、爬城爬墙行劫等。戮尸则对在执行前已经死亡的应处以凌迟或枭首罪犯的尸体施加的斩戮之刑。这三项酷刑在清末变法修律时由修订法律大臣沈家本等奏请而予以删除。

2. 迁徙

迁徙即将犯人强制迁离原籍千里以外安置。清律对一些少数民族人士如彝族、壮族、苗族人犯仇杀、劫掳应处绞、斩刑的，要把犯罪本人处死，而父母、兄弟、子侄一律迁徙。犯人应处流刑时，本人和父母、兄弟、子侄一并迁徙，但并不一定移千里之外。“律文沿用数条，然皆改为比流减半、徒二年，并不徙诸千里之外。惟条例于土蛮、瑶、僮、苗人仇杀劫掳及改土为流之土司有犯，将家口实行迁徙。然各有定地，亦不限千里也。”①

3. 发遣

发遣是流刑的派生刑，与充军刑类似，但是比充军刑更重，地位更低。发遣被叫作“发给披甲人为奴”，是指将罪犯发配到边疆地区给官兵当奴隶。“披甲人”就是驻防士兵。清初发遣多发往尚阳堡、宁古塔等地，后来又发遣到齐齐哈尔、黑龙江、科布多，或各省驻防的军队。乾隆年间新疆被收复，条例中又有规定发遣到伊犁、乌鲁木齐等地。咸丰、同治年间，新疆道路阻断，又重新改为发往内地各省，或云、贵、川等地。

（三）附加刑

附加刑是相对于正刑而言，附加于正刑之后适用。

1. 充军刑

清朝虽然仍沿用明朝的充军刑，但是从处罚内容来看与明朝的永远充军、终生充军以及勾连后代子孙来继续充军又有很大的区别。清朝将充军刑划分为五个等次：附近（二千里）、近边（二千五百里）、边远（三千里）、极边（四千里）和烟瘴（四千里，环境恶劣）。充军刑作为流三千里以上按次加重的刑罚。乾隆三十七年（公元 1772 年），兵部根据《邦政纪略》编辑了《五军道里表》，规定，凡发配充军的犯人，根据表中所列的发配地点而定。清朝的充军刑名为充军，实际上犯人到配所以后，并不进入军营应差和操练，只是在每月初一和十五检验并点名，实质上与服流刑的罪犯并无区别。

2. 刺字刑

刺字刑是清朝广泛使用的一种附加刑。清初对贼盗犯多附加刺字刑，后来发展到对逃军、逃流等都刺字。有的刺上发配地名，有的刺上发配理由，并且还有分别刺上满、汉两种文字的。刺字部位也因犯

① 高潮、马建石主编《历代刑法志注译》，吉林人民出版社，1994，第 1024 页。

罪轻重有所不同，比如初犯刺在右臂上，再犯刺在左臂上，然后又刺右面、左面。一般来说律文多规定为刺臂，而条例则多规定为刺面。刺字刑也是在清末沈家本修律时才被废除。

3. 枷号刑

在清初，枷号刑作为优待满人的替换刑，凡满人应处徒刑、流刑、充军、发遣者，可折换成枷号刑。之后，枷号刑的适用范围不断扩大，并且打破了满汉界限，发展成一种附加刑。如盗窃再犯加枷、犯奸加枷、赌博加枷、逃军逃流加枷等。清初规定枷重的七十斤，轻的六十斤。乾隆五年改为定制“寻常枷号重二十五斤，重枷重三十五斤”。嘉庆以后，对四川、陕西、湖北、河南、山东、安徽、广东等省的匪徒，还出现了系带铁杆和石墩的事例，但不过是一时创制的刑罚。枷号刑的时间最初是一个月、二个月，后来发展到枷半年、一年，甚至有永远带枷的。枷号刑在清朝是作为一种刑罚使用的，与审讯时用的夹棍、讯囚杖等刑具在功能上是不同的。枷号刑既是对犯人本身的体罚，也是一种羞辱，更能“警示”众人。

三、刑罚的裁量

（一）量刑原则

1. 刑罚不平等原则

（1）满汉异罚。清朝实行满汉异罚的民族不平等原则，满人犯罪一般不由司法机关审判，而是由步军统领、都统、将军或内务部慎刑司处理；如系皇族则由宗人府审理。满人犯盗窃罪可免刺字，必刺者不刺面，改刺其臂。对于皇族宗室有犯罪者，除享有“八议”特权外，还准用金钱、财物赎罪。而且满人一律享有“减等”“换刑”等特权。如果满人所犯为轻罪，应处以笞、杖刑的，改换为鞭刑。如果所犯罪行较重，须处以徒刑、流刑、充军、发遣的，并不实发，可减等折换为枷号。[①]“凡旗人犯罪，笞杖各照数鞭责。军流徒免发遣，分别枷号。徒一年者枷号二十日，每等递加五日，总徒、准徒亦递加五日。流二千里者枷号五十日，每等亦递加五日。充军附近者，枷号七十日；近边者，七十五日；边远、沿海、边外者，八十日；极边、烟瘴者，九十日。”[②] 对于“换刑”的刑事特权法，统治者考虑到维护统治的需要，在乾隆中叶以后也做了一些修正。如乾隆十九年（公元1754年）定例：“凡旗人殴死有服卑幼罪应杖流折枷者，除依律定拟外，仍酌量情罪，请旨定夺，不得概入汇题。其有情节残忍者，发往黑龙江、三姓等处，不准枷责完结。”乾隆二十七年定例：“问拟旗人罪名，务详核案情。如实系寡廉鲜耻有玷旗籍者，无论满洲、蒙古、汉军，均削去本身户籍，依律发遣，仍逐案声明请旨。”[③]

（2）社会地位不平等。清朝的律例除了规定满洲贵族享有特权以外，还明确区分“良贱”并规定同罪异罚。根据《大清会典》“良民为四”，即“民、军、商、灶”。“奴仆及娼优隶卒为贱”。良贱之间法律地位不平等，同罪异罚。而且根据《大清会典》的有关规定，贱民还须穿着与其身份相合的服饰，以示良贱，否则即为僭越。[④]

2. 宽严相恤的原则

清朝顺、康、雍、乾诸帝都深受汉族传统文化的影响，接受并宣扬封建正统的政治法律思想，尤其是“德主刑辅、明刑弼教”的思想。首先，清朝的统治者强调刑罚的镇压、威慑作用，认为法应当“禁暴止奸”。其次，在严厉镇压的同时又要“钦恤民命”，即“国家设立法

---

① 乾隆年间修律将旧律中的“军官军人犯罪免发遣”一条删除，改立此条，列为正律。军籍有犯另立专条于后。

② 马建石、杨育裳主编《大清律例通考校注》，中国政法大学出版社，1992，第217页。

③ 同上书，第219页。

④ 张晋藩：《中国法律的传统与近代转型》，法律出版社，2009，第56页。

制，原以禁暴止奸，安全良善。故律例繁简，因时制宜，总期合于古帝钦恤民命之意”。[①] 但是这里的“恤刑”并非一味地从轻，而是强调“中”和“平”。康熙帝提出：“谳决之司，所关最重，必听断明允，拟议持平，乃能使民无冤抑，可几刑措之风。”雍正帝曾指明：“朕惟明刑所以弼教，君德期于好生，从来帝王于用刑之际，法虽一定，而心本宽仁。”“以宽仁之心，去行严格之法。”乾隆帝也说：“朕毫不存从宽以严之成见，所勾（决）者必其情之不可恕，所原者必其情之有可原。”在严厉镇压的前提下，又“钦恤民命”，充分体现了内法外儒的法律思想，这一刑罚思想在一定程度上也缓和了社会矛盾，进一步巩固了封建统治。

（二）量刑情节

1．八议

大清律例承袭明律在律文中规定了八议制度，设有“应议者犯罪”以及“应议者之父祖有犯”专条。但事实上在清朝，贵族、官僚只有在犯笞、杖等轻罪时，才可以享有优待，犯其他重罪仍照常人（普通旗人）处罚。不仅如此，雍正六年（公元 1728 年）还特颁谕旨申明：“朕览律例旧文，于名例内载有八议之条……此历代相沿之文，其来已久。我朝律例于此条，虽仍载其文，而实未尝照此例行者，盖有深意存焉，不可不察，载而未用之故亦不可不明也……若于亲、故、贤等人之有罪者，故为屈法以示优容，则是可意为低昂而律非一定者矣。尚可谓之公平乎？……其人既异于常人，则尤当制节谨度，秉礼守义，以为士民之倡率，乃不知自爱而致罹于法，是其违理道而蹈愆尤，非蚩蚩之氓无知误犯者可比也。倘执法者又曲为之宥，何以惩恶而劝善乎？……且使恃有八议之条，或任意为非，漫无顾忌，必有自干大法而不可止者，是又以宽宥之虚文而转陷之于罪戾，姑息之爱尤不可为

① 《清实录·仁宗睿皇帝实录（二）》卷八十四，中华书局，1985，影印本。

优恤矣。”[①] 乾隆五年馆修律例规定：“已革宗室之红带，已革觉罗之紫带，犯事治罪，与旗人无异，交刑部照旗人例枷号锁禁完结。”乾隆四十三年馆修律例规定：“凡宗室、觉罗犯罪时，系黄、红带者，依宗室、觉罗例办理。若系蓝带及不系带者，即照常人例治罪。”由此可以看出“八议”减免特权与前朝在适用上有很大的差异，这既是加强皇权的一种表现，同时也反映了中国传统法律在平等适用刑罚方面前进了一大步。

2. 累减

累减即有多个减轻处罚的量刑情节可以进行累加，谓之“并得累减”。“凡一人犯罪应减者，若为从减（谓其犯罪以造意者为首，随从者减一等）、自首减（谓犯法，知人欲告而自首者听减二等）、故失减（谓吏典故出人罪，放而还获止减一等，首领不知情以失论，失出减五等，比吏典又减一等，还获又减一等，通减七等）、公罪递减之类（谓同僚犯公罪失于入者，吏典减三等，若未决放，又减一等，通减四等。首领官减五等，佐贰官减六等，长官减七等之类），并得累减。”律例虽然以从、自首、故失、公罪四项为例，但是“之类”一词则表达了“得累减”的并不止这四项。“有因物之多寡而累减，情之轻重而累减，名分服制之尊卑亲疏而累减，不能悉举，可以类推。”[②] 加罪有限制，但是累减则无限制，如果情有可原，由一等可减至五等，甚至七等、九等。

3. 存留养亲

“凡犯死罪非常赦不原者，而祖父母（高、曾同）、父母老（七十以上）疾（笃、废）应侍，家无以次成丁（十六岁以上）者（即与独

---

① 马建石、杨育裳主编《大清律例通考校注》，中国政法大学出版社，1992，第209页。

② 沈之奇：《大清律辑注》，法律出版社，2000，第37页。

子无异，有司推问明白)，开具所犯罪名（并应侍缘由）奏闻，取自上裁。若犯徒、流者（而祖父母、父母老疾，无人侍养)，止杖一百，余罪收赎，存留养亲（军犯准此)。”律内注反映了从顺治、康熙年间到雍正、乾隆年间的关于本条的修改。乾隆五年（公元1740年）馆修，认为凡言“祖”者，高、曾同，于是将存留养亲的范围扩大到“高、曾”祖父母；老、疾兼笃、废不必同时具备，只要有其一即可；家无次丁（年十六岁为丁）与独子无异，应准留养；至于军犯，例应一体留养，因此于条末注明。“余罪收赎”一项是旧律的规定，后例中又分别以“枷号”“追埋”（追付埋葬银两）替代了。依律对于适用留养的犯人，在执行完枷号和追埋银后不再执行原判刑罚。康熙十二年（公元1673年）题准：“凡免死流犯，祖父母、父母老疾无依，家无以次成丁控告者，移文该地方官确查，取具印结，将流犯照旗下人例枷号两个月，责四十板，准其存留养亲。”

4. 特殊主体从轻

大清律例亦规定了对一些特殊主体的从轻量刑。

(1) 天文生。“凡钦天监天文生习业已成（明于测验推步之法)，能专其事者，犯军流及徒各决杖一百，余罪收赎（仍令在监习业。但犯谋反、叛逆、缘坐应流；造畜蛊毒、采生折割人、杀一家三人，家口会赦犹流；犯斗殴伤人，监守、常人盗，窃盗，掏摸，抢夺，编配，刺字，与常人一体科断，不在留监习业之限)。”唐律及明律均无“天文生有犯”专条，此条在顺治、康熙年间也是载于“工乐户及妇人犯罪条”之次节的。雍正三年馆修，认为天文生乃日官之属，系仕进一途，与“工乐户及妇人”同条不宜，因此另立一条“天文生有犯”，列于“工乐户及妇人犯罪”条之前。此律专指天文生，例又补出了钦天监官员犯罪的处罚。例载钦天监官犯事请旨提问与职官一例问断，该为民者送监，仍充天文生，该徒流充军者请旨定夺。其不由天文生出身者，悉照例革职充发。

（2）工乐户。“凡工匠、乐户犯徒罪者，五徒并依杖数决讫，留住（衙门），照徒年限拘役（住支月粮。其斗殴伤人、监守盗、常人盗、窃盗、掏摸、抢夺及发配、刺字，与常人一体科断，不在留住拘役之限）。”工匠是指工部所隶属的匠人，“乐户”是在教坊服役的人，他们都是在官府服役的人，如果犯罪被发配，还得先下令去除他们在官府的职役，因此往往会让他们留在原所属的工作场所，在限定的徒刑年限内进行服役。然而，对于涉及斗殴伤人、监守自盗、一般盗窃、偷盗等直接侵犯人身财产安全和社会秩序的犯罪行为，以及需要发配边疆、刺面等更严厉惩罚的罪行，工匠和乐户不再享有上述特殊待遇，而是与普通百姓一样按照法律的规定接受科断。

（3）妇女。“其妇人犯罪应决杖者，奸罪去衣（留裈）受刑，余罪单衣决罚，皆免刺字。若犯徒、流者，决杖一百，余罪收赎。”唐律中没有规定妇女犯徒免役收赎，只对妇女规定了犯流则决杖免配，仍应服劳役。由此来看，该条为清律所创。为维系“男女大防”“养其廉耻”免令男众观之。律文规定对女犯应杖者“去衣留裈”、单衣受罚。又考虑到充军刑、流刑要发配到边远地区，非妇人所宜，律文对妇女犯罪规定了收赎之法，即“满徒仅收赎二钱五分五厘，满流仅收赎三钱七分五厘，杂斩绞，亦止赎银四钱五分”①。因为处罚得轻，有可能导致一些刁恶的妇人故意违法犯罪，所以条例又规定有妇人挟嫌挟忿、图诈图赖，以及妇人犯盗发觉致纵容之父母及翁姑自尽者，均不准赎，监禁三年。又规定，凡妇女有犯积匪并窝留盗犯多名及行凶讹诈应外遣者、妇奸抑媳同陷邪淫致媳自尽者、姑谋杀子妇情节凶残者、妇女殴差哄堂罪应军流者，均实发驻防为奴。另一方面，条例针对本条又有减轻处罚的规定。从律文来看，对妇女犯笞、杖刑，并无减赎的规定，而是无论何人、所犯何罪一律决杖。而条例则有妇女犯奸盗、不

---

① 吉同均：《大清律讲义》，知识产权出版社，2017，第18页。

孝者依律决杖，其余有犯笞杖者，无力决罚，审系有力与命妇、官员正妻，俱准纳赎，笞一十纳赎银一钱，以次递加，至杖一百赎银一两。

对于不能收赎，必须受刑事处罚的妇女，尤其是死刑，条例也有清楚的规定："斩、绞监候妇女，秋审解勘经过地方，俱派官媒伴送。其业经解勘一次，情罪显然，无可改拟者，下次即停其解审。如有外省定拟情实，可矜具题，经九卿会核，改拟缓决者，次年秋审核准无异，亦即停其解审。"① 此外，在例文里，针对孕妇行刑的问题当政者也给出了详尽的解释。"犯妇怀孕，律应凌迟、斩决者，除初审证据未确，案涉疑似必须拷讯者，俟产后百日限满审鞠。若初审证据已明，供认确凿者，于产后一月起限，审解其罪。应凌迟处死者，产后一月期满，即按律正法。"此条为乾隆二十六年（公元1761年）馆修入律。

（4）老小废疾。"凡七十以上、十五以下，及废疾（瞎一目，折一肢之类），犯流罪以下，收赎（其犯死罪，及犯谋反、叛逆缘坐应流，若造畜蛊毒、采生折割人、杀一家三人、家口会赦犹流者，不用此律。其余侵损于人一应罪名，并听收赎。犯该充军者，亦照流罪收赎）。八十以上、十岁以下，及笃疾（瞎两目、折两肢之类），犯杀人（谋、故、斗殴）应死（一应斩、绞）者，议拟奏闻（犯反逆者，不用此律），取自上裁；盗及伤人者（罪不至死），亦收赎（谓既侵损于人，故不许全免，亦令其收赎），余皆勿论（谓除杀人应死者，上请；盗及伤人者收赎之外，其余有犯皆不坐罪）。九十以上、七岁以下，虽有死罪，不加刑（九十以上犯反逆者，不用此律）。其有人教令，坐其教令者；若有赃应偿，受赃者偿之（谓九十以上，七岁以下之人，皆少智力，若有教令之者，罪坐教令之人。或盗财物，旁人受而将用，受用者偿之。若老小自用，还着老小之人追征）。"本条基本上完全承袭唐

---

① 马建石、杨育棠主编《大清律例通考校注》，中国政法大学出版社，1992，第1114页。

律、明律，反映了矜老恤幼、轻刑主义的刑罚思想。还同时规定了“犯罪时未老疾”条：“凡犯罪时虽未老疾，而事发时老疾者，依老疾论（谓如六十九以下犯罪，年七十事发；或无疾时犯罪，有废疾后事发，得依老疾收赎。或七十九以下犯死罪，八十事发；或废疾时犯罪，笃疾时事发，得入上请。八十九犯死罪，九十事发，得入勿论类）。若在徒年限内老疾，亦如之（谓如六十九以下，徒役三年，役限未满，年入七十；或入徒时无病，徒役年限内成废疾，并听准老疾收赎。以徒一年，三百六十日为率，验该杖徒若干，应赎银若干，俱照例折役收赎）。犯罪时幼小，事发时长大，依幼小论（谓如七岁犯死罪，八岁事发，勿论。十岁杀人，十一岁事发，仍得上请。十五岁时作贼，十六岁时事发，仍以赎论）。”

5. 共犯罪分首从

凡共犯罪者，以造意为首，随从者，减一等。若一家人共犯，止坐尊长。若尊长年八十以上及笃疾，归罪于共犯罪以次尊长（如无次尊长，方坐卑幼。谓如尊长与卑幼共犯罪，不论造意，独坐尊长，卑幼无罪，以尊长有专制之义也。如尊长年八十以上及笃疾，于例不坐罪，即以共犯罪次长者当罪。又如妇人尊长与男夫卑幼同犯，虽妇人为首，仍独坐男夫）。侵损于人者，以凡人首从论（造意为首，随从为从。侵谓窃盗财物，损谓斗殴杀伤之类，如父子合家同犯，并依凡人首从之法，为其侵损于人，是以不独坐尊长）。若共犯罪而首从本罪各别者，各依本律首从论（仍以一人坐以首罪，余人坐以从罪，谓如甲引他人共殴亲兄，甲依弟殴兄，杖九十、徒二年半，他人依凡人斗殴论，笞二十。又如卑幼引外人盗己家财物一十两，卑幼以私擅用财加二等笞四十，外人依凡人盗从论，杖六十之类）。若本条言皆者，罪无首从，不言皆者，依首从法。其犯擅入皇城宫殿等门及私越度关，若避役在逃及犯奸者（律虽不言皆），亦无首从（谓各自身犯，是以亦无首从。皆以正犯科罪）。

本条亦继受于明律，与唐律也大体相同。

（三）自首制度

大清律例以专条规定了“犯罪自首”。

凡犯罪未发而自首者，免其罪，（若有赃者，其罪虽免）犹征正赃（谓如枉法、不枉法赃，征入官。用强生事，逼取诈欺，科敛求索之类及强窃盗赃，征给主）。其轻罪虽发，因首重罪者，免其重罪（谓如窃盗事发，自首又曾私铸铜钱，得免铸钱之罪，止科窃盗罪）。若因问被告之事，而别言余罪者，亦如（上科）之（止科见问罪名，免其余罪，谓因犯私盐事发被问，不加拷讯，又自别言曾窃盗牛、又曾诈欺人财物，止科私盐之罪，余罪俱得免之类）。

其（犯人虽不自首）遣人代首，若于法得相容隐者（之亲属）为首及相告言，各听如罪人身自首法（皆得免罪，其遣人代首者，谓如甲犯罪，遣乙代首，不限亲疏，亦同自首免罪。若于法得相容隐者为首，谓同居及大功以上亲，若奴婢、雇工人为家长首及相告言者，皆与罪人同得免罪。卑幼告尊长，尊长依自首律免罪，卑幼依干犯名义律科断）。若自首不实及不尽者（重情首作轻情，多赃首作少赃），以不实不尽之罪罪之（自首赃数不尽者，止计不尽者科之）；至死者，听减一等。其知人欲告及逃（如逃避山泽之类）、叛（是叛去本国之类）而自首者，减罪二等坐之。其逃叛者，虽不自首，能还归本所者，减罪二等。

其损伤于人（因犯杀伤于人而自首者，得免所因之罪，仍从本杀伤法。本过失者，听从本法，损伤），于物不可赔偿（谓如弃毁印信、官文书、应禁兵器及禁书之类，私家既不合有，是不可偿之物，不准首。若本物见在，首者听同前法免罪），事发在逃（已被囚禁越狱在逃者，虽不得首所犯之罪，但既出首，得减逃走之罪二等，正罪不减。若逃在未经到官之先者，本无加罪，仍得减本罪二等），若私越度关及奸者，并不在自首之律。

若强盗、窃盗、诈欺取人财物而于事主处首服，及受人枉法、不枉法赃，悔过回付还主者，与经官司自首同，皆得免罪。若知人欲告，而于财主处首还者，亦得减罪二等。其强、窃盗若能捕获同伴解官者，亦得免罪，又依常人一体给赏（强、窃盗自首免罪后再犯者，不准首）。

1. 自首的种类

第一，亲首。亲自到官府或是事主处自首。第二，代首。即遣人代首，以自首论。第三，为首。即为他人自首。

2. 自首的法律后果

按照规定，罪犯自首后可视情节免予刑罚或是减等量刑。第一，免予刑罚。“凡犯罪未发而自首者，免其罪。”“其轻罪虽发，因自首别犯重罪者，免其重罪。若因问被告之事而别言余罪者，亦如之。”第二，减罪一等量刑。“若自首不实及不尽者，以不实不尽之罪罪之。至死者，听减一等。”第三，减罪二等量刑。适用于“知人欲告及逃、叛而自首者，减罪二等”，“其逃叛者虽不自首，能还归本所者，减罪二等”。

3. 自首的适用范围

与前朝相比清朝的律例扩大了自首的适用范围，如康熙时的《督捕则例》规定逃亡三次自首仍可免罪；嘉庆时规定，在监犯人因故逃逸又自行回归者，按原罪名减一等处置。在扩大自首认定的同时清律也规定不准自首的情况，即“损伤于人、于物不可赔偿；事发在逃；私越度关及奸者不在自首之律”。

（四）数罪并罚制度

关于数罪的规定也区分了两种情况：

1. 徒流人又犯罪

凡犯罪已发（未论决）又犯罪者，从重科断。已徒、已流而又犯罪者，依律再科后犯之罪（不在从重科断之限）。其重犯流者，三流并决杖一百，于配所拘役四年。若（徒而又）犯徒者，依后所犯杖数、该徒年限（议拟明白，照数），决讫（仍令）应役（通前），亦总不得过四年（谓先犯徒三年，已役一年，又犯徒三年者，止加杖一百，徒一年之类，则总徒不得过四年。三流虽并杖一百，俱役四年。若先犯徒年未满者，亦止总役四年）。其（徒流人又犯）杖罪以下（者），亦各依（后犯笞杖）数决之（充军又犯罪，亦准此）。其应加杖者，亦如之（谓天文生及妇人犯奸，亦依律科之）。

（1）“凡犯罪已发，又犯罪者，从重科断。已徒、已流而又犯罪者，依律再科后犯之罪。”是指前罪尚未判决又实施了新罪，对于罪犯应当从重科断。假如前罪已经判决，判处了徒、流之刑后又犯新罪，那么就依据律文科处新罪的刑罚，不在从重科断之列，但是具体的发落与前者不同。

（2）“其重犯流者，三流并决杖一百，于配所拘役四年。若犯徒者，依所犯杖数、该徒年限，决讫应役，亦总不得过四年。”新罪若仍犯流罪，三等流刑都是决杖一百，准徒四年，于配所拘役。若新罪是徒罪，先判决新罪应决杖的数量以及徒刑的年限，然后与之前徒刑的年限相加，如果未达四年就按实际的年限执行，如果超过了四年就只执行四年，即“总不得过四年”。

（3）“其杖罪以下，亦各依数决之。其应加杖者，亦如之。”徒、流人又犯杖罪以下的，按笞、杖罪的标准处罚。工匠、乐户、天文生及妇人犯罪，因免其流徙，以加杖代徒、流。

2. 二罪俱发

“二罪俱发”与“徒流人又犯罪”不同，后者是在前罪的执行过程中再犯“新罪”，而“二罪俱发”是指原本就犯有数罪，是在刑罚的执行过程中发现尚有未判决的“漏罪”。

凡二罪以上俱发，以重者论；罪各等者，从一科断。若一罪先发已经论决，余罪后发，其轻若等，勿论；重者，更论之，通计前（所论决之）罪，以充后（发之）数。其应（赃）入官、（物）赔偿、（盗）刺字、（官）罢职罪止者（罪虽勿论，或重科，或从一，仍）各尽本法（谓一人犯数罪，如枉法、不枉法赃，合入官；毁伤器物，合赔偿；窃盗，合刺字；职官私罪杖一百以上，合罢职；无禄人不枉法赃一百二十两以上，罪止杖一百、流三千里之类，各尽本法拟断）。

一人犯数罪的，如果这数罪都是在判决之前发觉的，就选择其中最重的那个论罪。如果数罪轻重相等，则按照一罪科断。如果前罪已经判决，余罪才被发现，那么就比较已判决的前罪和余罪，若余罪比前罪处罚的轻或是相等，则不再处理余罪；如果余罪是重罪，则要对余罪进行审判，并将前罪的判决结果充入余罪的刑罚当中。例如，一人犯了两次盗窃，前罪盗窃了十两，已杖七十，后罪盗窃了四十两，判决杖刑一百，此时要通计前罪的七十，再杖三十就可以了。

四、刑罚的执行

（一）图例示范

大清律例列明了“例分八字之义”“六赃图”“五刑图”“狱具图”“服制全图”等，来确定刑之轻重。此外还制定了《三流道里表》《五军道里表》《纳赎诸例图》《徒限内老疾收赎图》《诬轻为重收赎图》《过失杀伤收赎图》等来详细开列各等犯罪的刑罚执行。图例示范能清楚地显示各种刑罚的等级，执行时宜操作。

（二）赎刑

1. 赎刑的种类

清朝的赎刑在借鉴唐朝、明朝律法规定的同时又有所创新，分为收赎、纳赎和赎罪三类。

（1）收赎。收赎源自于唐律的收赎。《清史稿·刑法志》云："收赎名曰律赎，原本唐律收赎。"收赎是三种赎刑制度的基础，在适用赎刑的过程中，收赎也是最优先适用的。收赎适用的范围比较广泛，主要是针对一些弱势群体，包括老、幼、笃疾、天文生和妇女。清朝的收赎在继承前代赎刑制度的基础之上对明朝收赎存在的弊端进行了完善，如规定"累犯不准再次收赎""妇女老人故意虚假翻供不准收赎"等。

（2）纳赎。纳赎则源自于明朝的例赎，是对明朝例赎制度中"有力者（有能力赎罪）照律纳赎"的继承。清朝纳赎适用的对象主要是官吏，此外还包括谋求功名的士子与处于社会特殊阶层的僧人、道士等。纳赎以军民犯公罪和生员以上犯轻罪为限，它不是一种普遍适用的制度。但是清朝对纳赎的限制过多，致使纳赎的适用范围较明朝急剧下降，且有时会被收赎所替代。乾隆二十三年（公元 1758 年）就曾下令："将斩绞缓决各犯纳赎之例永行停止。"在实际的司法实践中纳赎的案例也明显少于收赎。

（3）赎罪。赎罪则适用情形很少，所适用群体更为特殊，根据《大清会典》的记载有七种人可以赎罪，即官员正妻、照例不能执行笞杖刑的人、妇女有力者（有能力赎罪）、受诰封的妇女照例应当执行笞杖刑的、过失杀人的妇女、徒限内年老的妇女、诬轻为重未决的妇女。

除三类赎刑之外，清朝还制定了一种临时性的赎刑方式——捐赎。捐赎属于一种临时性的筹款办法，使用的比率不高，且主要是为了筹措军饷或其他款项。据《清史稿》载："顺治十八年，有官员犯徒流籍没认工赎罪例。康熙二十九年，有死罪现监人犯输米边口赎罪例；三十年，有军流人犯捐赎例；三十四年，有通仓运米捐赎例；三十九年，有永定河工捐赎例；六十年有河工捐赎例。然皆事竣停止，其历朝沿用者，惟雍正十二年户部会同刑部奏准预筹运粮事例。"

2. 赎刑的标准

赎刑以纳银为主，即使某些纳实物的赎刑也是以银为换算单位。收赎规定只能纳银，而纳赎可纳米纳谷折银（一石谷折五斗米，五斗米折银二钱五分）。除顺治、康熙年间因时而设的特定捐赎事例有规定纳马、纳骆驼和纳米、纳谷等纳实物的要求外，大部分捐赎事例都是以纳银为准。自雍正朝起所有捐赎均要求纳银。雍正三年还制定了《纳赎诸例图》明确规定赎刑适用的金额标准，根据五刑实施量的划分，制定不同等级的赎金标准。这为司法官员进行审理、执行提供了一个权威性的标准。从赎银标准上来看，收赎赎银最微；纳赎次之，最高赎银为二十五两；捐赎的赎银最高，多至一万两或千两，少亦不下五十两。三种赎刑类别，对应相同的刑罚却有不同的银钱数目，客观上符合适用不同赎刑类别的主体身份，考虑了不同阶层的收入水平，为赎刑作用的发挥提供了可行性依据。

赎刑作为一种恤刑制度，一方面有助于清统治者缓和民族矛盾、阶级矛盾，巩固国家政权；另一方面，又可以增加政府的财政收入。但是由于以钱赎刑，又给特殊阶层逃避刑罚提供了途径，从而加剧了社会主体间的不平等，造成极大的司法腐败！

值得注意的是，清王朝最终实现了中国古代刑罚结构从以肉刑为主到以自由刑为主的转变，尽管这一变化为时已晚！

后　记

沉浸在中国古代刑罚这样一个课题里不知不觉已三年之久，虽新冠疫情居家授课，也未能提升写作进度。一是面对浩如烟海的中国古代律法典籍，不知该如何理清头绪；二是自己浅薄的功力，却不自量力地书写如此宏大的课题。受自己研习专业的影响，不知从何时起，我对中国历史，尤其是法律史中的刑罚史产生了极大的兴趣，试图探寻法律文化与法律制度、刑罚制度之关联。同时受沈家本《历代刑法考》影响，竟妄图以当今之刑罚体系一览中国古代历朝之刑罚概貌。不承想一着手，实在是一大难题，课题已申报，只有硬着头皮，踯躅前行。

中国古代刑罚由先秦的开创时期，到秦汉至明清（至 1840 年）的大发展时期，其间经历了夏商西周的启蒙、春秋战国的百家争鸣、秦汉的飞跃、唐宋的巅峰、明清的衰退，到清末变法修律戛然而止。着实有些让人如鲠在喉。尽管时代大潮汹涌，主动与外部文明接触、学习、借鉴、移植，已是大势所趋，但是在历史长河中曾熠熠生辉的一些中华刑罚文化、刑罚思想，也同样值得被传承、被继受。刑罚不仅仅是强制的工具，还是文化、思想的一种载体，如“服制图”“存留养亲”“亲亲得相容隐”等无不于法容情。自近代以来，中国法制基本上与移植紧密联系，法律移植与本土化也一直是争论的焦点问题。正确处理法律移植与本土化问题是建构有中国特色法律体系的关键，也是掌握话语权的关键。本土化的问题事实上就深藏在历史的长河里，历经朝代大浪的冲刷、淘洗。

曾经一位老教授询问我，研习中国刑法史，能否“博古通今、学贯中西”？我惭愧不敢回答。

参考文献

［1］司马迁．史记［M］．北京：中华书局，1982.

［2］石磊．商君书［M］．北京：中华书局，2012.

［3］班固．汉书［M］．北京：中华书局，1962.

［4］范晔．后汉书［M］．北京：中华书局，1965.

［5］刘昫．旧唐书［M］．北京：中华书局，1975.

［6］脱脱．宋史［M］．北京：中华书局，1985.

［7］张廷玉．明史［M］．北京：中华书局，1974.

［8］赵尔巽．清史稿［M］．北京：中华书局，1977.

［9］司马光．资治通鉴［M］．北京：中华书局，1956.

［10］朱杰人．朱子全书［M］．上海：上海古籍出版社，2002.

［11］贾公彦．周礼注疏［M］．北京：北京大学出版社，1999.

［12］蔡枢衡．中国刑法史［M］．南宁：广西人民出版社，1983.

［13］张晋藩．中国法制通史［M］．北京：法律出版社，1999.

［14］张国华．中国法律思想史新编［M］．北京：北京大学出版社，1998.

［15］高潮，马建石．中国历代刑法志注译［M］．长春：吉林人民出版社，1994.

［16］朱勇．中国法制史［M］．北京：法律出版社，2007.

［17］张晋藩．中国法制史［M］．北京：中国政法大学出版社，1999.

［18］曾宪义．中国法制史［M］．北京：中国人民大学出版社，2009.

[19] 冨谷至. 秦汉刑罚制度研究 [M]. 桂林：广西师范大学出版社，2006.
[20] 沈家本. 历代刑法考 [M]. 北京：中华书局，2006.
[21] 黄中业. 秦国法制建设 [M]. 沈阳：辽沈书社，1991.
[22] 刘海年. 战国秦代法制管窥 [M]. 北京：法律出版社，2006.
[23] 睡虎地秦墓竹简整理小组. 睡虎地秦墓竹简 [M]. 北京：文物出版社，1978.
[24] 许慎. 说文解字 [M]. 北京：中华书局，1978.
[25] 张晋藩. 中国法律的传统与近代转型 [M]. 北京：法律出版社，2009.
[26] 杨一凡，寺田浩明. 日本学者中国法制史论著选 [M]. 北京：中华书局，2016.
[27] 程树德. 九朝律考 [M]. 北京：中华书局，2003.
[28] 徐世虹，等. 秦律研究 [M]. 武汉：武汉大学出版社，2017.
[29] 大庭脩. 秦汉法制史研究 [M]. 上海：中西书局，2017.
[30] 钱大群. 唐律研究 [M]. 北京：法律出版社，2000.
[31] 钱大群. 唐律疏议新注 [M]. 南京：南京师范大学出版社，2007.
[32] 欧阳修，宋祁. 新唐书 [M]. 北京：中华书局，1975.
[33] 薛允升. 唐明律合编 [M]. 北京：法律出版社，1999.
[34] 周密. 宋代刑法史 [M]. 北京：法律出版社，2002.
[35] 张中秋. 中西法律文化比较研究 [M]. 北京：中国政法大学出版社，2010.
[36] 戴建国. 宋代刑法史研究 [M]. 上海：上海人民出版社，2008.
[37] 王明德. 读律佩觿 [M]. 北京：法律出版社，2001.
[38] 大元圣政国朝典章 [M]. 北京：中国广播电视出版社，1998.
[39] 梁漱溟. 中国文化要义 [M]. 上海：上海人民出版社，2018.

[40] 杨鹤皋. 宋元明清法律思想研究 [M]. 北京：北京大学出版社，2001.
[41] 苏亦工. 明清律典与条例 [M]. 北京：中国政法大学出版社，2000.
[42] 杨一凡. 洪武法律典籍考证 [M]. 北京：法律出版社，1992.
[43] 王伟凯. 明史·刑法志考注 [M]. 天津：天津古籍出版社，2005.
[44] 雷梦麟. 读律琐言 [M]. 北京：法律出版社，2000.
[45] 周密. 中国刑法史纲 [M]. 北京：北京大学出版社，2000.
[46] 郑天挺. 清史简述 [M]. 北京：中华书局，1980.
[47] 郑秦. 清代法律制度研究 [M]. 北京：中国政法大学出版社，2000.
[48] 沈之奇. 大清律辑注 [M]. 北京：法律出版社，2000.
[49] 胡兴东. 中国古代死刑制度史 [M]. 北京：法律出版社，2008.
[50] 马建石，杨育裳. 大清律例通考校注 [M]. 北京：中国政法大学出版社，1992.
[51] 吉同均. 大清律讲义 [M]. 北京：知识产权出版社，2017.
[52] 宁汉林，魏克家. 中国刑法简史 [M]. 北京：中国检察出版社，1992.
[53] 王宏治. 中国刑法史讲义 [M]. 北京：商务印书馆，2019.
[54] 周密. 中国刑法史 [M]. 北京：群众出版社，1985.
[55] 马肖印. 中国古代刑罚史略 [M]. 天津：南开大学出版社，2019.
[56] 西田太一郎. 中国刑法史研究 [M]. 北京：北京大学出版社，1985.
[57] 罗翔. 刑罚的历史 [M]. 昆明：云南人民出版社，2021.
[58] 张晋藩. 中国刑法史稿 [M]. 北京：中国政法大学出版

社，1991.
［59］张晋藩，林中，王志刚. 中国刑法史新论［M］. 北京：人民法院出版社，1992.
［60］高绍先. 中国刑法史精要［M］. 北京：法律出版社，2001.